MANUEL

DES
CONSEILS DE PRÉFECTURE.

TOME SECOND.

Comprenant la législation jusques et y compris la session du corps législatif de 1810, sur les contributions directes; avec un supplément au tome 1.er pour indiquer les actes nouveaux, et les points dans lesquels ces actes confirment, étendent, interprètent, modifient ou abrogent les dispositions précédentes.

Chaque exemplaire Sera revêtu de la Signature
de l'auteur. *[signature]*

TABLE
DES MATIÈRES.

DEUXIÈME PARTIE.

CHAPITRE III.

TITRE II.

A la page 64 commence la transcription des lois, décrets, et avis concernant les contributions directes : lesdits lois, décrets et avis accompagnés d'un commentaire, et classés dans l'ordre qui suit, savoir :

1.º Depuis la page 64 jusqu'à celle 206, se trouvent transcrits les lois, décrets et avis concernant la contribution foncière, et

2.º depuis la page 206 jusqu'à celle 226, les lois, décrets et avis relatifs à la contribution personnelle et mobilière. Suit

3.º l'avis du conseil d'état du 27 vendémiaire an IX, qui a fait cesser la retenue du vingtième sur les traitemens et salaires publics (page 227 et 228), et

4.º l'art. 69 de la loi du 24 août 1806, qui supprime la taxe somptuaire à compter de 1801 (page 228 et 229).

5.º Depuis la page 229 jusqu'à celle 243 se trouvent transcrits les lois, décrets et avis concernant la contribution des portes et fenêtres ; enfin et

6.º depuis la page 244—298, les lois, décrets et avis portant établissement de la contribubution des patentes.

A la page 517 commence le supplément au tome 1er contenant les actes nouveaux, et les points dans lesquels ces actes confirment, étendent, interprêtent, modifient ou abrogent les dispositions précédentes ; ce supplément est suivi de quelques additions et corrections au tome 2.

FIN DE LA TABLE DES MATIÈRES.

TABLE

CHRONOLOGIQUE

des Lois, Arrêtés du Gouvernement, Décrets impériaux et Avis du Conseil d'état, contenus dans le tome II du Manuel des Conseils de préfecture.

FIN DE LA TABLE CHRONOLOGIQUE.

MANUEL

MANUEL

DES

CONSEILS DE PRÉFECTURE.

DEUXIÈME PARTIE.

CHAPITRE III.

TITRE II.

DEUXIÈME DIVISION.

DU CONTENTIEUX DE L'ADMINISTRATION DONT LA CONNAISSANCE EST ATTRIBUÉE AUX CONSEILS DE PRÉFECTURE.

SECTION PREMIÈRE.

Des demandes de particuliers, tendant à obtenir la décharge ou la réduction de leur cote de contributions directes.

§. 1.er

LES contributions publiques sont les impositions qui se lèvent au profit de l'État; elles sont d'autant plus justes et d'autant plus légitimes, qu'elles sont fondées sur les conventions sociales, et que l'existence et la conservation des sociétés en dépendent; elles sont un tribut que lui doivent tous les citoyens, des avantages dont ils jouissent sous sa protection; elles ont pour objet le bien général de l'État et le bien individuel de chacun de ceux qui le composent; ne pouvant se gouverner par elle-même, la société a besoin d'une puissance toujours active qui la représente , qui réunisse toutes ses forces et les mette en mouvement pour son utilité: cette puissance est le gouvernement, et chaque ci-toyen, en lui fournissant la contribution parti-culière des forces qu'il doit à la société, ne fait que s'acquitter de ses obligations envers elle et envers lui-même.

§. 2.

On distingue deux espèces de contributions: les contributions *directes*, et les contributions *indirectes*. Les contributions directes sont établies directement sur les biens, sur les fa-cultés et sur les personnes. Les contributions indirectes sont, suivant la définition qu'en donne la loi en forme d'instruction du 8 janvier 1790, tous les impôts assis sur la fabrication, la vente, le transport et l'introduction de plu-sieurs objets de commerce et de consommation; impôts dont le produit, ordinairement avancé par le fabricant, le marchand ou le voiturier, est supporté et indirectement payé par le con-sommateur.

§. 3.

Sa Majesté l'Empereur NAPOLÉON, partant
du principe que la fortune du trésor public dé-
pend moins des secours que lui fournissent
les propriétaires, que de ceux qu'il reçoit des
consommateurs, a arrêté le plan de préparer
des réductions successives sur les contributions
directes, en perfectionnant les droits sur les
consommations, et en recréant, avec les mo-
difications nécessaires pour en écarter les vexations et les abus, d'anciennes perceptions éprou-
vées par le tems et qui s'accommodent à la position particulière de la France, sous le rapport
de ses productions territoriales ou industrielles.

§. 4.

A la classe des contributions indirectes appartiennent les droits des douanes, les droits
sur les tabacs, sur les cartes à jouer, sur le
sel, sur les boissons, le droit de garantie sur
les matières d'or et d'argent, les voitures publiques, les postes aux lettres, les loteries, les
droits de greffe, d'hypothèque, de timbre, d'enregistrement; ceux sur les ventes d'immeubles,
les actes de l'état civil.

§. 5.

Les contributions directes sont la contribution foncière, les contributions personnelle et mobilière, celle sur les portes et fenêtres; enfin les patentes.

§. 6.

Les contributions directes et les contributions indirectes ont cela de commun, qu'elles ne peuvent être établies que par une loi et durer que le tems auquel cette loi les a limitées. Ce principe a été proclamé par les décrets de l'assemblée constituante des 17 juin et 7 octobre 1789, et il a toujours été reconnu depuis. Ainsi, les administrations locales ne peuvent établir aucune contribution, soit directe, soit indirecte, même pour subvenir aux besoins les plus urgens des localités (1).

Un autre point sur lequel les contributions directes sont assimilées aux contributions indirectes, c'est que le recouvrement des unes et des autres se poursuit par la voie de contrainte.

____

(1) Loi du 3 décembre 1790. — Décret impérial du 16 frimaire an XIV, qui casse un arrêté du préfet du département du Nord, portant établissement d'une taxe à percevoir pour l'entretien de la chaussée communale de forêts, sur les voitures qui passeraient sur cette chaussée.

§. 7.

Les contributions directes diffèrent des contributions indirectes, en ce que toutes les contestations relatives à celles-ci sont de la compétence des tribunaux de première instance qui les jugent en dernier ressort (1), au lieu qu'à l'autorité administrative seule appartient la connaissance des contestations relatives à l'assiette, à la perception et au recouvrement de celle-là.

§. 8.

La contribution foncière diffère encore, et des autres contributions directes et de toutes les contributions indirectes, en ce que les redevables qui acquittent celles-ci, ne peuvent, en aucun cas, s'en faire tenir compte par leurs créanciers : au lieu que les redevables qui acquittent la contribution foncière, ont régulièrement le droit d'en retenir le montant sur les rentes, intérêts et prestations annuelles dont ils sont grevés (2).

§. 9.

Le nouveau système de contributions di-

---

(1) Loi du 7 septembre 1790, art. 2.
(2) Loi du 22 novembre 1790. Loi du 3 frimaire an VII.

rectes fut établi en 1790. L'assemblée constituante, après avoir détruit tous les impôts établis sous l'ancien régime, et obligée de répartir entre les 83 départemens existans alors, les 300 millions que les contributions foncière et mobilière devaient fournir au trésor public, prit pour base élémentaire de la répartition les anciennes impositions directes et indirectes supportées par les ci-devant provinces. Elle forma deux tableaux, suivant l'ancienne division, par généralité; le premier comprenait les impositions directes, et le second les impositions indirectes: ces deux tableaux dressés, on fit entre les 83 départemens, à raison de leur organisation nouvelle, une répartition des impositions anciennes, et l'on connut la somme que le territoire compris dans chacun des 83 départemens supportait sous l'ancien régime. Pour le départ des deux contributions foncière et mobilière, on a opéré de la manière suivante, savoir: la somme totale des anciens vingtièmes, y compris les seconds cahiers, était de 75 millions qui, retranchés de 300, ont laissé 225 millions, dans lesquels il y en avait 60 pour la contribution mobilière. Par une opération, sur les six départemens qui renferment les villes de Paris, Lyon, Rouen, Bordeaux, Marseille et Nantes, il y a eu une première répartition de 7.500,000 francs en contribution mobilière, ce qui a réduit la somme à répartir généralement à 52,500,000 francs, qui, soustraits de 225 millions, laissèrent 173 millions 500,000 francs pour représenter le restant de la contribution foncière, mais 173,500,000 font les vingt-trois trentièmes de 225,000,000, et 52,000 font les sept trentièmes ; donc, appliquant cette règle à tous les départemens, on a partagé en trentièmes la somme restée de la portion contributive totale de chacun après la déduction des vingtièmes : sept de ces trentièmes ont donné la part du département dans la contribution mobilière, et les 23 autres trentièmes, joints à la somme des vingtièmes que le département acquittait, ont formé sa part de contribution foncière. Ce travail qui laissait beaucoup à désirer a servi de base à la répartition jusqu'en l'an V. La répartition de la contribution foncière de cette année, portée à 240 millions, fut faite d'après la base qu'a donnée la cumulation des anciennes contributions directes, tant foncière que personnelle, la taille, le taillon, les vingtièmes, la contribu-

tion des routes, les seconds cahiers de vingtièmes et la capitation. Les bases de la répartition de la contribution de l'an VII, qui était
de 210,000,000, furent les anciennes impositions, la population, l'étendue du territoire et
le recouvrement. Cette répartition resta pour
les années VIII, IX et X entre les départemens comme pour l'an VII.

L'on ne s'est point dissimulé que la répartition faite en 1791, quoiqu'infiniment rectifiée
en l'an V et en l'an VII, offrait encore des défec-
tuosités qu'il était juste de faire disparaître;
mais on a considéré que, dans un travail aussi
difficile que celui d'un répartement général, il
était à craindre, faute de renseignemens précis,
qu'on substituât de nouvelles imperfections à
celles qui existent. C'est d'après ce motif que la
contribution foncière de l'an XI a été répartie
comme pour l'an X.

La répartition a été rectifiée pour les années
suivantes et faite, entre tous les départemens,
dans la proportion la plus conforme aux renseignemens que le gouvernement a recueillis sur
les inégalités réelles qui existent entre les cotisations respectives des départemens; inégalités

auxquelles il ne sera parfaitement remédié que par le succès des mesures prises par le gouvernement pour achever l'opération connue sous le nom de *parcellaires*.

§. 10.

Le gouvernement, par un arrêté du 11 messidor an X, avait ordonné la formation d'une commission de sept membres, pour s'occuper des moyens de répartir la contribution foncière avec la plus grande égalité. Cette commission n'a trouvé d'autre moyen que celui de la levée du cadastre des communes; en conséquence, le gouvernement, par un arrêté du 12 brumaire an XI, a ordonné que les limites des communes, sur lesquelles il y a contestation, seront invariablement et contradictoirement fixées, et que le territoire de deux communes au moins et de huit au plus, par sous-préfecture, sera arpenté en l'an XI, par section et nature de culture; les communes à arpenter ont été désignées par le sort; des cartes figuratives et géométriques ont été formées, sur une échelle uniforme, des communes arpentées. Un second arrêté du gouvernement du 21 vendémiaire an XII a appliqué ces dispositions à toutes les communes de l'Empire. Ce plan ne comprenait que l'arpentage par masses de culture et l'évaluation du produit net de ces masses. On avait espéré parvenir ainsi à constater les forces respectives des divers départemens, et à obtenir une base certaine pour le répartement de la contribution foncière entr'eux. Mais on ne tarda pas à reconnaître que, cette opération terminée, rien n'aurait été fait encore pour remédier à l'inégalité de la répartition entre les contribuables, et que, d'un autre côté, l'exactitude des résultats généraux que l'on aurait obtenus, n'aurait aucune garantie, tant qu'ils ne se trouveraient pas justifiés par leur application aux diverses localités. Cette observation avait conduit à faire faire des évaluations détaillées pour chaque propriété, et à faire confectionner des matrices cadastrales. Cette opération, connue sous le nom de parcellaires, est maintenant en exécution.

§. 11.

Jusqu'à ce que le cadastre général sera terminé, la contribution foncière est répartie entre les départemens conformément à la loi que rend le corps législatif annuellement sur la proposition du gouvernement, relativement au budjet de l'État : sa répartition entre les arrondissemens est faite par les conseils généraux, et entre les communes par les conseils d'arrondissement, enfin entre les contribuables par des répartiteurs. A cet effet, les conseils généraux de département et les conseils d'arrondissement, lorsque la loi relative au budget de l'État est rendue, sont convoqués par un décret impérial; la durée de leurs sessions ne peut excéder quinze jours (1).

La session des conseils d'arrondissement est divisée en deux parties; dans la première partie de leur assemblée qui ne peut durer plus de dix jours, et qui précède toujours celle du conseil général, ils donnent leurs avis motivés sur les demandes en décharge formées par les villes, bourgs et villages, et dans la seconde qui ne peut durer plus de cinq jours, et qui a lieu après la session du conseil général, ils procèdent à la répartition des contributions directes entre les villes, bourgs et villages (2). Le conseil général de département, dans sa réunion, fait la répartition des contributions directes entre les

____

(1) Loi du 28 pluviôse an VIII, art. 6 et 10.
(2) Arrêté des consuls du 19 floréal au VIII, B. 25, n.° 167.

arrondissemens communaux du département, et statue sur les demandes en réduction, faites par les conseils d'arrondissemens, les villes, bourgs et villages (1).

§. 12.

Dans l'ancien régime, le contentieux des impositions était attribué à des tribunaux extraordinaires et d'exception. Les élections connaissaient du fait des tailles, et les intendans des provinces, auxquels on donnait la qualification d'intendans de justice, police et finance, connaissaient des vingtièmes et du contrôle. L'assemblée nationale a supprimé ces tribunaux et ces impôts, mais ayant établi d'autres impôts, il fallait des juges pour ces derniers. L'expérience des siècles conseillait de recréer des tribunaux extraordinaires pour en connaître : on préféra de les partager entre l'autorité judiciaire et le pouvoir administratif. Le contentieux des contributions indirectes fut mis dans les attributions des tribunaux de première instance, et celui des contributions directes rangé dans les attributions des administrations départémentales. Cette attribution aux administrations dé-

____

(1) Loi du 28 pluviôse an VIII, art. 6.

partémentales avait l'inconvénient que les administrateurs confondaient les affaires administratives avec les affaires litigieuses, et statuaient administrativement sur les unes comme sur les autres. Le 18 brumaire corrigea ce vice d'organisation, et a fait créer les conseils de préfecture pour statuer sur les réclamations de particuliers, tendant à obtenir la décharge ou la réduction de leur cote de contributions directes (1).

§. 13.

La contribution foncière est assise et répartie, par égalité proportionnelle, sur toutes les propriétés foncières, à raison de leur revenu net imposable, sans autres exceptions que celles déterminées pour l'encouragement de l'agriculture, ou pour l'intérêt général de la société.

Il n'y a que l'inégalité proportionnelle comparativement établie, qui puisse mettre le conseil de préfecture à portée de prononcer une réduction de cote; un contribuable ne peut réclamer que lorsqu'il se croit trop taxé, comparativement à un propriétaire de sa commune, dont les biens ont la même contenance et la même valeur que les siens; et la justice distri-

---

(1) Loi du 28 pluviôse an **VIII**, art. 4, n.º 1.

butive exige que cette règle soit suivie pour les propriétés nationales, les propriétés foncières du domaine extraordinaire, le domaine privé de l'Empereur, les immeubles composant les apanages, comme pour les propriétés particulières (1).

Pour l'an VIII, la proportion entre la contribution foncière et le revenu territorial imposable avait été fixée au cinquième, au-delà duquel la cote de chaque contribuable n'a dû s'élever; mais à partir de l'an IX, il n'y a plus de proportion fixée, et un propriétaire ne peut réclamer que s'il se croit surtaxé comparativement à un autre propriétaire de la commune où les biens, à raison desquels il réclame, sont situés. Toute demande en réduction de la contribution foncière ne peut donc avoir pour objet que le rappel à l'égalité proportionnelle. Le montant des décharges et réductions doit être réimposé, et pour maintenir l'égalité proportionnelle, cette réimposition est faite sur tous les contribuables indistinctement.

§. 14.

Quatre différentes demandes peuvent être

____

(1) Loi du 3 frimaire an VII. Sén. cons. du 30 janvier 1810.

formées en matière de contribution foncière:
la demande en *décharge* et celle en *réduction;*
la demande en *remise* et celle en *modération.*

Lorsqu'un contribuable a été taxé pour un
bien qu'il n'a pas, ou dans une commune où il
n'est pas propriétaire, il a droit à une *décharge;* si sa cote, établie dans le rôle où
elle doit l'être, est trop forte, il a droit à une
réduction; si, justement taxé dans le principe, il perd en totalité les revenus, objets de
la taxe, il a droit à une *remise;* enfin, s'il
ne perd qu'une partie de ces revenus, il n'a droit
qu'à une *modération.*

§. 15.

La *décharge* et la *réduction* sont de justice
rigoureuse; quand elles sont dues, elles ne
peuvent être refusées; et il est dans les attributions des conseils de préfecture de rendre cette
justice.

§. 16.

La *remise* et la *modération* tiennent plus
à l'humanité et à la bienfaisance, qu'à la justice
distributive; et la quotité de l'allégement peut
être subordonnée à la latitude des fonds de non-
valeurs destinés à y pourvoir; car lorsqu'un ci-

toyen, taxé justement dans le principe, aurait éprouvé, *postérieurement à la répartition*, une perte de revenu, alors la réimposition sur les autres contribuables n'eût pas été juste. Un décret impérial du 11 mai 1808, dont les dispositions ont été communiquées aux préfets par une circulaire de Son Excellence le ministre des finances, en date du 31 août de la même année, a réglé la marche à suivre par les préfets pour faire participer leurs départemens respectifs au fonds de non-valeurs. Ce décret porte que le produit de deux centimes de non-valeurs sera divisé en trois parties; qu'un tiers est laissé à la disposition des préfets, un tiers à la disposition du ministre des finances, et un tiers à la disposition du ministre de l'intérieur, comme fonds spécial pour des secours relatifs aux pertes occasionées par des tremblemens de terre, des incendies, inondations, etc.

En conséquence de ce décret, le tiers mis à la disposition du ministre des finances doit être tenu en réserve, pour fournir aux départemens qui en auraient besoin, le supplément nécessaire pour couvrir la totalité des remises, modérations et non-valeurs; et le secours à accorder en argent doivent être proposés à Sa Majesté par le ministre de l'intérieur, sur le tiers dont il doit disposer.

C'est donc au ministre de l'intérieur que les préfets adressent les demandes de ce genre en faveur de leurs administrés. Dans le cas que le tiers, mis à la disposition du préfet, aurait été consommé en remises, modérations ou non-valeurs, sans que la totalité s'en trouvât couverte, le préfet s'adresse au ministre des finances, pour proposer à Sa Majesté de lui accorder le supplément nécessaire. S'il arrive que la portion laissée à la disposition du préfet excède, en définitif, le montant réel des remises, modérations et non-valeurs, le préfet s'adresse au ministre des finances, pour être autorisé par Sa Majesté à employer cet excédant à des objets utiles à ses administrés.

§. 17.

L'arrêté du gouvernement du 24 floréal an VIII trace, d'une manière claire et précise, toute la marche à suivre pour l'instruction et le jugement des réclamations en décharge et en réduction. Toutes les pétitions doivent être adressées au sous-préfet de l'arrondissement, qui envoie la demande au contrôleur des contributions dans l'arrondissement duquel la commune dans laquelle le réclamant a été imposé, se trouve située. Le contrôleur communique la pétition aux répartiteurs pour avoir leur avis; et dans le cas où les répartiteurs n'adhéreraient pas à la demande, le contrôleur en informe le sous-préfet et le réclamant, qui nomment chacun de leur côté, un expert. Les deux experts nommés, le contrôleur leur indique le jour où il se rendra sur les lieux pour procéder avec eux à la vérification. Le contrôleur renvoie au sous-préfet chacune des pétitions, avec son procès-verbal contenant ou l'adhésion des répartiteurs, ou le résultat de la vérification des experts; il y joint l'adhésion écrite ou le procès-verbal signé des experts. Le contrôleur donne, sur chaque pétition, ses observations personnelles et ses conclusions. Le sous-préfet envoie toutes les pièces au préfet, en y joignant ses observations et son avis.

Le préfet en fait le renvoi au directeur des contributions; celui-ci l'examine et fait sur le tout son rapport; après quoi le tout est envoyé au conseil de préfecture qui prononce, à moins qu'il ne trouve pas l'affaire suffisamment instruite. Dans ce cas, le conseil fait connaître au préfet les renseignemens dont il aurait besoin, et le préfet les demande au directeur, qui se les procure par le contrôleur, et les adresse au préfet pour être remis au conseil.

Si le conseil de préfecture juge l'affaire mal instruite et assez importante pour exiger une contre-vérification, le préfet la renvoie au directeur, qui charge l'inspecteur de cette opération; et sur le nouveau procès-verbal de l'inspecteur, le directeur rédige un nouveau rapport, sur lequel le conseil de préfecture prononce.

Lorsque le conseil de préfecture a statué sur une pétition, il prend une décision, et le préfet une ordonnance de décharge ou de réduction. Ces ordonnances énoncent les motifs de la pétition, l'avis du directeur et la décision du conseil de préfecture; elles sont remises au directeur des contributions, et par celui-ci au receveur particulier qui les transmet au percepteur. Le directeur en prévient, par une lettre d'avis, la partie intéressée, qui se rend chez le percepteur pour quittancer l'ordonnance, après en avoir reçu le montant.

2 *

§. 18.

Le montant de toutes les ordonnances de décharge ou de réduction est réimposé au profit de ceux qui les ont obtenues, par addition aux rôles de l'année suivante. Le système de réimpositions exige que toutes les réclamations soient jugées assez à tems, pour que le montant des décharges et réductions à réimposer soit connu au moment de la confection des rôles, sur lesquels la réimposition doit être faite. Il est donc bien essentiel de maintenir la disposition de la loi (1), qui veut que les réclamations soient présentées dans les trois mois, à partir du jour de la publication du rôle.

Les pétitions des réclamans doivent être écrites sur du papier timbré, aux termes de l'article 12 de la loi du 13 brumaire an VII, de même que les procès-verbaux des experts, comme rentrant dans la classe des actes qui doivent faire titre, ou être produits pour décharge, justification, demande ou défense.

§. 19.

Il en sera autrement, l'allivrement cadastral une fois déterminé ; alors nul contribuable ne

---

(1) Art. 17 de la loi du 2 messidor an VII.

pourra réclamer pour cause de surtaxe, à moins que, par un de ces événemens qui sortent des chances ordinaires, sa propriété ne vienne à disparaître; alors il y sera pourvu par une remise extraordinaire. Mais si son revenu de l'année était emporté, en tout ou en partie, par la grêle, l'inondation ou autre intempérie, il obtiendra une remise ou totale ou partielle, pour cette année seulement, sur le fonds de non-valeurs, sans rien changer au sort des autres propriétaires, affranchis désormais de toutes réimpositions.

Seulement pour les maisons et autres propriétés bâties, les répartiteurs continueront leurs fonctions, de même que pour la répartition de la contribution personnelle et mobilière; les maisons et autres propriétés bâties ne pouvant participer aux avantages d'un cadastre, comme sujettes à disparaître, les unes pour être remplacées par de nouvelles constructions d'une valeur toute différente, les autres pour n'être point reconstruites, les matrices cadastrales sont divisées en deux parties qui contiennent, la première, le produit net des terres et de la superficie seulement des maisons et usines, estimé au taux des terres de la première classe; la seconde, le revenu des maisons et usines, distraction faite de celui pour lequel elles sont comprises dans l'expertise à raison de leur superficie, et des déductions accordées par la loi pour les réparations. Le revenu des propriétés bâties, tel qu'il est établi par l'expertise, déduction faite du terrain qu'elles occupent, détermine le montant de leur imposition, d'après le taux de l'allivrement général des propriétés foncières; c'est-à-dire que, si la contribution sur les terres était perçue à raison du 9.ᵉ du revenu, par exemple, le contingent des maisons et usines serait réglé une première fois dans la proportion du 9.ᵉ de propriété dans chaque commune cadastrée; le montant de ce contingent est ensuite réparti, chaque année, d'après les recensemens, comme il en est usé aujourd'hui; et les propriétaires sont autorisés à se pourvoir comme par le passé, en décharges et réductions, qui continueront à donner lieu à la réimposition, lorsqu'elles ne peuvent être entièrement couvertes par la portion du fonds de non-valeurs qui n'a pas été consommé en remises et modérations.

§. 20.

Dans les §§. 10 et 19 il était question de l'opération connue sous le nom de *parcellaires;* nous devons y revenir, attendu que le conseil de préfecture est dans le cas de donner son avis, lorsqu'il y a réclamation, 1.º de la part des propriétaires contre le classement de leurs propriétés foncières, et 2.º de la part des délégués des communes contre les évaluations des diverses communes (1).

L'opération des parcellaires pour le cadastre peut seul atteindre cette égalité de répartition si justement désirée. La France depuis long-tems avait formé ce grand projet : dès le quinzième siècle, un cadastre général avait été ordonné; l'assemblée constituante en sentit encore mieux le besoin; mais il était réservé à un gouvernement qui se plaît à tout ce qui est grand, d'entreprendre et d'achever ce grand bienfait.

On crut d'abord qu'il suffirait de mesurer et d'évaluer un certain nombre de communes par département, pour avoir une connaissance raisonnable des autres : les plaintes qui s'élevèrent firent bientôt sentir les inconvéniens d'un calcul approximatif. On résolut alors d'arpenter en masse la totalité des communes; mais les dif-

____

(1) Art. 26 et 33 de la loi du 15 sept. 1807.

ficultés se renouvelèrent, lorsqu'il fallut ensuite répartir à chaque propriétaire sa portion du territoire : on fut donc obligé d'arpenter chaque propriété (1).

Comme il importait que cette opération fût uniforme dans toutes les communes, Son Excellence le ministre des finances avait formé une réunion composée de plusieurs géomètres en chef et directeurs des contributions, sous la présidence de M. *Delambre*, membre de l'institut, pour déterminer et les règles à suivre dans l'exécution du parcellaire, et les bases principales de la dépense qu'elle devrait occasioner. Il est résulté des calculs que, pour obtenir l'arpentage parcellaire en quinze ans, il faudrait que, pendant le même espace de tems, il fût ajouté un trentième à chaque cote de contribution foncière. Avec ces moyens, et le trésor public continuant de se charger des frais de l'expertise et de ceux de la confection des matrices cadastrales, l'opération cadastrale sera entièrement terminée dans l'intervalle de quinze

---

(1) Voyez le rapport fait, au nom de la commission des finances du corps législatif, par M. de Montesquiou, président de cette commission, sur le projet de loi concernant les finances, en la séance du corps législatif du 25 novembre 1808.

années (1). Cette proposition a été approuvée par le gouvernement, et la loi relative au budjet de l'État pour l'année 1809, du 25 novembre 1808 (art. 7), a autorisé cette addition d'un 30.^c à chaque cote de contribution foncière, comme fonds spécial pour les frais de confection des parcellaires pour le cadastre; pareille disposition porte la loi relative au budjet de l'État pour l'année 1810, du 15 janvier 1810, dans son article 15.

Pour le levé des plans parcellaires des communes, c'est-à-dire, où les propriétés sont mesurées et figurées, chaque département a un ingénieur-vérificateur commissionné par Son Excellence le ministre des finances, et un certain nombre de géomètres commissionnés par le préfet. Les travaux de l'arpentage parcellaire se divisent entre l'ingénieur-vérificateur et les géomètres; ces derniers font le travail sur le terrain, le premier fait le travail du cabinet.

Aussitôt que les communes à cadastrer dans

----

(1) Voyez le rapport du ministre des finances à Sa Majesté l'Empereur et Roi, du mois de janvier 1808, dans le compte de l'administration des finances en l'an 1807, page 117.

le cours d'une année sont déterminées, le préfet en publie les noms par un avis qui est affiché non-seulement dans ces communes et dans celles contiguës, mais dans les chefs-lieux d'arrondissement et dans les principaux marchés du département, afin que les propriétaires forains puissent en avoir connaissance. Ensuite, lorsque l'arpentage d'une commune doit commencer, le préfet rappelle au maire l'objet et les avantages du cadastre, et lui trace tout ce qu'il doit faire, tant pour la délimitation que pour la confection du parcellaire (1).

Lorsque le géomètre, chargé du levé du plan parcellaire de la commune, a terminé ses opérations, il remet à l'ingénieur-vérificateur, 1.º la minute du plan; 2.º le procès-verbal de délimitation; 3.º la liste alphabétique de tous les propriétaires, avec leurs noms, surnoms, professions et demeures, de la commune avec indication des numéros qu'ils possèdent; enfin et 4.º les tableaux indicatifs par section, des propriétaires, des propriétés foncières et de leurs contenances.

L'ingénieur-vérificateur fait sur le plan, dans

____

(1) Instruction du ministre des finances du 24 mai 1810.

le cabinet, le calcul des parcelles qu'il établit sur les tableaux indicatifs, et auxquels il joint, pour le travail de l'expertise, un atlas portatif sur feuilles de calques.

Toutes ces pièces sont ensuite remises au contrôleur chargé de l'expertise.

Suivant les lois du 3 frimaire an VII, sur la contribution foncière, et du 3 frimaire an VIII, sur les directions, tout ce qui est évaluation et décision, avait appartenu aux répartiteurs ; mais les répartiteurs ayant présenté des bases de revenu arbitraires, sans données certaines qui puissent garantir leur travail, il a fallu y pourvoir par des experts étrangers aux communes, qui, dépouillés de toutes préventions d'intérêts personnels et d'affections locales et particulières, ne peuvent voir que la vérité et diriger leurs estimations d'après l'existence et l'évidence des choses.

L'arrêté des consuls du 12 brumaire an XI, art. 6, a confié le choix de ces experts au préfet. Le mode d'évaluation des produits imposables des communes a été déterminé par une instruction du ministre des finances, approuvée par les consuls le 3 frimaire de la même année, et plusieurs autres instructions données successivement. Son Excellence le ministre des finances, par sa lettre du 24 mai 1810, a annoncé aux préfets qu'il fera publier incessamment un *recueil méthodique*, dans lequel se trouveront refondues les instructions qui composent les cinq volumes de la collection du cadastre (1), et qui sera dégagé de tout ce qui concernait le cadastre par masses de cultures et des articles de règlemens révoqués ou modifiés.

L'expertise se compose des pièces suivantes:

Tableau comparatif des anciennes mesures locales usitées dans la commune, et des nouvelles mesures;

Tarif du prix des grains et autres denrées;

Tableau de classification des propriétés foncières;

Tarif provisoire du produit net des différentes natures de propriétés, distribuées par classes d'après les évaluations, et toutes déductions faites;

____

(1) Formé avec l'autorisation de S. Exc. le ministre des finances, par J. B. Oyon, chef des bureaux du cadastre.

Application du tarif provisoire aux propriétés comprises dans les baux;

Tarif définitif du produit net imposable de toutes les natures de propriétés divisées par classes;

Procès-verbal d'évaluation du revenu imposable.

L'expertise terminée, le contrôleur remplit, sur la seconde page du tableau indicatif, les colonnes du classement. Ensuite le directeur des contributions ayant, par l'application du tarif au classement, rempli la dernière colonne du tableau indicatif, fait rédiger, d'abord les bulletins séparés, puis ceux en cahiers. De cette manière, le tableau indicatif devient la minute de l'état de classement, et les bulletins en cahiers, la minute de la matrice. Le directeur ajoute, à la fin des bulletins séparés, la cote du contribuable résultant de son nouvel allivrement; il indique en outre l'allivrement total de la commune, son contingent, et la proportion de ce contingent avec l'allivrement ou le nouveau revenu. Alors le directeur fait déposer à la mairie les bulletins en cahiers formant la minute de la matrice, et distribuer aux propriétaires les bulletins séparés.

En tête de chaque bulletin séparé est une lettre du directeur des contributions au propriétaire, pour l'inviter à reconnaître d'abord ses parcelles et leurs contenances, et, s'il y trouve des erreurs, à les indiquer dans la colonne d'observations réservée à cet effet. Cette lettre invite le propriétaire à examiner ensuite la classe dans laquelle est placée chacune de ses parcelles, et, s'il croit avoir des réclamations à faire, à les rédiger sur papier libre. Enfin, elle le prévient que la matrice est déposée à la mairie, et qu'il peut la consulter. La même lettre l'instruit, en outre, du jour où le géomètre se rendra sur le terrain pour faire les rectifications relatives aux parcelles et à leurs contenances (1).

L'art. 23 du titre X, contenant les dispositions concernant le cadastre, de la loi du 15 sept. 1807, relative au budjét de l'État, porte que les pièces relatives à l'expertise resteront déposées au bureau de la mairie pendant un mois. Pendant le cours du mois de cette communication, l'ingénieur-vérificateur et les géomètres se trans-

____

(1) Instruction du ministre des finances du 24 mai 1810.

portent dans la commune, pour faciliter l'examen des bulletins, donner toutes les explications qu'ils nécessitent, et les faire tous rentrer revêtus de la signature des propriétaires. A l'expiration du mois, le contrôleur se rend dans la commune pour achever de faire rentrer les bulletins, retirer du secrétariat de la mairie la minute-matrice, et recueillir toutes les réclamations qui ont été faites sur le classement. Le maire lui délivre un certificat attestant que toutes les formalités de la communication ont été remplies, et que sur *tant* de propriétaires, *tant* ont réclamé.

Le parcellaire est rectifié d'après les observations des propriétaires. Si un propriétaire réclame contre la contenance donnée à une de ses propriétés, le préfet, sur la proposition de l'ingénieur-vérificateur, nomme un géomètre, autre que celui qui a fait le parcellaire, pour remesurer la parcelle : les frais sont payés par le réclamant, s'il a tort ; par le géomètre, s'il a fait une erreur.

L'art. 26 de la loi citée, du 15 septembre 1807, règle le mode comment il doit être statué sur les réclamations relatives au classement, et c'est ici où les attributions du conseil de préfecture dans les opérations du cadastre commencent. Conformément à l'art. 26 cité, il est statué sur ces réclamations, par le préfet, sur un rapport du directeur, et *après avoir pris l'avis du conseil de préfecture.*

Tandis que les diverses opérations qui constituent le cadastre reposent en général sur des vérités mathématiques, la classification se trouve seule dénuée de bases aussi positives, et abandonnée en quelque sorte aux lumières et à la conscience de l'expert.

La *classification* consiste à déterminer en combien de classes chaque espèce de propriété doit être partagée, à raison des divers degrés de fertilité du terrain et de la valeur du produit.

Le *classement* consiste à distribuer, entre les classes établies par la classification, tous les terrains que chaque propriété occupe.

Le classement est l'application de la classification à chaque partie du territoire. On parvient presque toujours à restreindre à trois classes, la classification de chaque genre de propriété; et si, à l'égard des terres labourables, le besoin absolu en exige un plus grand nombre , on ne doit pas excéder celui de cinq classes (1).

Par la réunion des trois opérations dont l'expert est chargé , savoir : *de l'expertise , de la classification des propriétés* et *du classement* , l'expert est mis en état d'établir le revenu imposable de la commune.

Si un propriétaire , par la communication du bulletin qui porte ses propriétés , trouve que ses propriétés lui paraissent portées dans une classe trop élevée , alors il rédige sa réclamation sur papier libre et la remet au maire ; elle est ensuite vérifiée par le contrôleur et l'expert , et il y est statué par le préfet d'après l'art. 26 de la loi du 15 septembre 1807. Les répartiteurs ne coopérant pas à l'expertise , ne doivent pas être consultés sur ces réclamations ; leurs fonctions pour la contribution foncière cessent dès que la commune est cadastrée.

Le bulletin communiqué au propriétaire, lui

---

(1) Dans les villes , les maisons ne doivent pas être divisées en un certain nombre de classes , comme dans les communes rurales, leurs valeurs locatives présentant trop de variétés ; chaque maison doit être évaluée séparément. Instruction du ministre des finances du 24 mai 1810.

fait connaître à-la-fois ses parcelles (1), leurs contenances, leur classement, leur évaluation, et sa cotisation. Contre le classement de ses parcelles, il réclame comme nous venons d'expliquer ; mais il ne peut attaquer isolément les évaluations. puisqu'elles lui sont communes avec tous les autres. Si quelques évaluations lui paraissent trop fortes, il remet sa déclaration au maire qui la donne au délégué, que la commune nomme pour assister à l'assemblée du canton (2).

Lorsque toutes les expertises des communes qui composent la justice de paix seront terminées, et vers la fin du mois de la communication dont nous avons parlé ci-dessus, chaque conseil municipal de cette même justice de

(1) On entend par parcelle toute propriété ou portion de propriété qui présente une seule nature de culture. Instruct. du ministre des finances du 20 avril 1808.

(2) Les évaluations, comme elles doivent être sanctionnées par l'assemblée de la justice de paix, ou fixées d'après l'examen de ses observations, ne peuvent donner lieu à aucune réclamation de la part des particuliers. Si un propriétaire, d'ailleurs, trouve son bien trop évalué, ce ne peut être que parce qu'il est mis dans une classe trop forte, et non par l'évaluation de cette classe, puisqu'elle lui est commune avec tous ceux qui possèdent les biens de cette même classe, et que, s'il était lésé, tous les autres le seraient ; ce qu'on ne peut supposer, lorsque la commune, par son délégué, a donné son adhésion aux évaluations.

paix est convoqué par les ordres du préfet, conformément à l'article 28 de la loi du 15 septembre 1807. Dans cette assemblée, il est fait lecture du tarif définitif des évaluations : le conseil peut prendre également connaissance des autres pièces de l'expertise ; ensuite le conseil choisit son délégué et lui remet les observations qui ont été faites par les propriétaires, et les instructions qu'il croit devoir lui donner.

L'assemblée de la justice de paix a ensuite lieu, conformément aux articles 28, 29, 30, 31 et 32 de la loi du 15 septembre 1807. Au jour fixé par le préfet, les délégués des communes se rendent au chef-lieu de la sous-préfecture. Cette assemblée peut durer huit jours, et elle est présidée par le sous-préfet ; un contrôleur des contributions remplit dans cette assemblée les fonctions de secrétaire ; l'inspecteur des contributions y assiste, et rend compte du résultat de l'assemblée au directeur des contributions et lui adresse les observations dont ce résultat lui paraît susceptible.

Les délégués des communes prennent connaissance des évaluations des diverses communes, les comparent et les discutent ; après quoi l'assemblée donne , à la pluralité des voix , les conclusions positives et motivées sur les changemens qu'elle estime devoir être faits aux estimations , ou son adhésion formelle au travail. S'il y a des réclamations , le sous-préfet les adresse au préfet , avec ses observations.

Le procès-verbal de l'assemblée de la justice de paix , avec les observations du sous-préfet, est transmis , par le préfet , au directeur des contributions , pour faire son rapport ; après quoi le préfet , après avoir pris *l'avis du conseil de préfecture*, statue sur les réclamations , et fixe définitivement par un arrêté le revenu cadastral de chacune des communes du canton (1).

Lorsque l'opération de l'assemblée de la justice de paix est ainsi terminée , le directeur des contributions rectifie , s'il y a lieu , les bulletins reliés en cahier, faisant la minute de la matrice de rôle ; de laquelle il fait faire deux expéditions , et une de l'état de classement ; l'une des expéditions reste déposée à la direction des contributions , et l'autre avec l'expédition de l'état de classement est déposée dans la commune ,

____

(1) Loi du 15 septembre 1807, art. 33.

afin de servir à rédiger les bulletins des mutations de propriété. Le directeur des contributions est spécialement chargé de la tenue du
livre des mutations des propriétés cadastrées (1).

Lorsqu'une commune est expertisée, elle jouit
déjà de l'égalité proportionnelle entre les propriétaires ; les inégalités de commune à commune sont rectifiées dans toutes celles qui composent le ressort de chaque justice de paix , aussitôt qu'elles auront été toutes expertisées. Ce
rétablissement de l'égalité proportionnelle entre
les communes , conduira , par une gradation insensible , au rapport à établir entre tous les départemens , par le résultat général du cadastre qui
présentera le montant du produit net dans chacune des communes de l'Empire , et , par conséquent , dans l'ensemble de chaque département.
Alors la contribution foncière reprendra le double caractère d'impôt proportionnel et d'impôt
de quotité , que l'assemblée constituante avait
voulu lui donner, mais dont elle ne se trouvait pas
susceptible tant que la matière imposable n'était
pas connue. Cette base une fois acquise , la loi
dira : » La contribution foncière sera perçue sur

____

(1) Loi du 15 septembre 1807, art. 39.

le pied du neuvième , par exemple , des revenus nets constatés par les matrices cadastrales des diverses communes de chaque département ». Alors la taxe de chaque propriétaire se trouvera invariablement réglée et nulle autorité ne pourra rien faire supporter au-delà de la proportion réglée par la loi. Le produit net de chaque article de propriété une fois déterminé, les propriétaires pourront améliorer leurs biens, sans avoir à craindre qu'il puisse en résulter pour eux un accroissement d'impôt ; et si quelques-uns, au contraire , apportaient de la négligence dans leur exploitation, les autres propriétaires ne seront plus exposés à en souffrir, puisque l'allivrement de chaque propriété se trouvera fixé invariablement pour tout le tems qui sera déterminé par la loi. Sans doute, il pourra , dans cet intervalle , survenir quelques variations dans la valeur comparative des terres : mais , lorsque cette valeur se trouve une première fois déterminée d'après des bases raisonnablement calculées , les différences seront si peu sensibles pendant un long tems, qu'elles ne peuvent avoir une influence marquée sur la quotité de la somme à payer pour l'impôt ; et s'il est vrai ,

comme on ne peut le contester, que le produit
des terres augmente généralement plus qu'il ne
décroît, il semble qu'il y aurait peu à s'inquié-
ter des changemens qui arriveraient dans leur
valeur telle qu'elle aura été fixée par le cadastre.
Il en résultera seulement que les propriétaires
qui auront le plus amélioré, retireront d'autant
plus de profit de leurs dépenses et de leurs soins ;
ce qui est tout à-la-fois, et juste à l'égard des
propriétaires, et favorable aux progrès de l'agriculture (1).

§. 21.

Jusqu'à ce que les communes auront les matrices cadastrales conformément au système expliqué dans le §. qui précède, la direction des
contributions, établie dans chaque département
par la loi du 3 frimaire an VIII, reste chargée
de la rédaction des rôles de recouvrement,
d'après le travail préliminaire et nécessaire des
répartiteurs (2).

Les matrices qui, fixant les évaluations des
revenus des contribuables, fixent par suite leur

---

(1) Compte de l'administration des finances en l'an XIV-1806,
rendu par le ministre des finances à Sa Majesté l'Empereur,
chap. V.

(2) Loi du 3 frim. an VII, art. 8. Loi du 3 frim. an VIII, art. 7.

cotisation , et qui par conséquent sont la base de cette répartition individuelle , sont le travail des répartiteurs nommés pour chaque commune , d'après la loi du 3 frimaire an VII, qui renferme les principes de la répartition de l'impôt foncier et de l'évaluation du revenu imposable.

Chaque année et avant le 10 septembre , les contrôleurs se procurent l'état des changemens que les maires , adjoints et répartiteurs croient devoir faire à la matrice pour l'année suivante, ou un certificat signé d'eux , attestant qu'ils n'en ont aucun à proposer. Les percepteurs des contributions , particulièrement intéressés à la formation exacte des rôles, doivent de même adresser un relevé des fautes qu'ils ont remarquées dans les rôles , au directeur des contributions. Le directeur dresse les états des décharges et réductions à réimposer , et les fait arrêter par le préfet. Muni de tous ces renseignemens , le directeur s'occupe de la confection des rôles , et y comprend toutes les impositions autorisées par des lois ou décrets particuliers. Ces rôles doivent être confectionnés au 1.er décembre de chaque année au plus tard ; ils sont remis au préfet, pour être vérifiés et rendus exécutoires à mesure qu'ils sont formés. Lorsque le préfet a arrêté les rôles, celui-ci les fait passer au directeur des contributions, qui les conserve jusqu'à ce que le ministre des finances ait fait connaître au préfet l'époque où ils doivent être envoyés aux percepteurs à vie de villes, bourgs et villages ; le préfet fait publier par les maires l'époque de cette remise, à partir de laquelle les trois mois, accordés par l'art. 17 de la loi du 2 messidor an VII aux contribuables pour réclamer, commencent à courir (1).

§. 22.

Il y a dans chaque département un receveur général des contributions directes, et un receveur particulier pour chaque arrondissement communal, à l'exception de celui du chef-lieu du département, pour lequel le receveur général remplit en même tems les fonctions de receveur particulier.

Les contribuables acquittent leurs cotes entre les mains des percepteurs à vie des contributions directes, établis pour les communes. Ces per-

---

(1) Lettre circulaire du ministre des finances aux préfets, du 8 août 1810.

cepteurs sont tenus de verser, à la fin de chaque mois, dans la caisse du receveur particulier de l'arrondissement, le montant du douzième des contributions directes. Les receveurs particuliers d'arrondissemens versent le montant des contributions des arrondissemens dans la caisse du receveur général du département qui en compte au trésor public.

§. 23.

Dans le cas qu'un percepteur à vie soit en débet, il est d'abord constaté si les maires et receveur particulier ont exercé, vis-à-vis de ce percepteur, la surveillance prescrite par les règlemens ; dans le cas où cette surveillance a été exercée et où le percepteur ayant été poursuivi dans tous ses biens, incarcéré et traduit devant les tribunaux, il reste néanmoins, prélèvement fait de son cautionnement, un débet envers le trésor, ce débet est imputé sur le fonds de non-valeurs (1).

La loi du 28 pluviôse an III, chap. 3, art. 8, et celle du 2 messidor an VI, art. 10, voulaient que les biens des comptables, saisis pour cause de débet, fussent vendus administrativement

______

(1) Décret impérial du 20 juillet 1808.

et dans la même forme que les domaines nationaux. Mais ces dispositions n'étant rappelées ni dans la loi du 11 brumaire an VII, ni dans le code Napoléon, ni dans le code de procédure de 1806, on les regarde comme abrogées, et l'agent du trésor public doit poursuivre devant les tribunaux l'expropriation forcée de ces biens. C'est ce que décide un avis du conseil d'état du 3 mai 1806, approuvé par l'Empereur le 8 du même mois.

En ce qui concerne l'exercice de la contrainte par corps contre les percepteurs en débet, les tribunaux n'ont point à prononcer sur la validité de la contrainte et les motifs qui l'ont fait décerner ; mais si un percepteur des contributions demande la nullité de son emprisonnement, sur le fondement qu'il a été pratiqué dans des formes que la loi n'avoue pas, c'est alors l'autorité judiciaire qui est seule compétente pour statuer sur sa réclamation (1).

§. 24.

Les contribuables en retard d'acquitter le montant de leurs cotes, y sont contraints par les porteurs de contrainte, établis pour exercer

____

(1) Décret impérial du 23 avril 1807.

les fonctions d'huissier, pour le recouvrement des contributions directes.

Une contrainte est un mandement décerné contre un redevable de deniers publics ou de droits dus au fisc. Les contributions directes donnent lieu à des contraintes, tant contre les particuliers qui sont en retard de les payer, que contre les percepteurs et receveurs qui sont en retard de verser dans les caisses où ils doivent le faire, le produit de leurs perceptions ou de leurs recettes.

Les receveurs particuliers décernent les contraintes contre les redevables qui n'ont pas acquitté le montant de leurs cotes en la contribution foncière dans les délais fixés (1), mais qui cependant ne peuvent être mises à exécution qu'après le visa du sous-préfet de l'arrondissement (2).

Conformément à l'arrêté des consuls du 16 thermid. an VIII, contenant règlement sur le recouvrement des contributions directes et l'exer-

---

(1) Les contributions directes sont payables à raison d'un douzième par mois. Arrêté des consuls du 16 thermidor an VIII, art. 1.

(2) Arrêté des consuls du 16 thermidor an VIII, art. 30.

cice des contraintes, les porteurs de contraintes font seuls les fonctions d'huissiers en matière de contributions directes (1). Ils sont choisis parmi les citoyens de l'arrondissement, sachant lire, écrire, calculer ; et ayant une instruction suffisante pour exécuter toutes les opérations relatives à leurs fonctions ; ils sont nommés par le sous-préfet sur la présentation du receveur particulier, et le choix du sous-préfet est soumis à l'approbation du préfet (2).

Les porteurs de contraintes, d'après le but de la disposition de l'arrêté du 16 thermidor, qui les charge seuls des fonctions d'huissier en matière de contributions directes, sont autorisés à poursuivre les percepteurs ou les contribuables en retard, par les mêmes moyens que les huissiers emploient contre les débiteurs de sommes réclamées par des particuliers ; les porteurs de contraintes doivent en conséquence suivre la saisie et la vente des meubles et autres objets affectés au payement des contributions arriérées, comme le ferait l'huissier dont ils remplissent seuls les fonctions ; les formalités pres-

___

(1) Arrêté des consuls du 16 therm. an VIII, art. 18.
(2) Ibid. art. 19 et 20.

crites par le code de procédure civile de 1806 aux huissiers doivent, en pareil cas, être remplies par les porteurs de contraintes (1).

En ce qui concerne la connaissance et le jugement des contestations auxquelles ces contraintes donnent lieu, il faut distinguer: si les contestations roulent, soit sur la forme des contraintes, soit sur le fond, la connaissance en appartient au conseil de préfecture; si les contestations roulent sur la validité des poursuites en expropriation forcée qui ont été faites en exécution des contraintes, c'est devant les tribunaux qu'elles doivent être portées (2).

§. 25.

La loi annuelle sur le budjet de l'État fixe également le montant de la contribution personnelle et mobilière pour tout l'Empire, et le contingent de chaque département, dont la répartition entre les arrondissemens, les communes et les contribuables s'opère de la même manière, comme pour la contribution foncière (3).

______

(1) Lettre du ministre des finances au préfet de Rhin-et-Moselle, du 13 juin 1809.

(2) Répertoire universel, etc., par M. Merlin, conseiller d'état, procureur-général à la cour de cassation, etc., à l'art. *Contrainte.*

(3) Loi du 3 nivôse an VII, art. 1. Loi du 28 pluviôse an VIII, art. 6 et 10.

Chaque habitant, homme et femme, jouissant de ses droits, à l'exception seule des pauvres, est imposé dans la contribution personnelle pour le montant de trois journées de travail, d'après la fixation que le préfet est chargé de faire de la valeur de la journée de travail. Ce qui reste dû sur le contingent assigné à la commune pour son contingent à la contribution personnelle et mobilière, déduction faite du montant réparti pour cotes personnelles, constitue la somme à payer comme contribution mobilière, et à répartir entre les habitans dans la proportion de leurs revenus mobiliers ; pour éviter dans cette répartition, autant que possible, tout arbitraire, la loi a prescrit que le prix locatif de l'habitation du contribuable soit pris pour base.

Lorsqu'un citoyen se croit surtaxé à raison de ses facultés, il se pourvoit devant le sous-préfet, et la marche tracée pour la contribution foncière est également suivie dans l'instruction des demandes en décharge et réduction dans cette contribution, pour double emploi ou à cause de surtaxe (1), et sur l'avis du directeur des contributions, le conseil de préfec-

---

(1) Arrêté des consuls du 28 floréal an VIII, art. 8 et 9.

ture prononce la décharge ou la réduction dont le montant est réimposé sur tous les autres habitans de la commune (1).

Tout citoyen qui a été taxé à la contribution personnelle dans une commune où il n'a point de domicile, se pourvoit de même devant le sous-préfet qui le renvoie au contrôleur, lequel vérifie le fait et donne son avis; le sous-préfet, après avoir donné aussi son avis, fait passer les pièces au préfet qui les communique au directeur des contributions, et sur l'avis du directeur, le conseil de préfecture prononce, s'il y a lieu, la décharge, dont le montant est réimposé sur tous les autres habitans (2).

Les demandes doivent être rédigées sur papier timbré, de même que les procès-verbaux des commissaires, nommés pour vérifier les faits, s'il s'agit d'objets compris mal-à-propos dans les facultés du réclamant.

Aucune demande en décharge ou réduction n'est admise après l'expiration des trois mois qui suivent la publication du rôle (3).

---

(1) Arrêté des consuls du 24 floréal an VIII, art. 9 et 12.
(2) Ibid. art. 7.
(3) Loi du 3 nivôse an VII, art. 58.

Les dispositions concernant la perception de la contribution foncière (1), la surveillance et la vérification des recouvremens, sont communes et applicables à la perception de la contribution personnelle et mobilière.

La loi du 3 nivôse an VII, sur le mode d'assiette, de perception et de dégrèvement, de la contribution personnelle et mobilière, contient des dispositions relatives à une retenue à faire sur les salaires des fonctionnaires publics et des employés, et au mode d'assiette et de perception d'une taxe somptuaire; mais cette retenue sur les salaires des fonctionnaires a cessé, et la loi relative au budjet de l'État pour l'an XIV et 1806, du 24 avril 1806, a supprimé les taxes somptuaires à compter de 1807 (2).

§. 26.

La contribution sur les portes et fenêtres a été établie par la loi du 4 frimaire an VII, et celle du 18 ventôse de la même année, a ordonné des changemens aux premières taxations.

La loi du 13 floréal an X, sur les contributions directes de l'an XI, a chargé le préfet de chaque

---

(1) Loi du 3 frimaire an VII, art. 124.

(2) Loi du 24 avril 1806, art. 69.

département de répartir le contingent du département entre les arrondissemens, et les sous-préfets de la répartition du contingent de chaque arrondissement entre les communes (1). Cette loi a réglé aussi le tarif d'après lequel la matrice du rôle de cette contribution doit être faite. Les matrices de rôles sont faites par les maires et adjoints et vérifiées par les contrôleurs des contributions, et transmises au directeur pour l'expédition des rôles, qui sont ensuite rendus exécutoires par le préfet du département (2).

Jusqu'alors la contribution des portes et fenêtres avait été perçue comme contribution de quotité; mais la loi du 13 floréal an X l'a établie comme contribution de répartition. Dans cette mesure, le trésor public a trouvé une garantie plus assurée de recevoir en totalité, et à des époques fixes, la somme principale que cette contribution doit rapporter au trésor. Le contribuable, de son côté, y trouve l'exactitude dans la confection des rôles, qui fait tourner à son profit et à sa décharge, tous les articles omis ou soustraits à la taxe; aussi la fraude est de-

---

(1) Loi du 13 floréal an X, art. 17 et 18.
(2) Ibid. art. 21.

venue difficile, lorsque chacun est intéressé à l'empêcher, et de cette manière le fardeau devient plus léger quand il est également supporté par tous.

On réclame contre la contribution des portes et fenêtres, dans la même forme et les mêmes délais que pour les autres contributions directes, et le conseil de préfecture y prononce (1).

La réclamation est adressée au sous-préfet, qui la fait vérifier par le contrôleur; le procès-verbal du contrôleur, accompagné de l'avis du sous-préfet et du rapport du directeur des contributions, est soumis par le préfet au conseil de préfecture, qui prononce; avant que la décision du conseil soit rendue, le réclamant reste libre de demander la nomination de commissaires, pour examiner la vérification faite de sa réclamation par le contrôleur.

Le montant des décharges et réductions est réimposé par chaque commune l'année suivante, et celui des remises et modérations est pris sur les fonds de dégrèvement et de non-valeurs (2).

____

(1) Loi du 4 frimaire an VII, art. 16. Loi du 28 pluviôse an VIII, art. 4, n.º 1.
(2) Loi du 13 floréal an X, art. 22.

Les propriétaires des manufactures ne devant être taxés que pour les fenêtres de leurs habitations personnelles et de celles de leurs concierges et commis , la loi du 4 germinal an XI a attribué au conseil de préfecture de décider sur ce que l'on doit considérer comme manufactures (1).

La perception et le recouvrement de cette contribution se fait dans la même forme et les mêmes délais comme pour les autres contributions directes, c'est-à-dire, les cotes sont payables à raison d'un douzième par mois, et les contribuables en retard y sont contraints par la voie de contraintes (2).

§. 27.

Les droits de patentes commencèrent à être établis en vertu des lois des 2 – 17 mars 1791, et des 21 avril – 8 mai suivans. Celle du 3 septembre 1792 régla le droit dû par les marchands de bois et les maîtres d'hôtels garnis de Paris. Ils furent supprimés pour les années suivantes et jusqu'en l'an IV, qu'ils furent recréés par la loi du 4 thermidor an III. La loi

______

(1) Loi du 4 germinal an XI , art. 19.

(2) Arrêté des consuls du 16 thermidor an VIII.

du 6 fructidor an IV les régla de nouveau ; elle fut suivie de celles interprétatives des 9 frimaire et 9 pluviôse an V, et 7 brumaire an VI.

La loi du 1.er brumaire an VII a abrogé les lois des 6 fructidor an IV, 9 frimaire, 9 pluviôse an V, et 7 brumaire an VI, et a ordonné que les droits de patente seront perçus conformément au tarif qui lui est annexé.

La loi du 13 floréal an X a créé un fonds de dégrèvement et de non-valeurs, par une addition de cinq centimes par franc au principal de cette contribution ; et à ce moyen, supprime la faculté accordée par l'article 40 de la loi du 1.er brumaire an VII, aux administrations municipales, de faire descendre les sujets à patentes de la classe dans laquelle ils se trouvent placés par leur état, à une classe inférieure ; enfin, cette loi porte que les réclamations qui auront lieu, seront faites, présentées et jugées comme celles qui concernent les contributions directes. Ces changemens ont été avantageux aux contribuables et au trésor public : les rôles des patentes servent ainsi de règle pour fixer les obligations des receveurs, attendu que le fonds de non-valeurs et de dégrèvement ne laisse plus d'incer-

titude sur la rentrée du principal ; et les inégalités que présentait la contribution des patentes, peuvent être rectifiées avec plus d'équité
et plus de facilité, puisque, d'un côté, on a une
somme beaucoup plus forte dans le produit des
centimes additionnels, et que, d'un autre côté,
les demandes ne pouvant plus être instruites
et jugées que dans les formes prescrites pour
les contributions foncière et personnelle, il est
bien plus difficile de surprendre et d'obtenir
par faveur des décharges qui ne seraient pas
fondées.

La loi du 2 ventôse an XIII, portant fixation
des contributions de l'an XIV, a porté le nombre
de centimes additionnels au principal de la contribution des patentes à quinze, dont deux sont
affectés aux frais de confection des rôles, et
les treize centimes restans, d'abord aux décharges et réductions, et l'excédant aux dépenses
municipales.

Dans toute l'étendue de l'Empire, ceux qui
exercent le commerce, l'industrie, les métiers
ou professions désignés dans le tarif des patentes, sont tenus de se munir d'une patente, et de payer les droits fixés pour la classe

du tarif à laquelle ils appartiennent, suivant la population de leur commune, ou, sans égard à cette population, pour le commerce, l'industrie, les métiers ou professions mis hors classe dans le tarif (1).

Les patentes sont prises pour l'année entière, sans qu'elles puissent être bornées à une partie de l'année. Ceux qui entreprennent, dans le courant de l'année, un commerce, une profession, une industrie sujets à patente, ne doivent le droit qu'au *prorata* de l'année, calculée par trimestre, et sans qu'un trimestre puisse être divisé (2).

La cote des citoyens sujets à patente qui viennent à décéder, n'est exigible que pour le passé et le mois courant (3).

Les forains doivent payer la contribution entière dans le premier mois (4).

Les contrôleurs des contributions directes sont chargés de former, chacun dans son arrondissement, les tableaux des citoyens assujettis à la patente; d'établir la nature de leurs com-

---

(1) Loi du 1.er brumaire an VII, art. 3.
(2) Ibid. art. 4.
(3) Loi du 13 floréal an X, art. 26.
(4) Ibid.

merce, industrie et profession les plus imposables ; la valeur locative de leurs maisons d'habitation, usines, ateliers, magasins et boutiques. Ces tableaux sont arrêtés par les maires qui peuvent y joindre leurs observations, et qui en conservent un double, dont les citoyens peuvent aussi prendre communication (1). Les contrôleurs transmettent les tableaux qu'ils ont formés, au sous-préfet qui les fait passer avec ses observations au préfet, lequel remet le tout au directeur des contributions directes ; ce dernier fixe, d'après les lois, le montant de chaque patente, et remet au préfet les rôles ainsi formés, en y joignant les observations des sous-préfets et des maires. Le préfet vérifie les rôles, et les rend exécutoires (2).

Les rôles des patentes sont remis aux percepteurs des contributions foncière et personnelle, pour en suivre le recouvrement (3). Les patentes sont, comme les autres contributions directes, payables par douzième, de mois en mois (4).

Le percepteur délivre, aux parties intéressées,

___

(1) Arrêté du 15 fructidor an VIII, art. 1.
(2) Ibid. art. 2, 3 et 4.
(3) Arrêté du 26 brumaire an X, art. 1.
(4) Ibid. art. 3.

quittance du premier douzième du droit de patente, et leur remet en même tems la formule
de patente qui sera signée par le maire, sur la
remise de la quittance, et revêtue du sceau de
la commune (1). Les patentes sont sur papier
timbré, aux frais de ceux à qui elles sont délivrées (2).

Nul n'est obligé à prendre plus d'une patente,
quelles que soient les diverses branches de
commerce, profession ou industrie qu'il exercé
ou veut exercer. Dans ce cas, la patente est due
pour le commerce, profession ou industrie qui
donne lieu au plus fort droit (3).

Les patentes sont personnelles et ne peuvent
servir qu'à ceux qui les obtiennent; en conséquence, chaque associé d'une même maison de
banque, de commerce en gros ou en détail,
et de toute autre profession et industrie assujetties à la patente, est tenu d'avoir la sienne. Ces
dispositions ne s'appliquent pas aux associés en
commandite qui ne sont point assujettis à la
patente, ni aux maris et femmes, auxquels une

---

(1) Arrêté du 15 fructidor an VIII, art. 5.
(2) Loi du 1.er brumaire an VII, art. 21.
(3) Ibid. art. 22.

seule patente suffit, en prenant celle de la classe supérieure, s'ils font plusieurs états, et payant le droit proportionnel de tous les lieux qu'ils occupent, quand il est exigible; à moins qu'il n'y ait entr'eux séparation de biens, auquel cas chacun d'eux doit avoir sa patente et payer séparément les droits fixes et proportionnels. Quand les associés occupent en commun la même maison d'habitation, les mêmes usines, ateliers, magasins et boutiques, il n'est dû qu'un droit proportionnel qui est fixé en entier pour l'un d'eux, les autres ne payent que le droit fixe.

Tout citoyen qui, après avoir pris une patente, entreprendra un commerce, une profession ou un métier de classe supérieure à celle de sa patente, est tenu de prendre une nouvelle patente de cette classe et d'en payer le droit fixe au *prorata;* dans ce cas, il est fait déduction du premier droit fixe, et il n'est pas dû un second droit proportionnel, quand il a été payé pour la première patente, mais un supplément au *prorata,* s'il y a de nouveaux établissemens d'une valeur locative supérieure à celles des premiers (1).

---

(1) Loi du 1.er brumaire an VII, art. 26.

Tout citoyen muni d'une patente , peut exercer son commerce , sa profession ou industrie dans toute l'étendue de l'Empire , en payant au percepteur de toutes les communes où il a des établissemens , le droit proportionnel pour les maisons d'habitation , usines , ateliers , magasins et boutiques qu'il occupe (1).

Si un citoyen patenté change son domicile pendant le courant de l'année , la patente lui sert dans la nouvelle commune qu'il habitera, en payant au *prorata*, le droit proportionnel des maisons d'habitation , usines , ateliers ; magasins et boutiques qu'il y prendra , et un supplément, aussi au *prorata*, du droit fixe, s'il est plus fort pour la même classe dans la nouvelle commune. S'il y a changement de classe supérieure , le droit fixe est payé au *prorata* (2).

L'art. 29 de la loi du 1.er brumaire an VII désigne les professions non assujetties à la patente ; l'art. 18 de l'arrêté des consuls du 16 thermidor an VIII en exempt les porteurs de contraintes ; et conformément à l'art. 33 de la loi du 25 ventôse an XI, les notaires exercent sans patente ;

---

(1) Loi du 1.er brumaire an VII , art. 27.
(2) Ibid. art. 28.

le décret impérial du 25 thermidor an XIII en exempt tous les médecins, chirurgiens et pharmaciens employés près des hôpitaux civils et militaires, ou au service des pauvres, par nomination de Sa Majesté ou des autorités administratives, *soit qu'ils exercent ou non leur art chez des particuliers* ; enfin, d'après les dispositions de l'art. 32 de la loi du 21 avril 1810, concernant les mines, les minières et les carrières, l'exploitation des mines n'est pas sujette à patente.

Les droits de patente se divisent en droits *fixes* et en droits *proportionnels*; les premiers sont ceux réglés par le tarif; les seconds sont le dixième du loyer ou des maisons d'habitation, ou des usines, ou des ateliers, ou des magasins, ou des boutiques, suivant la nature du commerce ou de l'industrie, justifié par baux authentiques pour les locataires, et par l'extrait du rôle de la contribution foncière pour les propriétaires, ou d'après la simple déclaration du requérant patente : sauf l'évaluation, s'il y a lieu, au défaut de baux et de cote particulière dans le rôle de la contribution, pour les lieux destinés au commerce ou à l'exercice de l'industrie et profession du propriétaire de maison (1). Les meuniers payent le droit proportionnel sur le pied du trentième de la valeur locative de leurs maisons, moulins et usines, au lieu du dixième (2).

Les contrôleurs doivent, tous les trois mois, rédiger une matrice de rôle supplémentaire, pour les communes dans lesquelles il se trouverait des citoyens dans un des cinq cas suivans : 1.° lorsqu'un citoyen entreprend, dans le cours de l'année, une profession ou un commerce que déjà il n'exerçait point; 2.° les commerçans qui, dans le cours de l'année, entreprennent un commerce qui les met dans une classe plus forte que celle où ils étaient précédemment, et qui doivent dès-lors un supplément de *droit fixe*; 3.° ceux qui, sans changer de profession, augmentent leurs fabriques, ateliers, boutiques ou magasins, ou prennent un loyer d'habitation plus considérable, et qui, par-là, doivent un supplément de *droit proportionnel*; 4.° ceux établis dans une commune, qui vont s'établir dans une autre commune dont la population est plus forte et augmente la quotité du droit fixe, ceux-là

---

(1) Loi du 1.er brumaire an VII, art. 5.
(2) Loi du 13 floréal an X, art. 27.

doivent payer un supplément au premier *droit fixe* qu'ils ont acquitté ; enfin et 5.° les citoyens qui, sujets à la patente dès le commencement de l'année, ont été omis dans les rôles primitifs. — La marche tracée pour la confection, l'expédition et l'arrêté des rôles primitifs, est suivie en tous points pour les rôles supplémentaires (1).

Les réclamations qui ont lieu, sont faites, présentées et jugées comme celles qui concernent les contributions directes (2).

Quatre espèces de réclamations peuvent être formées en matières de patentes, 1.° celle en double emploi ou faux emploi : lorsqu'un citoyen a été porté deux fois au même rôle ou dans des rôles différens, pour la même profession ou pour deux professions différentes, ou lorsqu'un citoyen non susceptible de patente a été compris par erreur dans le rôle ; 2.° la réclamation en surtaxe : lorsqu'un citoyen a à réclamer ou contre la quotité du *droit fixe*, soit parce qu'on l'a porté dans une classe trop haute, soit parce qu'il a pris dans le cours de l'année une profession d'une classe inférieure, soit parce qu'il est

____

(1) Instruction du ministre des finances du 30 fruct. an XI.
(2) Loi du 13 floréal an X, art. 25, n.° 2.

passé dans une commune moins peuplée, soit parce qu'au lieu d'être marchand en gros ou associé, il n'est que marchand en détail ou commis, soit enfin parce qu'ayant dans le principe plus de cinq métiers, il en aurait réduit le nombre; ou contre la quotité du *droit proportionnel*, soit parce qu'on a évalué trop haut son loyer, soit parce qu'il a pris, dans le cours de l'année, une habitation moins chère, soit enfin parce qu'il a diminué ses boutiques, ateliers ou magasins; 3.º la réclamation en cas de décès : lorsqu'un citoyen patenté vient à mourir, sa famille peut réclamer la décharge des douzièmes non échus, à compter du premier du mois qui suit le décès, à moins que son fils ou successeur qui n'aurait pas déjà une patente, ne continue le commerce ou la profession; 4.º la réclamation en remise ou modération pour pertes ou malheurs arrivés dans le commerce.

Dans tous ces différens cas, le réclamant doit présenter sa pétition dans la même forme que pour les contributions foncière et personnelle, et dans les mêmes délais; il doit y joindre un certificat du maire et les pièces justificatives à l'appui.

La pétition parvenue au contrôleur, elle est vérifiée dans les formes ordinaires, et en nommant des experts, s'il y a lieu.

Lorsque la pétition et le rapport du contrôleur sont arrivés au directeur des contributions, il fait son rapport : le conseil de préfecture prononce sur les décharges et réductions, et le préfet sur les remises et modérations.

Lois concernant les contributions directes.

CONTRIBUTION FONCIÈRE.

A. Assiette.

Loi relative à la répartition, à l'assiette et au recouvrement de la contribution foncière.

Du 3 frimaire an VII. (B. 243, n.° 2197.)

TITRE PREMIER.

Dispositions générales.

Art. I.er Le corps législatif établit chaque année une imposition foncière. (*Art. 303 de la constit.* (1).

Il en détermine annuellement le montant en principal et en centimes additionnels.

Elle est perçue en argent.

II. La répartition de l'imposition (ou contribution) foncière est faite par égalité proportionnelle sur toutes les propriétés foncières, à raison de leur revenu net imposable, sans autres exceptions que

---

(1) De l'acte des constitutions du 22 frimaire an VIII.

celles déterminées ci-après pour l'encouragement de l'agriculture, ou pour l'intérêt général de la société.

III. Le revenu net des terres est ce qui reste au propriétaire, déduction faite sur le produit brut, des frais de culture, semence, récolte et entretien.

IV. Le revenu imposable est le revenu net moyen, calculé sur un nombre d'années déterminé.

V. Le revenu net imposable des maisons, et celui des fabriques, forges, moulins et autres usines, sont tout ce qui reste au propriétaire, déduction faite sur leur valeur locative, calculée sur un nombre d'années déterminé, de la somme nécessaire pour l'indemniser du dépérissement et des frais d'entretien et de réparations.

VI. Le revenu net imposable des canaux de navigation est ce qui reste au propriétaire, déduction faite sur le produit brut ou total, calculé sur un nombre d'années déterminé, de la somme nécessaire pour l'indemniser du dépérissement des diverses constructions et ouvrages d'art, et des frais d'entretien et de réparations (1).

VII. Pour rassurer les contribuables contre les abus dans la répartition, il sera déterminé chaque année, par le corps législatif, une proportion générale de la contribution foncière avec les revenus ter-

_____

(1) Voyez ci-après la loi du 5 floréal an XI, relative à la contribution foncière des canaux de navigation.

ritoriaux, au-delà de laquelle la cote de chaque individu ne pourra être élevée (1).

TITRE II.

Des agens de la répartition.

VIII. La répartition de la contribution foncière est faite par le corps législatif entre les départemens ; par les administrations centrales de département, entre les cantons et les communes qui ont pour elles seules une administration municipale ; par les administrations municipales de canton, entre les communes de leur arrondissement ; et par des répartiteurs, entre les contribuables (2).

IX. Les répartiteurs sont au nombre de sept, savoir : l'agent municipal et son adjoint dans les communes de moins de cinq mille habitans, deux officiers municipaux désignés à cet effet, dans les autres communes ; et cinq citoyens capables, choisis par l'administration municipale parmi les contribuables fonciers de la commune, dont deux au moins non domiciliés dans ladite commune, s'il s'en trouve de tels (3).

---

(1) A partir de l'an IX, il n'y a plus de proportion fixée. Voyez §. 13, page 13 et 14.

(2) Voyez, au tome 1.er, page 106 et suiv., les art. 6 et 10 de la loi du 28 pluviôse an VIII.

(3) D'après le système d'administration établi par la loi du 28 pluviôse an VIII, les répartiteurs sont au nombre de sept, savoir : le maire et son adjoint, et cinq citoyens capables, choisis

X. La nomination des cinq citoyens répartiteurs est faite chaque année.

XI. (Article relatif à l'an VII.)

XII. Le commissaire du directoire exécutif près l'administration municipale, fait notifier aux cinq citoyens répartiteurs, leur nomination, dans les cinq jours de sa date.

Cette notification se fait par un simple avertissement sur papier non timbré ; elle est signée tant par celui qui en est le porteur, que par le commissaire, et datée : elle n'est point sujette à l'enregistrement ; mais il en reste un double, qui est déposé au secrétariat de l'administration municipale (1).

XIII. Les fonctions de répartiteur ne peuvent être refusées que pour l'une des causes ci-après.

XIV. Les causes légitimes de refus sont, 1.º les infirmités graves et reconnues, ou vérifiées en la forme ordinaire en cas de contestation ; 2.º l'âge de soixante ans commencés, ou plus ; 3.º l'entreprise d'un voyage ou d'affaires qui obligeraient à une longue absence du domicile ordinaire ; 4.º l'exercice de fonctions administratives ou judiciaires ; 5.º l'exer-

---

par le sous-préfet parmi les contribuables fonciers de la commune, dont deux au moins non domiciliés dans la commune, s'il s'en trouve de tels.

(1) Aujourd'hui le sous-préfet de l'arrondissement fait faire cette notification, conformément à l'art. 9 de la loi du 28 pluviôse an VIII.

cice des fonctions de commissaire du directoire exécutif près les administrations centrales, municipales
et autres, et près les tribunaux (1); 6.° le service
militaire de terre ou de mer, ou un autre service
public actuel.

XV. Tout citoyen domicilié à plus de deux my-
riamètres d'une commune pour laquelle il aurait été
nommé répartiteur, pourra également ne point accepter.

XVI. Celui qui se trouverait nommé répartiteur
par plusieurs administrations municipales pour la
même année, déclarera son option au secrétariat de
l'une d'elles, dans les dix jours de l'avertissement
qui lui aura été donné de sa nomination; il en justifiera aux autres administrations municipales dans
les cinq jours suivans, et celles-ci le remplaceront
sans délai (2).

XVII. Celui qui n'acceptera point les fonctions
de répartiteur, devra proposer par écrit, à l'administration municipale (3), son refus motivé;

---

(1) Les commissaires centraux et de canton ont été supprimés par la loi du 28 pluviôse an VIII, et les fonctions de commissaires près les tribunaux sont aujourd'hui remplies par les
procureurs impériaux, les procureurs généraux impériaux et
leurs substituts, et par les avocats généraux.

(2) Cet article est applicable, lorsqu'un citoyen se trouverait nommé répartiteur par plusieurs sous-préfets.

(3) Au sous-préfet.

Il le proposera dans les dix jours de l'avertissement qui lui aura été donné de sa nomination.

XVIII. L'administration municipale (1) prononcera dans les dix jours suivans; et si le refus se trouve fondé, elle le déclarera tel, et remplacera sur-le-champ le refusant.

Dans le cas contraire, elle déclarera que le refus n'est point admis, et que celui qui l'a proposé reste répartiteur.

XIX. Celui qui, dans les cas des articles XIII, XIV et XV ci-dessus, n'aura point proposé de refus dans le délai prescrit, ou dont le refus n'aura point été admis, et qui, étant ensuite convoqué, ne se réunirait point aux autres répartiteurs pour les opérations dont ils auront été chargés, sera cité par le (sous-préfet), à comparaître à jour et heure fixes, en séance publique; et s'il s'y présente, le (sous-préfet), après l'avoir entendu, lui adressera ces paroles:

« Citoyen, vous avez refusé de vous rendre utile
» à votre pays; il va en être fait mention sur les re
» gistres, et (en être donné) connaissance à vos con
» citoyens. »

Le refusant sera remplacé dans la même séance; et extrait du procès-verbal sera affiché, sur papier libre, et sans frais, dans la salle des séances et au

____

(1) Le sous-préfet.

secrétariat : il ne sera point sujet au droit d'enregistrement.

XX. Si celui qui aura été cité comme il est dit en l'article précédent, ne se présente point, il sera fait lecture de l'acte de citation. (Le sous-préfet) constatera ensuite son absence, en le faisant appeler à haute voix par le secrétaire; et après cet appel, le (sous-préfet) prononcera ces paroles :

« Le citoyen .... nommé répartiteur,
» a refusé de servir son pays; (il) va (en être fait)
» mention sur les registres, et (en être donné) con-
» naissance au public. »

Le refusant sera remplacé dans la même séance; et extrait du procès-verbal sera affiché, sur papier timbré, dans la salle des séances, au secrétariat, et à la principale porte extérieure de la maison commune : il ne sera point soumis à l'enregistrement.

XXI. Celui qui ne se sera point présenté, sera en outre cité par le (sous-préfet) devant le juge de paix de l'arrondissement qui, pour ce fait de désobéissance à la loi, le condamnera à une amende de la valeur locale de trois journées de travail agricole, et aux frais de l'affiche de l'extrait du procès-verbal, qui sont réglés à trois francs, non compris le papier timbré, et seront payés sans préjudice des frais légitimement faits devant le juge de paix, et de ceux de signification et de mise à exécution du jugement, dont il sera pareillement tenu.

XXII. En cas d'empêchement temporaire survenu à un ou à plusieurs des répartiteurs, par maladie grave, voyage nécessaire et inopiné, ou par un service public actuel, ils en donneront ou feront donner avis (au sous-préfet) qui pourra les remplacer momentanément, par d'autres contribuables fonciers de la commune.

Ce remplacement n'aura lieu qu'autant que le nombre des répartiteurs se trouverait réduit à moins de cinq, ou que ceux d'entr'eux non domiciliés dans la commune seraient à remplacer. Ceux-ci ne pourront, dans aucun cas, lorsqu'ils n'excéderont point le nombre de deux, être remplacés que par d'autres contribuables fonciers non domiciliés dans la commune, s'il y en a de tels.

XXIII. Les sept répartiteurs délibèrent en commun, à la majorité des suffrages. Ils ne peuvent prendre aucune détermination, s'ils ne sont au nombre de cinq au moins, présens. Ils sont convoqués et présidés par (le maire ou par son adjoint); et à leur défaut, par le plus âgé des autres répartiteurs.

XXIV. Les commissaires du directoire exécutif près les administrations centrales et municipales, et les inspecteurs de l'agence des contributions directes, remplissent auprès des répartiteurs les fonctions qui leur sont déléguées par la loi (1).

____

(1) L'agence des contributions directes, établie par la loi du 22 brumaire an VI, a été supprimée par la loi du 3 frimaire an VIII sur les directions, insérée ci-après.

TITRE III.

De la répartition de la contribution foncière.

XXV. Les (conseils généraux) feront, chaque année, la répartition du contingent qui aura été assigné à leur département, entre les (arrondissemens communaux); et (le préfet) en enverra le tableau au ministre des finances.

XXVI. (Le préfet) enverra à chaque (sous-préfet) le mandement qui devra lui faire connaître le contingent de son (arrondissement), 1.º en principal, 2.º en centimes additionnels, destinés tant aux fonds de non-valeur qu'aux dépenses départémentales.

XXVII. Les (conseils d'arrondissement) feront la répartition de la totalité du contingent entre toutes les communes de leur arrondissement.

Le tableau de cette répartition sera adressé (au préfet par le sous-préfet).

XXVIII. (Le préfet) visera les états de répartition qui lui auront été adressés; il n'y pourra faire aucun changement, sauf aux communes qui se prétendraient lésées à se pourvoir en dégrèvement dans la forme légale.

XXIX. (Le préfet), après avoir visé chaque état ou tableau de répartition à mesure qu'ils lui auront été adressés, en fera faire trois expéditions dont l'une sera renvoyée, sans délai, (au sous-préfet), l'autre au receveur général du département, et la troisième au ministre des finances.

XXX. Aussitôt que (le sous-préfet) aura reçu l'état de répartition, visé par (le préfet) du département, (il) enverra à chaque (maire) le mandement contenant la fixation du contingent de sa commune, 1.º en principal ; 2.º en centimes additionnels, tant pour les fonds de non-valeur que pour les dépenses départémentales; 3.º en centimes additionnels pour les dépenses municipales; 4.º en centimes additionnels pour les dépenses communales.

TITRE IV.
Des changemens annuels à faire aux matrices des rôles.

(Les dispositions à cet égard sont suivies et remplies dans chaque département par le directeur des contributions, conformément à la loi du 3 frimaire an VIII. (Voyez §. 21, p. 40 et 41.)

TITRE V.
Du renouvellement et de la formation des matrices des rôles.

XXXVII. Aucune matrice de rôle ne pourra être renouvelée que sur la demande de l'administration municipale et l'autorisation (du préfet, après avoir pris l'avis du sous-préfet).

XXXVIII. Lorsqu'il s'agira de renouveler une matrice de rôle, ou d'en former une dans des communes où il n'en existerait point, les répartiteurs feront un tableau indicatif du nom et des limites des différentes divisions du territoire de la commune, s'il y en a de connues qu'ils estiment devoir conserver, ou de celles qu'ils croiront devoir déterminer eux-mêmes.

Ces divisions s'appelleront *sections :* chacune d'elles sera désignée par une lettre alphabétique ; et le tableau destiné à les faire connaître sera proclamé et affiché dans la commune.

XXXIX. Les répartiteurs formeront ensuite un tableau indicatif des différentes propriétés renfermées dans chaque section, et ils y procéderont en la forme ci-après.

Ce dernier tableau s'appellera *état de section.*

XL. Les répartiteurs feront, dans leur première assemblée, une liste des propriétaires et des fermiers ou métayers domiciliés dans la commune, qu'ils jugeront connaître le mieux les différentes parties de chaque section, et être le plus en état de donner à cet égard des renseignemens précis.

Les noms de ces indicateurs seront portés à la suite du tableau destiné à faire connaître les différentes sections de la commune, proclamés et affichés avec lui.

XLI. Les répartiteurs se distribueront ensuite les sections : un ou plusieurs d'entr'eux se transporteront sur chacune de celles qu'ils auront à parcourir. Le jour de leur transport sera annoncé à l'avance ; ils appelleront au moins deux des indicateurs dé-

signés, et ils composeront avec eux les états de sections.

Les contribuables de la section, ou leurs fermiers
et métayers, pourront être présens, si bon leur
semble, et faire des observations à ce relatives, donner même des renseignemens aux répartiteurs.

XLII. Les indicateurs qui, étant appelés par les
répartiteurs, ne se rendraient point auprès d'eux
pour leur donner les renseignemens requis, seront
remplacés par d'autres indicateurs, ou même par
d'autres propriétaires, fermiers ou métayers que les
répartiteurs pourront appeler sur-le-champ et sans
aucune formalité.

XLIII. Chaque article de propriété sera distin-
gué dans l'état de section, et numéroté ; il sera in-
titulé du nom du propriétaire, avec mention des
prénom, profession et demeure de celui-ci, s'ils
sont connus : il sera désigné, 1.° par la nature de
maison à simple rez-de-chaussée, ou à un, deux
ou plusieurs étages ; de moulin, forge ou autre usine ;
de jardin, terre labourable, vigne, pré, futaie ou
taillis, etc. ; 2.° par l'étendue de sa superficie, calculée d'après les nouvelles mesures.

Les répartiteurs pourront s'aider, dans cette opération, des cadastres et parcellaires, plans, arpen-
temens ou péréguemens qu'ils se seront procurés (1).

____

(1) Les contrôleurs des contributions sont chargés de recueillir à l'avance ces renseignemens, et de les communiquer
aux répartiteurs.

XLIV. Les états de sections seront signés tant par les indicateurs que par les répartiteurs qui les auront formés ; et si quelqu'indicateur ne sait ou ne peut signer, mention en sera faite.

XLV. Les propriétés nationales de toute nature seront portées dans les états de sections au compte de (l'État), et désignées de la même manière que celles des particuliers.

XLVI. Les propriétés appartenant à des communes, portions de commune, à des hospices ou autres établissemens publics, seront aussi désignées de la même manière, et portées dans les états de sections au compte desdites communes, portions de commune, hospices ou autres établissemens.

XLVII. Il sera laissé dans chaque état de section une colonne en blanc, suffisante pour recevoir l'évaluation du revenu imposable des différentes propriétés.

XLVIII. Aussitôt que ces tableaux indicatifs des propriétés renfermées dans chaque section, seront achevés, les répartiteurs s'assembleront ; ils rectifieront, ou feront rectifier par ceux qui les auront formés, ceux desdits tableaux qui seront reconnus inexacts ; ils arrêteront et signeront sur-le-champ les autres, et ceux-là ensuite, après qu'ils auront été rectifiés (1).

____

(1) Le contrôleur, muni des renseignemens dont est question dans l'art. 43, et autres propres à faire connaître la valeur des

XLIX. Dans les dix jours suivans au plus tard, les répartiteurs se transporteront ensemble sur les différentes sections; ils y feront l'évaluation du revenu imposable de chaque propriété dans l'ordre qu'elle se trouvera portée au tableau indicatif, arrêteront cette évaluation à la majorité des suffrages, et l'écriront ou feront écrire en leur présence, et en toutes lettres, sur la colonne réservée à cet effet, à côté de l'article descriptif de la propriété.

Ils signeront au bas de la colonne; et si quelqu'un d'eux ne peut ou ne veut signer, il en sera fait mention.

L. Les états de sections ainsi complétés et arrêtés, seront remis au (contrôleur des contributions), pour servir à la rédaction de la matrice du rôle de la commune; il en donnera un reçu (au maire ou son adjoint) qui aura présidé à l'évaluation.

LI. La matrice du rôle se composera du simple dépouillement des états de sections. Elle sera divisée en autant d'articles qu'il y aura de contribuables fonciers; et toutes les propriétés qu'un même contribuable aura dans la commune, seront reportées sous un seul et même article, l'une à la suite de l'autre, avec indication de la section dans laquelle chacune d'elles se trouvera située, de son

---

revenus fonciers, se transporte dans la commune, se présente au maire, et l'invite à convoquer les répartiteurs.

numéro dans l'état de cette section, et de l'évaluation de son revenu imposable.

Elle sera à colonnes, dont la première présentera les noms, prénoms, professions et demeures des contribuables; la seconde, la lettre alphabétique de l'état de section; la troisième, le numéro des différentes propriétés à l'état de section; la quatrième, l'évaluation détaillée de leur revenu imposable; la cinquième, le total d'évaluation du revenu imposable de toutes les propriétés portées sous un même article; et la sixième restera réservée pour servir ainsi qu'il sera dit ci-après.

LII. Aussitôt que le (contrôleur des contributions) aura rédigé la matrice du rôle, il la présentera aux répartiteurs, qui, après l'avoir comparée aux états de sections, et s'être assurés de son exactitude, l'arrêteront et la signeront avec lui, ou déclareront la cause pour laquelle quelqu'un d'entr'eux ne l'aurait point signée.

Le (contrôleur) en prendra copie, (qu'il fera certifier par les répartiteurs) et l'enverra sur-le-champ au (directeur des contributions); et il remettra l'original au (maire ou adjoint) qui aura présidé aux évaluations, ou autre qui le remplacera : il lui remettra en même tems les états de sections, et retirera de ses mains le reçu qu'il lui en avait donné.

(Le maire) déposera le tout, dans la décade, au secrétariat de l'administration municipale, et fera faire, en sa présence, mention du dépôt sur le registre d'ordre : cette mention sera signée tant par lui que par le secrétaire.

Les états de sections et les matrices des rôles seront soigneusement conservés : les secrétaires et gardes des archives des administrations en répondront personnellement (1).

LIII. (Article relatif à l'agence des contributions, supprimée par la loi du 3 frimaire an VIII.)

LIV. Chaque année, aussitôt après la répartition de la contribution foncière entre les communes, le (maire) notera sur la sixième colonne de chaque matrice de rôle, le montant, en principal, du contingent de la commune, et sa proportion, à tant par franc, avec le total du revenu imposable.

Chaque contribuable pourra prendre communication de cette note au secrétariat (2).

LV. L'expédition des rôles de la contribution foncière et leur mise en recouvrement, conti-

____

(1) La matrice de rôle terminée, le contrôleur rédige une copie de tout le travail, qu'il fait certifier par les répartiteurs, et qu'il adresse au directeur, chargé de l'expédition des rôles par la loi du 3 frimaire an VIII. Le contrôleur y joint une copie du *tarif* tel qu'il l'avait formé, et une note exacte de tous les changemens que les répartiteurs auraient adoptés, soit sur l'étendue et le classement des propriétés, soit sur l'évaluation des revenus. Toutes les pièces originales restent déposées au greffe de la commune. — Instruction du ministre des finances du 2 pluviôse an IX.

(2) Cette disposition a cessé avec celle de l'art. VII.

nueront d'avoir lieu dans les formes et les délais prescrits par la loi et l'instruction du 22 brumaire an VI, portant création d'une agence des contributions directes (1).

TITRE VI.

Du mode d'évaluation du revenu imposable des propriétés foncières.

Terres labourables. LVI. Lorsqu'il s'agira d'évaluer le revenu imposable de terres labourables, soit actuellement cultivées, soit incultes, mais susceptibles de ce genre de culture, les répartiteurs s'assureront, d'abord, de la nature des produits qu'elles peuvent donner, en s'en tenant aux cultures généralement usitées dans la commune, telles que froment, seigle, orge et autres grains de toute espèce, lin, chanvre, tabac, plantes oléagineuses, à teinture, etc. Ils supputeront ensuite quelle est la valeur du produit brut ou total qu'elles peuvent rendre année commune, en les supposant cultivées sans travaux ni dépenses extraordinaires, mais selon la coutume du pays, avec les alternats et assoformation de lemens d'usage, et en formant l'année l'année commune. commune sur quinze années antérieures, moins les deux plus fortes et les deux plus faibles.

Les années de la circulation du papier-monnaie, à partir du 1.er janvier 1791 (vieux style), ne compteront point.

______

(1) Voyez ci-après l'art. 5 de la loi du 3 frimaire an VIII.

Définition du revenu net imposable des terres labourables.

LVII. L'année commune du produit brut de chaque article de terre labourable étant déterminée, les répartiteurs feront déduction sur ce produit, des frais de culture, semence, récolte et entretien ; ce qui en restera formera le revenu net imposable, et sera porté comme tel sur les états de sections.

Jardins.

LVIII. Les jardins potagers seront évalués d'après le produit de leur location possible, année commune, en prenant cette année commune sur quinze, comme pour l'évaluation du revenu des terres labourables.

Ils ne pourront, dans aucun cas, être évalués au-dessous du taux des meilleures terres labourables de la commune.

Terrains de pur agrément, parterres, pièces d'eau, avenues.

LIX. L'évaluation du revenu imposable des terrrains enlevés à la culture pour le pur agrément, tels que parterres, pièces d'eau, avenues, etc., sera portée au taux de celui des meilleures terres labourables de la commune.

Vignes.

LX. Lorsqu'il s'agira d'évaluer le revenu net imposable des vignes, les répartiteurs supputeront d'abord quelle est la valeur du produit brut ou total qu'elles peuvent rendre année commune, en les supposant cultivées sans travaux ni dépenses extraordinaires, mais selon la coutume du pays, en formant l'année commune sur quinze, comme pour les terres labourables.

Vignes, dé-
duction des
frais. LXI. L'année commune du produit brut des vignes étant déterminée, les répartiteurs feront déduction sur ce produit brut, des frais de culture, de récolte, d'entretien, d'engrais et de pressoir.

Ils déduiront en outre un quinzième de ce produit, en considération des frais de dépérissement annuel, de replantation partielle, et des travaux à faire pendant les années où chaque nouvelle plantation est sans rapport.

Ce qui restera du produit brut après ces déductions, formera le revenu net imposable, et sera porté comme tel aux états de sections.

Prairies natu-
relles. LXII. Le revenu imposable des prairies naturelles, soit qu'on les tienne en coupes régulières ou qu'on en fasse consommer les herbes sur pied, sera calculé d'après la valeur de leur produit année commune prise sur quinze, comme pour les terres labourables, déduction faite sur ce produit, des frais d'entretien et de récolte.

Prairies arti-
ficielles. LXIII. Les prairies artificielles ne seront évaluées que comme les terres labourables d'égale qualité.

Marais, palus,
pâtis, bas prés. LXIV. L'évaluation du revenu imposable des terrains connus sous les noms de *pâtis*, *palus*, *marais*, *bas prés*, et autres dénominations quelconques, qui, par la qualité inférieure de leur sol ou par d'autres circonstances naturelles, ne peuvent servir que de simples pâturages, sera faite d'après le produit que le propriétaire serait présumé pouvoir en obtenir année commune, selon les localités, soit en faisant consommer la pâture, soit en les louant sans fraude à un fermier auquel il ne fournirait ni bestiaux ni bâtimens, et déduction faite des frais d'entretien.

Terres vaines et vagues, landes, bruyères. LXV. Les terres vaines et vagues, les landes et bruyères, et les terrains habituellement inondés, ou dévastés par les eaux, seront assujettis à la contribution foncière d'après leur produit net moyen, quelque modique qu'il puisse être; mais, dans aucun cas, leur cotisation ne pourra être moindre d'un décime par hectare.

Abandons des biens par un propriétaire. LXVI. Les particuliers ne pourront s'affranchir de la contribution à laquelle les fonds désignés en l'article précédent devraient être soumis, qu'en renonçant à ces propriétés au profit de la commune dans laquelle elles sont situées.

La déclaration détaillée de cet abandon perpétuel, sera faite par écrit au secrétariat de l'administration municipale, par le propriétaire ou par un fondé de pouvoir spécial.

Les cotisations des objets ainsi abandonnés, dans

les rôles faits antérieurement à l'abandon, resteront à la charge de l'ancien propriétaire.

Bois en coupes réglées. LXVII. L'évaluation des bois en coupes réglées sera faite d'après le prix
moyen de leurs coupes annuelles, déduction faite
des frais d'entretien, de garde et de repeuplement.

Bois taillis. LXVIII. L'évaluation des bois taillis qui
ne sont pas en coupes réglées, sera faite d'après leur
comparaison avec les autres bois de la commune ou
du canton.

Bois au-dessous de 30 ans. LXIX. Tous les bois au-dessous de
l'âge de trente ans seront réputés taillis,
et seront évalués conformément aux dispositions des
deux articles précédens.

Bois au-dessus de 30 ans. LXX. Les bois âgés de trente ans ou
plus, et non aménagés en coupes réglées,
seront estimés à leur valeur au tems de l'estimation,
et cotisés jusqu'à leur exploitation comme s'ils pro-
duisaient un revenu égal à deux et demi pour cent
de cette valeur.

Forêts en futaie. LXXI. L'évaluation du revenu des
forêts en futaie, aménagées ou non en coupes réglées,
lorsqu'elles s'étendront sur le territoire de plusieurs
communes d'un canton, sera faite par l'administration municipale du canton, et le montant de l'évaluation sera porté aux états de sections et matrices
des rôles de chaque commune, en proportion de
l'étendue qui sera sur son territoire.

Forêts situées sur plusieurs cantons.

LXXII. L'évaluation du revenu des forêts en futaie, aménagées ou non en coupes réglées, lorsqu'elles s'étendront sur le territoire de plusieurs cantons d'un même département, sera faite par l'administration centrale du département, et le montant de cette évaluation porté aux états de sections et matrices des rôles de chaque commune, en proportion de l'étendue qui sera sur son territoire.

Forêts situées sur plusieurs départemens.

LXXIII. Le revenu des forêts qui s'étendront sur plusieurs départemens, sera évalué séparément dans chaque département.

Arbres épars.

LXXIV. Les répartiteurs n'auront égard, dans l'évaluation du revenu imposable des terrains sur lesquels se trouvent des arbres forestiers épars ou en simple bordure, ni à l'avantage que le propriétaire peut tirer de ces arbres, ni à la diminution qu'ils apportent dans la fertilité du sol qu'ils ombragent.

Tourbières.

LXXV. Lorsqu'un terrain sera exploité en tourbière, on évaluera, pendant les dix années qui suivront le commencement du tourbage, son revenu au double de la somme à laquelle il était évalué l'année précédente.

LXXVI. Il sera fait note sur chaque rôle et matrice de rôle, de l'année où doit finir ce doublement d'évaluation. Après ces dix années, ces terrains seront cotisés comme les autres propriétés.

Enclos. LXXVII. Les terrains enclos seront évalués d'après les mêmes règles et dans les mêmes proportions que les terrains non enclos d'égale qualité et donnant le même genre de productions. On n'aura égard, dans la fixation de leur revenu imposable, ni à l'augmentation de produit qui ne serait évidemment que l'effet des clôtures, ni aux dépenses d'établissement et d'entretien de ces clôtures, quelles qu'elles puissent être.

Enclos contenant diverses natures de biens. LXXVIII. Si un enclos contient différentes natures de biens, telles que bois, prés, terres labourables, jardins, vignes, étangs, etc., chaque nature de bien sera évaluée séparément, de la même manière que si le terrain n'était point enclos.

Étangs. LXXIX. Le revenu imposable des étangs permanens sera évalué d'après le produit de la pêche, année commune, formée sur quinze, moins les deux plus fortes et les deux plus faibles, sous la déduction des frais d'entretien, de pêche et de repeuplement.

Étangs non permanens. LXXX. L'évaluation du revenu imposable des terrains alternativement en étang et en culture, sera combinée d'après ce double rapport.

Mines. LXXXI. Les mines ne seront évaluées qu'à raison de la superficie du terrain occupé pour leur exploitation, et sur le pied des terrains environnans.

Carrières. Il en sera de même pour les carrières.

Maisons. LXXXII. Le revenu net imposable des maisons d'habitation, en quelque lieu qu'elles soient situées, soit que le propriétaire les occupe ou qu'il les fasse occuper par d'autres à titre gratuit ou onéreux, sera déterminé d'après leur valeur locative, calculée sur dix années, sous la déduction d'un quart de *Maisons; frais* cette valeur locative, en considération *d'entretien;* du dépérissement et des frais d'entre-*frais de répara-* tien et de réparations.

Maisons; mini- LXXXIII. Aucune maison d'habi-*mum de l'éva-* tation occupée comme il est dit en l'ar-*luation.* ticle précédent, ne pourra être cotisée, quelle que soit l'évaluation de son revenu au-dessous de ce qu'elle le serait à raison du terrain qu'elle enlève à la culture, évalué sur le pied du double des meilleures terres labourables de la commune si la maison n'a qu'un rez-de-chaussée, du triple si elle a un étage au-dessus du rez-de-chaussée, et du quadruple si elle en a plusieurs.

Le comble ou toiture, de quelque manière qu'il soit disposé, ne sera point compté pour un étage.

Maisons inha- LXXXIV. Les maisons qui auront *bitées.* été inhabitées pendant toute l'année, à partir du 1.er vendémiaire, seront cotisées seulement à raison du terrain qu'elles enlèvent à la culture, évalué sur le pied des meilleures terres labourables de la commune.

Bâtimens servant à l'exploitation rurale, granges, celliers, pressoirs.

LXXXV. Les bâtimens servant aux exploitations rurales, tels que granges, écuries, greniers, caves, celliers, pressoirs, et autres, destinés soit à loger les bestiaux des fermes et métairies, ou à serrer les récoltes, ainsi que les cours desdites fermes ou métairies, ne seront soumis à la contribution foncière qu'à raison du terrain qu'ils enlèvent à la culture, évalué sur le pied des meilleures terres labourables de la commune.

LXXXVI. Lorsqu'il n'y aura point de terres labourables dans une commune, l'évaluation dont il s'agit aux trois articles précédens, sera faite sur le pied des meilleures terres labourables de la commune voisine.

Forges, fabriques, manufactures, usines, moulins.

LXXXVII. Le revenu net imposable des fabriques, manufactures, forges, moulins et autres usines, sera déterminé d'après leur valeur locative, calculée sur dix années, sous la déduction d'un tiers de cette valeur, en considération du dépérissement et des frais d'entretien et de réparations.

Constructions nouvelles.

LXXXVIII. Les maisons, les fabriques et manufactures, forges, moulins et autres usines nouvellement construits, ne seront soumis à la contribution foncière que la troisième année après leur construction. Le terrain qu'ils enlèvent à la culture, continuera d'être cotisé jusqu'alors comme il l'était avant.

Il en sera de même pour tous autres édifices nouvellement construits ou reconstruits; le terrain seul sera cotisé pendant les deux premières années.

Canaux. LXXXIX. Lorsqu'il s'agira d'évaluer le revenu imposable d'un canal de navigation (1), le propriétaire fera, au secrétariat de l'administration municipale ou centrale qui devra faire l'évaluation, une déclaration détaillée des revenus et charges dudit canal.

Canaux; produit imposable. XC. L'administration s'assurera, tant d'après cette déclaration que d'après les autres renseignemens qu'elle aura pu se procurer, du produit brut ou total dudit canal : elle s'assurera pareillement de la réalité des charges, et fera déduction du montant de celles-ci sur le produit brut; ce qui restera de ce produit, formera le revenu imposable.

Canaux qui traversent une ou plusieurs communes. XCI. Le revenu imposable des canaux qui traversent une ou plusieurs communes d'un même canton, sera évalué par l'administration municipale du canton. Il sera divisé, pour chaque commune, si le canal en traverse plusieurs, en proportion de la longueur du canal sur le territoire de chacune.

---

(1) Voyez la loi du 5 floréal an XI, relative à la contribution foncière des canaux de navigation.

L'administration municipale en fixera la contribution au taux moyen de celle qui sera supportée par les autres propriétés du canton.

Cette fixation sera faite en même temps que le répartement de la contribution foncière entre les diverses communes.

XCII. Les administrations municipales des communes de cinq mille habitans et au-delà, feront pareillement l'évaluation du revenu imposable des canaux de navigation qui ne traverseront que le territoire de la commune.

Elles en fixeront la contribution au taux moyen de celle qui sera supportée par les autres propriétés de la commune.

Canaux qui traversent plusieurs cantons. XCIII. Le revenu imposable des canaux qui traversent plusieurs cantons d'un même département, sera évalué par l'administration centrale du département. Il sera divisé, pour chaque canton et pour chaque commune ayant pour elle seule une administration municipale, en proportion de la longueur du canal sur le territoire de chacun, et subdivisé ensuite par chaque administration municipale de canton, pour la portion la concernant, entre les diverses communes de son arrondissement.

Canaux qui traversent plusieurs départemens. XCIV. Quant aux canaux qui traversent plusieurs départemens, chaque administration centrale de département évaluera les revenus et les charges du canal sur son territoire : elles se communiqueront le résultat de leurs évaluations ; et le total du revenu imposable sera réparti en proportion de la longueur du canal sur le territoire de chaque département, et subdivisé ensuite par chaque administration centrale entre les cantons et les communes ayant pour elles seules une administration municipale, et par les administrations de canton entre les diverses communes de leur arrondissement.

Canaux ; évaluation des charges. XCV. Seront compris dans l'évaluation des charges des canaux de navigation, l'indemnité pour le dépérissement des diverses constructions et ouvrages d'art, et les frais d'entretien et de réparations tant du canal que des réserves d'eau, chemins de halage, berges et francs-bords qui ne produisent aucun revenu.

Usines construites sur des canaux. XCVI. Les moulins, fabriques et autres usines construits sur les canaux, les plantations et autres natures de biens qui avoisinent les canaux et appartiennent aux mêmes propriétaires, ne seront point compris dans l'évaluation générale du revenu du canal, mais resteront soumis à toutes les règles fixées pour les autres biens-fonds.

Rentes foncières ou constituées. XCVII. L'évaluation du revenu imposable et la cotisation des propriétés foncières de toute nature, seront faites sans avoir égard aux rentes constituées ou foncières, et autres prestations dont elles se trouveraient grevées; sauf aux propriétaires à s'indemniser par des retenues, comme il est dit ci-après, et dans les cas y déterminés.

XCVIII. Les propriétaires, débiteurs d'intérêts et de rentes ou autres prestations perpétuelles constituées à prix d'argent ou foncières, créées avant la publication du décret des 20, 22 et 23 novembre 1790 (*vieux style*) concernant la contribution foncière, et qui étaient autorisés à faire la retenue des impositions alors existantes, feront la retenue à leurs créanciers, dans la proportion de la contribution foncière.

XCIX. Ils feront aussi la retenue, dans la même proportion, sur les rentes et autres prestations foncières non supprimées, dont leurs fonds, édifices et usines se trouvent encore grevés, et dont la création est antérieure à la publication du décret précité des 20, 22 et 23 novembre 1790, quoique non autorisés à la faire par les anciennes lois ou usages; sans préjudice néanmoins de l'exécution des baux à rentes, faits sous la condition expresse de la non-retenue des impositions publiques, ou avec toute autre clause de laquelle résulte la volonté conventionnelle des parties, que les contributions publiques soient à la charge du preneur, en sus de la rente ou prestation.

Rentes viagères. **C.** Les débiteurs de rentes viagères constituées avant la même époque, et qui étaient autorisés à faire la retenue des impositions publiques, ne feront la retenue que dans la proportion de l'intérêt que le capital eût porté en rentes perpétuelles, lorsque ce capital sera connu; et quand le capital ne sera pas connu, la retenue sera de la moitié de la proportion de la contribution foncière.

CI. A l'avenir, les stipulations entre les contractans sur la retenue de la contribution foncière, seront entièrement libres; mais elle aura toujours lieu, à moins que le contrat ne porte la condition expresse de non-retenue.

Il n'est rien innové relativement aux contrats passés depuis la publication du décret des 20, 22 et 23 novembre 1790. Les différens qui pourraient survenir à leur égard, seront réglés d'après ce décret.

Maisons et usines. **CII.** L'évaluation du revenu imposable des maisons et usines sera révisée et renouvelée tous les dix ans.

TITRE VII.

Des exceptions.

Rues, places publiques, routes, rivières. **CIII.** Les rues, les places publiques servant aux foires et marchés, les grandes routes, les chemins publics vicinaux et les rivières, ne sont point cotisables.

Canaux non na-
vigables.

CIV. Les canaux destinés à conduire les eaux à des moulins, forges ou autres usines, ou à les détourner pour l'irrigation, seront cotisés, mais à raison de l'espace seulement qu'ils occupent, et sur le pied des terres qui les bordent.

Domaines natio-
naux non pro-
ductifs et ina-
liénables, des-
tinés à un usage
public.

CV. Les domaines nationaux non productifs exceptés de l'aliénation ordonnée par les lois, et réservés pour un service national, tels que les deux palais du corps législatif, celui du directoire exécutif, le Panthéon, les bâtimens destinés au logement des ministres et de leurs bureaux, les arsenaux, magasins, casernes, fortifications et autres établissemens dont la destination a pour objet l'utilité générale, ne seront portés aux états de sections et matrices de rôles que pour *mémoire;* ils ne seront point cotisés (1).

Non productifs
et aliénables;
églises, châ-
teaux abandon-
nés, tours.

CVI. Les domaines nationaux non productifs déclarés aliénables par les lois, tels que, ci-devant églises non louées, tours, châteaux abandonnés ou en ruine, et autres semblables, seront compris, désignés et évalués aux états de sections et matrices de rôles, en la même forme et sur le même pied que les propriétés particulières de même nature; mais ils ne

---

(1) Voyez ci-après la lettre du ministre des finances du 28 septembre 1808, et le sénatus-consulte du 30 janvier 1810.

seront point cotisés tant qu'ils n'auront point été vendus ou loués.

Productifs et in-aliénables; **CVII.** La cote de contribution des domaines nationaux productifs exceptés de l'aliénation, tels que les forêts, les salines, canaux, etc., ne pourra surpasser, en principal, le cinquième de leur produit net effectif résultant des adjudications ou locations légalement faites, ou autre quotité de ce même produit, selon la proportion générale de la contribution foncière avec les revenus territoriaux (1).

En cas de plus forte cotisation, la régie en poursuivra le remboursement contre les communes de la situation des biens.

Productifs et aliénables. **CVIII.** Les domaines nationaux productifs déclarés aliénables, seront évalués et cotisés comme les propriétés particulières de même nature et d'égal revenu.

En cas de surtaxe, la régie poursuivra le dégrèvement, soit d'office, soit sur la dénonciation du fermier, en la forme ordinaire.

Propriétés des communes. **CIX.** La contribution foncière due par les propriétés appartenant aux communes, et par les marais et terres vaines et vagues situés dans l'étendue de leur territoire, qui n'ont aucun propriétaire particulier, ou qui auront été

(1) Voyez ci-après la loi du 19 ventôse an IX, quant aux forêts et bois nationaux, et la lettre du ministre des finances du 24 octobre 1810, pour la cotisation des salines.

légalement abandonnés, sera supportée par les communes et acquittée par elles (1).

Biens communaux. Il en sera de même des terrains connus sous le nom de *biens communaux*, tant qu'ils n'auront point été partagés.

Biens communs à une partie des habitans. La contribution due par des terrains qui ne seraient communs qu'à certaine portion des habitans d'une commune, sera acquittée par ces habitans.

Hospices. CX. Les hospices et autres établissemens publics acquitteront la contribution assise sur leurs propriétés foncières de toute nature, en principal et centimes additionnels.

Desséchemens. CXI. La cotisation des marais qui seront desséchés, ne pourra être augmentée pendant les vingt-cinq premières années après le desséchement.

Défrichemens. CXII. La cotisation des terres vaines et vagues depuis quinze ans qui seront mises en culture autre que celle désignée en l'article CXIV ci-après, ne pourra être augmentée pendant les dix premières années après le défrichement.

Terrains défrichés plantés en bois; CXIII. La cotisation des terres en friche depuis dix ans, qui seront plantées ou semées en bois, ne pourra être augmentée pendant les trente premières années du semis ou de la plantation.

______

(1) Voyez ci-après la loi du 26 germinal an XI, concernant la contribution foncière des biens communaux.

Plantés en vignes.

CXIV. La cotisation des terres vaines et vagues ou en friche depuis quinze ans, qui seront plantées en vignes, mûriers ou autres arbres fruitiers, ne pourra être augmentée pendant les vingt premières années de la plantation.

Terrains en valeur plantés en vignes;

CXV. Le revenu imposable des terrains déjà en valeur, qui seront plantés en vignes, mûriers ou autres arbres fruitiers, ne pourra être évalué, pendant les quinze premières années de la plantation, qu'au taux de celui des terres d'égale valeur non plantées.

Plantés en bois.

CXVI. Le revenu imposable des terrains maintenant en valeur, qui seront plantés ou semés en bois, ne sera évalué, pendant les trente premières années de la plantation ou du semis, qu'au quart de celui des terres d'égale valeur non plantées.

Défrichemens et desséchemens.

CXVII. Pour jouir de ces divers avantages, et à peine d'en être privé, le propriétaire sera tenu de faire au secrétariat de l'administration municipale dans le territoire de laquelle les biens sont situés, avant de commencer les desséchemens, défrichemens et autres améliorations, une déclaration détaillée des terrains qu'il voudra ainsi améliorer.

CXVIII. Cette déclaration sera reçue par le secrétaire de l'administration municipale, sur un registre ouvert à cet effet, coté, paraphé, daté et signé comme celui des mutations : elle sera signée tant par le secrétaire que par le déclarant ou son fondé de pouvoir.

Copie de cette déclaration sera délivrée au déclarant, moyennant la somme de 25 centimes, non compris le papier timbré et autres droits légalement établis.

CXIX. Dans la décade qui suivra la déclaration, l'administration municipale chargera l'agent municipal de la commune, ou son adjoint, ou un officier municipal dans les communes de cinq mille habitans et au-delà, d'appeler deux des répartiteurs, de faire avec eux la visite des terrains déclarés, de dresser procès-verbal de leur état présent, et de le communiquer, ainsi que la déclaration, aux autres répartiteurs. Ce procès-verbal sera affiché pendant deux décades, tant dans la commune de la situation des biens qu'au chef-lieu du canton : il sera rédigé sans frais et sur papier non timbré.

CXX. Il sera libre aux répartiteurs et à tous autres contribuables de la commune, de contester la déclaration, et même de faire à l'administration municipale des observations sur le procès-verbal de l'état présent des terrains ; et si la déclaration ne se trouve pas sincère, l'administration prononcera que le déclarant n'a pas droit aux avantages précités. Si, au contraire, la sincérité de la déclaration est reconnue, l'administration municipale arrêtera que le propriétaire a droit de jouir de ces avantages.

On pourra, dans tous les cas, recourir à l'administration centrale du département (1), qui réformera, s'il y a lieu, l'arrêté de l'administration municipale.

CXXI. Les terrains précédemment desséchés ou défrichés, ou plantés en vignes ou en bois, ou autrement améliorés, qui jouissent de quelque exemption ou modération de contribution en vertu des lois antérieures à la présente, continueront d'en jouir jusqu'au tems où cette exemption ou modération devait cesser.

Canaux. CXXII. Les canaux de navigation ne seront cotisés, pendant les trente années qui suivront celle où la navigation aura commencé, qu'à raison du sol occupé par le canal, par les réserves d'eau, chemins de halage et francs-bords, et sur le pied des terres qui les bordent.

Les canaux existans qui jouissent de quelque exemption ou modération de contribution en vertu des lois antérieures à la présente, continueront d'en jouir jusqu'au tems où cette exemption ou modération devait cesser.

Exemptions. CXXIII. Sur chaque matrice de rôle de la contribution foncière, à l'article de chacune des propriétés qui jouissent ou jouiront de quelques exemptions ou modérations temporaires données pour l'encouragement de l'agriculture, il sera

______

(1) Au conseil de préfecture.

fait mention de l'année où ces propriétés doivent cesser d'en jouir.

TITRE VIII.

De la perception et du recouvrement.

CXXIV. La perception de la contribution fonciére, et celle de la contribution personnelle, mobiliaire et somptuaire, seront faites dans chaque commune par le même percepteur.

(Les dispositions des articles 125 – 139 ont été changées ou modifiées par des lois subséquentes, insérées ci-après sous la lettre D.)

CXL. Les percepteurs donneront quittance aux contribuables, des sommes qu'ils en recevront; elle sera sur papier non timbré.

CXLI. Les percepteurs émargeront en outre, et en toutes lettres, sur leurs rôles, à côté des articles respectifs, les différens paiemens qui leur seront faits, à l'instant même qu'ils les recevront.

CXLII. Toute contravention à l'article précédent pourra être dénoncée par le contribuable intéressé, par (le maire) ou son adjoint: elle sera punie correctionnellement d'une amende de 10 francs au moins, et de 25 francs au plus.

CXLIII. Les percepteurs des communes tiendront, indépendamment des rôles des contributions, un relevé ou bordereau, sur lequel ils rapporteront, jour par jour, les noms des contribuables qui auront effectué des paiemens, et le montant des sommes remises : ils le feront clorre et arrêter par (le maire) ou son adjoint, tous les dix jours au moins.

La quittance du receveur ou préposé sera rapportée à la suite de l'arrêté du bordereau.

CXLIV. (Le maire) ou son adjoint pourront se faire représenter, par le percepteur, à son bureau, quand ils le jugeront convenable, les rôles des contributions publiques, prendre des relevés de l'état de recouvrement, constater les infractions à la loi.

CXLV. Les percepteurs des communes et des cantons verseront, chaque (mois), au préposé ou receveur de leur arrondissement, les sommes qu'ils auront reçues dans (le mois précédent).

Ceux qui se trouveraient en retard de verser, ou qui n'auraient pas prévenu le préposé ou receveur de leur arrondissement, qu'ils n'ont rien reçu dans (le mois précédent), pourront être contraints.

CXLVI. La cotisation de chaque contribuable est divisée en douze portions égales, et payables de mois en mois, tant qu'il n'en est point ordonné autrement par une loi particulière. Nul ne peut être contraint que pour les portions échues.

CXLVII. Tous fermiers ou locataires seront tenus de payer, à l'acquit des propriétaires ou usufruitiers, la contribution foncière pour les biens qu'ils auront pris à ferme ou à loyer; et les propriétaires ou usufruitiers, de recevoir le montant des quittances de cette contribution pour comptant sur le prix des fermages ou loyers, à moins que le fermier ou locataire n'en soit chargé par son bail.

CXLVIII. Les percepteurs de commune ou de canton sont responsables de la non-rentrée des sommes qu'ils ont été chargés de percevoir; ils pourront être contraints, par la vente de leurs biens, à remplacer les sommes pour la perception desquelles ils ne justifieront point avoir fait les diligences de droit dans les vingt jours de l'échéance, sauf leur recours contre les redevables.

CXLIX. Les percepteurs de commune ou de canton qui n'auraient fait aucune poursuite contre un ou plusieurs contribuables en retard, pendant trois années consécutives, à compter du jour où le rôle leur aura été remis, perdront leurs recours, et seront déchus de tous droits et de toute action contr'eux.

CL. Ils perdront aussi leur recours et seront pareillement déchus de tous droits et de toutes actions pour sommes restant dues et non payées par les contribuables, après trois ans de cessation de poursuites contre lesdits contribuables.

CLI. Dans le cas de décès d'un percepteur de commune ou de canton, il sera pourvu à son remplacement par (le préfet).

CLII. (Article relatif à l'agence des contributions supprimé par la loi du 3 frimaire an VIII.)

CLIII. Les contraintes et poursuites contre les

contribuables en retard d'acquitter leurs cotes, et contre les percepteurs, préposés et receveurs en retard de faire les versemens de fonds dont ils sont respectivement tenus, continueront d'avoir lieu selon les lois actuelles non contraires à la présente, tant qu'il n'en aura point été autrement ordonné.

CLIV. Le décret des 20, 22 et 23 novembre 1790 (*vieux style*) concernant la contribution foncière et l'instruction y annexée ; le décret des 12 et 13 juillet 1791 (*vieux style*), relativement à l'évaluation des bois et forêts et des tourbières, et celui du 21 février même année, qui assujettit à la contribution foncière les droits de péage et autres non supprimés, les revenus des canaux, etc., sont abrogés.

Sont pareillement abrogées toutes autres dispositions de lois contraires à la présente.

CLV. La présente résolution sera imprimée.

(L'art. 105 de la loi du 3 frimaire an VII classe parmi les propriétés non imposables, les *domaines nationaux non productifs et inaliénables, destinés à un usage public*. Voici la lettre qu'a adressée aux préfets Son Excellence le ministre des finances, pour son exécution.)

Le Ministre des finances,

A Messieurs les préfets.

Paris, le 28 septembre 1808.

Vous n'avez point perdu de vue, Monsieur, les dispositions de l'art. 105 de la loi du 3 frimaire an VII ; il est ainsi conçu :

Les domaines nationaux non productifs exceptés de l'aliénation ordonnée par les lois et réservés pour un service national, tels que les deux palais du corps législatif, celui du directoire exécutif, le Panthéon, les bâtimens destinés au logement des ministres et de leurs bureaux, les arsenaux, magasins, casernes, fortifications et autres établissemens dont la destination a pour objet l'utilité générale, ne seront point cotisés.

Le but de cet article a été évidemment que tous les immeubles servant à l'utilité générale, ne fussent pas passibles de la contribution foncière.

D'un autre côté, un décret impérial qui vient d'être rendu le 11 du mois dernier, porte, article 4 :

Les lieux employés par les préfectures et sous-préfectures et appartenant à l'Etat ou au département, à l'arrondissement ou à la ville, cesseront d'être portés au rôle de la contribution foncière, à compter de 1809.

Nul doute, d'après ces deux dispositions bien précises, qu'il ne faut point comprendre dans les rôles de la contribution foncière,

1.º Les bâtimens et palais impériaux, ceux du sénat, les jardins et parcs en dépendans, la bibliothèque impériale, l'hôtel des invalides, l'école militaire, le jardin impérial des plantes, les manufactures de poudre de guerre, les haras, les manufactures impériales au compte du gouvernement, et qu'il doit en être de même des temples consacrés au culte public, et des cimetières, indépendamment des autres objets énoncés dans la loi du 3 frimaire, et qui subsistent encore ;

2.º Les bâtimens des préfectures et bureaux en dépendans, ceux des tribunaux de justice et de commerce, les prisons et maisons d'arrêt, les archevêchés, évêchés et séminaires, les maisons communes et les presbytères, les jardins de botanique des départemens, leurs pépinières et celles faites au compte du gouvernement par l'administration des forêts et les ponts et chaussées.

Ces exceptions, au surplus, ne s'appliquent pas aux propriétés foncières qui appartiendraient à des particuliers, et qui seraient tenues d'eux à loyer pour l'un des services publics ci-dessus désignés ; elles doivent continuer à être cotisées sous le nom des propriétaires.

Je vous prie de recommander aux directeurs des contributions de se conformer, lors de la confection des rôles de 1809, à ces dispositions, qui doivent faire cesser les difficultés qui se sont élevées à cet égard, et de veiller à ce qu'elles aient leur entière exécution.

Je vous serai obligé, Monsieur, de m'accuser la réception de cette lettre.

J'ai l'honneur de vous saluer.

Le comte de l'Empire, ministre des finances,
Signé GAUDIN.

Loi portant que les bois et forêts de l'Etat ne payeront point de contribution.

Du 19 ventôse an IX. (B. 74, n.° 570.)

(Le produit des forêts et bois nationaux appartient tout entier au trésor public; il doit être versé tout entier et directement dans ses caisses. C'était donc une erreur en économie politique et en administration d'exiger une partie de ce produit à titre de contribution, de la retirer des mains des agens qui l'ont reçue pour la reporter dans celles d'un percepteur qu'on paye encore pour la recevoir, et de la faire rentrer par un long circuit au trésor public (1). L'assemblée constituante avait commis cette erreur en économie publique, en décrétant (2) que les biens nationaux, sans exception, seraient imposables à la contribution foncière comme toutes les propriétés particulières. L'expérience a signalé les grands inconvéniens de cette mesure, justifiée, peut-être, par les circonstances qui l'amenèrent, et comme paraissant le complément de la loi qui avait aboli les priviléges pécuniaires (3); elle était d'abord contraire aux intérêts du trésor public, et était bientôt devenue funeste par l'abus qui en a été fait; les propriétés particulières furent légèrement cotisées, lorsque celles de l'Etat subirent une taxe énorme; et cet abus n'a cessé qu'à l'égard de celles qui ont été vendues, parce que les nouveaux possesseurs se sont pourvus en dégrèvement; mais il avait continué à exister pour les bois

---

(1) Motifs de la loi concernant la contribution des bois et forêts de l'Etat, exposés par MM. Defermont, Cretet et Emery, conseillers d'état, orateurs du gouvernement.

(2) Loi du 1.er décembre 1790. Nous n'avons pas inséré cette loi, attendu que les dispositions qu'elle renferme, ont été refondues dans celle du 3 frimaire an VII, insérée ci-dessus.

(3) Voyez ci-après les notes qui précèdent le texte du sénatus-consulte du 30 janvier 1810.

et forêts réservés par l'Etat. La loi du 19 ventôse an IX a remédié à ces inconvéniens, en ordonnant (art. 1.er) que les bois et forêts nationaux ne payeront point de contribution. La lecture de l'article 2 suffit pour en justifier les dispositions ; ce n'est point en effet aux fermiers ou affouagers tenus, par leurs baux ou traités, du paiement des contributions, qu'a dû profiter la loi nouvelle qui ne les affranchit point d'un engagement qu'ils ont contracté ; et comme les bois et forêts ne devaient plus être cotisés, il a fallu prescrire le paiement à l'administration des domaines d'une somme équivalente ; il était également naturel de prendre pour terme de comparaison la dernière année de la cotisation. Mais si les règles de l'économie et les intérêts de l'administration commandaient de soustraire aux contributions le produit des bois et forêts, les principes voulaient qu'en rentrant dans la possession des particuliers, ils reprennent tous les caractères de la propriété privée et soient soumis aux mêmes lois (art. 3 de la loi [1]).

(*Suit le texte de la loi.*)

ART. Ier Les bois et forêts nationaux ne payeront point de contribution.

II. Les fermiers et affouagers qui, par les clauses de leurs baux ou traités avec la république, sont assujettis à payer la contribution des bois nationaux composant leurs fermes ou leurs affouages payeront, chaque année, à l'administration des domaines, en sus du prix de leurs baux ou traités, une somme égale à celle qu'ils auront payée ou dû payer en l'an IX.

---

(1) Discours de M. Cambe, tribun, sur la loi du 19 ventôse an IX.

III. Les bois et forêts nationaux qui, par vente ou par levée des séquestres, redeviendront propriétés particulières, seront, à compter de l'année qui suivra leur distraction des propriétés nationales, portés aux rôles de la contribution foncière comme les autres propriétés ; et pareille somme sera ajoutée à la contribution de la commune dans laquelle ils seront situés, pour cette année et la suivante.

IV. Les nouveaux possesseurs desdits bois et forêts nationaux, en payeront à la régie des domaines la contribution foncière pour l'année de leur entrée en jouissance ; et ce, d'après la cotisation de l'an IX, mais dans la proportion seulement de l'espace de tems qui restera à courir depuis la date de la levée du séquestre ou de la vente, jusqu'à la fin de l'année.

(La loi du 19 ventôse an IX ayant assujetti à la contribution foncière les bois et forêts de l'Etat qui, par vente ou par levée des séquestres, redeviendront propriétés particulières, nous avons cru utile de faire connaître la loi du 2 nivôse an IV qui désigne ceux de ces bois qui sont susceptibles d'être aliénés ; aussi les conseils de préfecture sont dans le cas de consulter cette loi dans les contestations où il s'agit de prononcer sur ce qui a été vendu. En voici un extrait :

« *Le directoire exécutif fera procéder, dans les formes ordinaires, devant les administrations de département, à la vente des bois dépendans des domaines nationaux, d'une contenance moindre de quinze mille ares (trois cents arpens forestiers environ), séparés et éloignés des autres bois et forêts d'un kilomètre au moins (cinq cents toises environ)* ».

Loi relative au paiement des contributions assises sur les biens communaux.

Du 26 germinal an XI. (B. 272 , n.° 2711.)

(Les communes possèdent des biens (v. §. 154 du tome I.ᵉʳ) dont elles doivent acquitter la contribution foncière. Ces propriétés peuvent être de trois espèces : 1.° des domaines susceptibles de bail à loyer et de produire un revenu, comme des prés, des champs, des bois, etc., et alors sur le produit de la ferme, le montant de l'imposition doit être prélevé ; il est ainsi assuré sans imposition sur les habitans, et il suffit de charger les fermiers des biens communaux de payer, à la décharge des communes et en déduction du prix de leur bail, les impositions auxquelles les biens qu'ils tiennent à ferme sont sujets ; 2.° les propriétés communales peuvent être d'une espèce telle que la jouissance profite à chacun des habitans dans une proportion égale ou différente, ou à une portion des habitans seulement, sans produire aucun revenu susceptible d'entrer dans la caisse municipale, comme des pâturages communs, des marais, pâtis, landes, etc. Pour ces espèces de biens il était nécessaire d'autoriser entre les habitans la répartition des contributions auxquelles ils sont sujets, si la commune n'a pas d'autre moyen d'y pourvoir dans des revenus suffisans. La répartition se fait sur *tous*, si tous profitent également, si le bénéfice est égal ; au *prorata* de la part de chacun, si elle est différente ; enfin sur *ceux* seulement auxquels le bien communal appartient, s'il n'est la propriété que d'un certain nombre d'habitans. Ainsi il a été remédié à l'énonciation insuffisante de l'article 109 de la loi du 3 frimaire an VII (1). Enfin, une troisième espèce de biens communaux, c'est la maison commune, celle de l'instituteur, le presbytère ou autre bâtiment public ; cette espèce d'immeu-

---

(1) Motifs de la loi du 26 germinal an XI.

bles, comme servant à l'utilité générale, n'est pas passible de la contribution foncière. (Voyez ci-dessus la lettre du ministre des finances, du 28 septembre 1808.)

(Suit le texte de la loi du 26 germinal an XI.)

ART. Ier Les fermiers et locataires des biens communaux mis en ferme ou donnés à bail, comme les biens ruraux, terres, prés et bois, ou les moulins, usines ou maisons d'habitation, seront tenus de payer, à la décharge des communes, et en déduction du prix du bail, le montant des impositions de tout genre assises sur ces propriétés.

II. Lorsqu'une commune possédera des domaines utiles dont chaque habitant profitera également, et qui ne seront pas susceptibles d'être affermés, comme des bois, pacages et marais communaux, ou des bâtimens servant à l'usage commun, et qu'elle n'aura pas de revenus suffisans pour payer la contribution due à raison desdits domaines, cette contribution sera répartie en centimes additionnels sur les contributions foncière, mobiliaire et somptuaire de tous les habitans.

III. Lorsque tous les habitans n'auront pas un droit égal à la jouissance du bien communal, la répartition de la contribution assise sur ce bien sera faite par le maire de la commune, avec l'autorisation du préfet, au prorata de la part qui en appartiendra à chacun.

IV. Lorsqu'une partie seulement des habitans

aura droit à la jouissance, la répartition de la contribution n'aura lieu qu'entre eux, et toujours proportionnellement à leur jouissance respective.

Loi relative à la contribution foncière des canaux de navigation.

Du 5 floréal an XI. (B. 275, n.° 2745.)

(Les canaux de navigation sont, comme les grandes routes, des moyens de communication; mais ils ont sur elles l'avantage inappréciable de faciliter les transports à moindres frais. Leur utilité est plus ou moins grande en raison des communications plus ou moins étendues qu'ils ouvrent. Il a fallu donner de la protection à ces importantes propriétés et chercher à les multiplier. Il résulte de l'article 1.er de la loi, que la commune sur laquelle sera ouvert un canal, aura l'avantage d'une nouvelle communication sans augmentation sur sa matière imposable. Il en résulte aussi que les entrepreneurs du canal auront une garantie contre toutes les surtaxes et vexations que l'envie excite trop souvent contre eux, lorsqu'on voit les profits qu'ils retirent de leur entreprise, sans considérer les avances par lesquelles ils les ont achetées et la chance qu'ils ont courue. L'article 2 étend aux anciens canaux faisant partie du domaine public, la disposition de l'article 1.er Tous les motifs qui ont porté le corps législatif à ne plus taxer les forêts nationales à la contribution foncière, reçoivent ici leur application. L'article 3 laisse dans la classe des propriétés ordinaires les maisons et usines qui dépendent des canaux, mais qui ne sont pas nécessaires à leur service; cette disposition a pour objet de lever toute difficulté et de restreindre le bienfait de la loi dans des termes convenables. Enfin, l'article 4 contient une dérogation nécessaire aux lois qui avaient ordonné que les canaux seraient cotisés par départemens; ce mode de les taxer était le seul praticable, lorsqu'on les taxait sur leur produit ; mais du moment qu'on ne taxe plus que le terrain qu'ils occupent, c'est par commune qu'il faut les taxer [1].)

(*Suit le texte de la loi du 5 floréal an XI.*)

Art. I.er Tous les canaux de navigation qui seront faits à l'avenir, soit aux frais du domaine public, soit aux dépens des particuliers, ne seront taxés à la contribution foncière qu'en raison du terrain qu'ils occupent, comme terre de première qualité.

II. A compter de l'an XIII, les anciens canaux de navigation et les francs bords, magasins et maisons d'éclusiers, dépendans du domaine public, ne seront taxés à cette contribution que dans la proportion énoncée dans l'article précédent.

III. Les autres maisons d'habitation et usines dépendantes desdits canaux, seront imposées comme les autres propriétés de la même nature.

IV. Les objets compris aux articles précédens seront imposés dans chaque commune dans laquelle ils se trouvent situés.

Domaines nationaux productifs.

Sénatus-consulte relatif à la dotation de la couronne, etc.

Du 30 janvier 1810. (B. 263, n.° 5141.)

(Ce sénatus-consulte reconstitue à la couronne une dotation qui est inaliénable et imprescriptible ; il l'affranchit des contri-

---

(1) Motifs de la loi du 5 floréal an XI.

butions publiques ; il crée un domaine extraordinaire et il rétablit pour l'Empereur un domaine privé. Le domaine extraordinaire se compose des domaines et biens mobiliers et immobiliers
que l'Empereur, exerçant le droit de paix et de guerre, acquiert
par des conquêtes ou par des traités. Le domaine privé de l'Empereur est celui provenant, soit de donations, soit de successions,
soit d'acquisitions.

Lorsqu'en l'an 1804 on rétablit la monarchie, le sénatus-
consulte du 28 floréal an XII, quant au moyen de pourvoir aux
dépenses du trône et du monarque, suivit la loi du 26 mai 1791,
et la couronne n'avait point de dotation, elle n'était qu'usufrui-
tière comme le monarque : mais une dotation était nécessaire à
la gloire et à la stabilité du trône. La couronne doit être propriétaire des domaines affectés à la liste civile et le monarque
usufruitier ; cette propriété doit être inaliénable et imprescriptible. Dans la législation antérieure au sénatus-consulte du 30
janvier 1810, aucune loi n'avait exempté de l'impôt les immeubles affectés à la liste civile. Les forêts qui en dépendent étant
toujours considérées comme propriété de l'Etat, ne payent pas
de contribution depuis le 19 ventôse an IX, époque de la loi
qui en affranchit les forêts nationales. Les palais impériaux n'en
payent pas non plus, d'après la loi du 3 frimaire an VII qui en
affranchit les domaines nationaux non productifs ; mais il n'y
avait rien de statué sur les domaines productifs. L'affranchissement du domaine de la couronne est économique pour le trésor
national, et conforme à la raison politique qui prescrit d'en-
vironner le trône de tout ce qui peut en rehausser l'éclat. Aussi
des immeubles affectés à la dotation de la couronne sont inimpo-
sables par leur nature ; car pour assujettir la couronne aux contributions publiques, il faudra toujours qu'après les avoir payées,
son revenu soit encore proportionné à sa splendeur : la quotité

de la dotation et l'affranchissement de l'impôt sont donc ici deux objets corrélatifs; qu'on augmente la quotité de la rente annuelle ou que les immeubles soient affranchis de l'impôt, le résultat sera le même pour le trésor public. Le domaine extraordinaire et le domaine privé de l'Empereur, devant payer toutes les contributions, cette exception unique en faveur de la dotation de la couronne, ne fait que confirmer nos principes en matière d'impôt; les immeubles composant l'apanage sont soumis à toutes les contributions publiques, dans la même proportion que les propriétés foncières de tous les citoyens (1).

Nous reviendrons sur ce sénatus-consulte qui complète la législation domaniale, dans la section qui traitera du contentieux des domaines.)

(Suivent les articles relatifs à la matière des contributions directes.)

Art. XVI. Les biens qui forment la dotation de la couronne, sont grevés de toutes les charges civiles de la propriété; ils ne supportent pas de contribution publique.

XXII. Les biens qui composent le domaine extraordinaire, sont assujettis à toutes les charges de la propriété, à toutes les contributions et charges publiques, dans la même proportion que les biens des particuliers.

XXXIV. Le domaine privé (de l'Empereur) supporte toutes les charges de la propriété, toutes

______

(1) Rapport de M. le comte Desmeunier, sénateur rapporteur de la commission chargée de l'examen du projet de sénatus-consulte relatif à la dotation de la couronne.

les contributions et charges publiques, dans la même proportion que les biens des particuliers.

LVII. Lorsque l'Empereur a des immeubles dans le domaine extraordinaire, ou dans son domaine privé, il les affecte aux apanages des princes. En cas d'insuffisance, il y est pourvu par un sénatus-consulte.

(Hors les trois domaines dont nous venons de parler, savoir: du domaine de la couronne, du domaine extraordinaire et du domaine privé de l'Empereur, toutes les propriétés qui n'appartiennent ni à des communes, ni à des propriétaires, forment le domaine de l'État, et les biens qui composent ce domaine, sont imposés dans la contribution foncière, dans la même proportion que les biens des particuliers, sauf les exceptions portées par la loi du 19 ventôse an IX, qui en a affranchit les forêts domaniales, et par celle du 3 frimaire an VII, qui déclare non passibles de cette contribution les domaines nationaux non productifs. La caisse d'amortissement, à raison des biens domaniaux qui lui ont été cédés, et les particuliers à qui ces biens pourraient être vendus, doivent acquitter la contribution foncière, dans la même proportion comme les autres propriétaires; il en est de même pour les biens appartenant au sénat, qui, au surplus, doit être considéré comme un propriétaire particulier.

Dans le sens, que nous venons de parler du domaine de l'État, les biens susceptibles de propriété privée, possédés par les hospices et autres établissemens publics de bienfaisance ou d'instruction publique, par les fabriques des églises, etc., y sont compris comme tenant leur existence de la volonté du gouvernement de l'État ; mais ces établissemens, une fois admis et reconnus, possèdent, administrent et plaident comme de simples particuliers, sauf l'exécution des lois administratives qui leur sont particulières ; et ils doivent acquitter la contribution foncière à raison des biens qu'ils possèdent, dans la même proportion que les particuliers, ainsi que le porte l'art. 90 de la loi du 3 frimaire an VII.)

Salines.

(Les salines sont des usines où l'on fabrique le sel. Il y a les marais salans, où tout le travail tend à tirer le sel des eaux de la mer ; et les fontaines salantes, où tout le travail tend à tirer le sel marin des fontaines qui le tiennent en dissolution.

Le mode de cotisation des salines à la contribution foncière, a été définitivement déterminé par un décret impérial du 15 octobre 1810, dont les dispositions ont été communiquées aux préfets par une lettre de Son Excellence le ministre des finances, du 24 dudit octobre, ainsi conçue :

Paris, le 24 octobre 1810.

Le ministre des finances,

Aux préfets.

Un décret, Monsieur, du 15 de ce mois, ordonne que les salins et marais salans et les salines seront cotisés à la contribution foncière dans les rôles des communes où ils sont situés, savoir: les bâtimens qui en dépendent d'après leur valeur locative, et les terrains et emplacemens sur le pied des meilleures terres labourables.

Je ne puis que vous recommander d'en assurer l'exécution.

J'ai l'honneur de vous saluer.

Le ministre des finances,

Signé LE DUC DE GAÈTE.

(Suit le décret.)

Extrait des minutes de la secrétairerie d'état.

Au palais de Fontainebleau, le 15 octobre 1810.

NAPOLÉON, *Empereur des Français, Roi d'Italie, Protecteur de la confédération du Rhin, Médiateur de la confédération suisse, etc.;*

Sur le rapport de notre ministre des finances;

Notre conseil d'état entendu,

Nous *avons décrété* et *décrétons* ce qui suit:

ART. I.ᵉʳ Les salins et marais salans et les salines seront cotisés à la contribution foncière dans les rôles des communautés où ils sont situés; les bâtimens qui en dépendent, seront imposés d'après leur valeur locative, et les terrains et emplacemens, sur le pied des meilleures terres labourables.

II. Notre ministre des finances est chargé de l'exécution du présent décret.

Signé NAPOLÉON. Par l'Empereur: *le ministre secrétaire d'état*, signé H. B. Duc de Bassano.

Propriétés possédées en majorats.

(Les décrets du 30 mars 1806, et le sénatus-consulte du 14 aôut de la même année, ont établi des titres héréditaires, avec transmission des biens auxquels ils sont affectés (voyez la sect. IV du chapitre II de la première partie, tome I, p. 35-39). L'art. 6 du sénatus-consulte cité, porte que les propriétés possédées en majorats sur le territoire français n'auront et ne conféreront aucun droit ou privilège relativement aux autres sujets français et à leurs propriétés; et celui 8, qu'il sera pourvu, par des règlemens d'administration publique, à l'exécution de ces dispositions. Sa Majesté l'Empereur a, par son décret du 1.er mars 1808, pourvu à l'exécution de ce sénatus-consulte, et voici les dispositions que ce décret renferme, relativement aux impositions publiques auxquelles les titulaires restent soumis, dans la même proportion que les autres citoyens.)

Extrait du décret impérial concernant les majorats.
Du 1.er mars 1808. (B. 186, n.° 3207.)

TITRE V.
Dispositions générales.

Art. LXXIV. Conformément à l'art. 6 du sénatus-consulte du 14 août 1806, les propriétés possédées en majorats n'auront et ne conféreront à ceux en faveur desquels ils sont érigés, aucun privilège, relativement à nos autres sujets et à leurs propriétés.

En conséquence, les titulaires demeureront soumis aux lois civiles et criminelles, et à toutes les lois qui régissent nos états, en tant qu'il n'y est point dérogé par ces présentes; ils supporteront les contributions personnelles, mobilières, immobilières, directes et indirectes, dans la même proportion que les autres citoyens.

Fonds grevés de rentes foncières, et héritages possédés à titre d'emphytéose.

(Le paiement des contributions est une charge inséparable de la propriété utile, et doit être effectué par celui qui en jouit, mais le preneur ou ses ayant-droit, ont le droit d'en retenir le montant sur les rentes, intérêts et prestations annuelles dont ils sont grevés, dans la proportion déterminée par la loi (voyez §. 8, p. 5). Telle est la disposition de la loi des 20, 22 et 23 novembre — 1.er décembre 1790, de la loi du 3 frimaire an VII, art. 97 et suivans, et de la loi des 7 — 10 juin 1791. Cette dernière loi fixe la retenue qui doit avoir lieu pour la contribution foncière, sur tous les baux, rentes et autres prestations, sans préjudice de l'exécution des baux à rente, faits sous la condition de la non-retenue des impositions. Nous avons fait transcrire ci-après les dispositions que renferment les lois des 1.er décembre 1790 et 10 juin 1791, ainsi que l'avis du conseil d'état sur deux questions relatives à la contribution foncière des héritages possédés à titre d'emphytéose, du 21 janvier 1809, et approuvé par Sa Majesté l'Empereur et Roi le 2 février suivant.)

Extrait de la loi concernant la contribution foncière.
Du 1.er décembre 1790.
TITRE II.

ART. VI. Les propriétaires dont les fonds sont grevés de rentes ci-devant seigneuriales ou foncières, d'agriers, de champarts ou d'autres prestations, soit en argent, soit en denrées, soit en quotité de fruits, feront, en acquittant ces rentes ou prestations, une retenue proportionnelle à la contribution, sans préjudice de l'exécution des baux à rente faits sous la condition de la non-retenue des impositions.

VII. Les débiteurs d'intérêts et de rentes perpétuelles, constituées avant la publication du présent décret, et qui étaient autorisés à faire la retenue des impositions, feront la retenue à leurs créanciers, dans la proportion de la contribution foncière.

Extrait de la loi relative aux retenues à faire sur les rentes.
Du 10 juin 1791.

ART. I.er Les débiteurs autorisés par les articles 6 et 7 du titre II de la loi du 1.er décembre 1790, à

faire une retenue sur les rentes ci-devant seigneuriales ou foncières, sur les intérêts ou rentes perpétuelles, constituées avant la publication de ladite loi, soit en argent, soit en denrées, et de prestations en quotité de fruits, à raison de la contribution foncière, la feront au cinquième du montant
desdites rentes ou prestations, sans préjudice de
l'exécution des baux à rentes ou autres contrats, faits
sous la condition de la non-retenue des impositions.

Extrait des minutes de la secrétairerie d'état.

Au palais des Tuileries, le 2 février 1809.

*Avis du conseil d'état sur deux questions relatives
à la contribution foncière des héritages possédés
à titre d'emphytéose.* (*Séance du 21 janvier 1809.*)
(B. 225, n.° 4121.)

Le conseil d'état, qui, d'après le renvoi ordonné
par Sa Majesté, a entendu le rapport de la section
des finances sur celui du ministre de ce département,
relatif à la question de savoir,

1.° Si la contribution foncière des héritages possédés à titre d'emphytéose, doit être supportée par
le preneur qui paye la rente, ou par le bailleur qui
la perçoit;

2.° Si l'emphytéote est autorisé à retenir, sur le
montant de la redevance, un cinquième pour représenter les contributions dues par le bailleur pour sa
jouissance de la rente;

Vu la loi du 1.er décembre 1790;

Considérant que le paiement des contributions étant une charge inséparable de la propriété utile, il ne doit être supporté que par celui qui en jouit, c'est-à-dire, par le preneur ou ses ayant-droit; que cette jurisprudence, conforme au droit commun, a été reconnue par une décision du ministre des finances rendue le 10 avril 1792; considérant que la disposition de la loi de 1790, qui autorise le débiteur de rente à la retenue du cinquième sur la redevance, est textuelle et précise; que, par conséquent, le bailleur ne peut lui contester ce droit, à moins qu'un pacte contraire n'ait été stipulé dans l'acte emphytéotique;

Considérant, pour ce qui regarde les emphytéoses consenties par les ci-devant corps ecclésiastiques, pour lors exempts des impositions, qu'il n'y a nul motif pour supposer qu'ils eussent stipulé la condition de l'exemption de toute retenue, lorsque cette condition n'a point été expressément énoncée dans leur contrat,

Est d'avis, 1.º que les contributions imposées sur les propriétés tenues à bail emphytéotique doivent être à la charge de l'emphytéote, lors même qu'il n'a point été astreint expressément à ce paiement par l'acte de bail;

2.º Que l'emphytéote est autorisé à la retenue du cinquième sur le montant de la redevance, pour représenter la contribution due par le bailleur, à moins que le contraire n'ait été expressément stipulé ;

3.º Et que le présent avis soit inséré au bulletin des lois.

Pour extrait conforme : *le secrétaire général du conseil d'état*, signé J. G. LOCRÉ.

Approuvé, en notre palais des Tuileries , le 2 févr. 1809.

Signé NAPOLÉON. Par l'Empereur : *le ministre secrétaire d'état*, signé HUGUES B. MARET.

(Ce qui vient d'être dit pour les héritages possédés à titre d'emphytéose, est également applicable aux tenues des vignes à devoir de tiers ou de quart , aux détenteurs de biens concédés originairement dans le pays de la rive gauche du Rhin à titre de *Leibgewinn*, et autres débiteurs de redevances foncières. (Voyez, au tome 1.ᵉʳ, page 270, 273 et 296, le décret impérial du 9 vendémiaire an XIII, sur les rentes et redevances purement foncières des quatre départemens de la rive gauche du Rhin ; un avis du conseil d'état relatif aux redevances dues sur des biens-fonds concédés originairement à titre de *Leibgewinn* dans ces mêmes départemens ; et la lettre du ministre des finances du 15 fructidor an XI, relative aux rentes connues, dans les départemens du Rhin, sous la dénomination de *tiers raisins*.)

Biens concédés à titre de domaines congéables.

(Dans les départemens tirés de l'ancienne province de Bretagne, les propriétés territoriales se distinguent en deux genres : l'un comprend les corps de ferme ou *métairies*, composés d'objets dont l'intégralit/

appartient au même particulier, et qui s'afferment par des baux ordinaires comme dans le reste de la France ; le second comprend des corps de biens concédés à titre de *domaines congéables*. Le concessionnaire de ce dernier genre de biens est tenu de l'acquit de la contribution foncière, sauf à en retenir une partie au propriétaire sur la redevance stipulée. Voici en quoi consiste la *tenure en domaine congéable*, d'après l'explication qu'en donne une lettre de S. Exc. le ministre des finances aux préfets des départemens composés de la Bretagne et des provinces limitrophes, du 22 octobre 1807 (1) : Le propriétaire d'un corps de ferme a besoin de fonds qu'il ne trouve pas à emprunter, ou bien il veut s'affranchir de frais d'entretien et de réparations qui lui sont onéreux, sans cependant abandonner sa propriété par une aliénation absolue ; que fait-il ? Il concède ce corps de ferme à titre de *domaine congéable*, c'est-à-dire, qu'il vend les logemens, les fossés, les fruitiers, certains bois, tels que les broussailles, les bois courans qui croissent tant sur les fossés que sur le plat des champs, les engrais (ce qu'on appelle édifices) ; il stipule une rente, soit en nature, soit en argent, qualifiée *foncière*, *convenancière* ou *domaniale*, payable annuellement.

---

(1) Cette lettre se trouve insérée dans la collection des lois, décrets, etc., relatifs au cadastre de la France, formée par M. J. B. Oron, 5.e partie, page 208 et suivantes.

Cette concession porte l'assurance de jouir pendant un cours de neuf années consécutives, au bout duquel tems le propriétaire concédant a deux facultés, soit celle de rembourser le concessionnaire, nommé de l'une des qualifications synonymes de *colon*, de *tennuyer*, d'*édificier*, de *convenancier*, de *domanier*, de la valeur intrinsèque des édifices et superficies qui lui ont été concédés, en y comprenant les améliorations qu'il y a faites (s'il n'y a clause contraire), et de rentrer ainsi dans la propriété entière du bien comme avant l'aliénation ; soit de faire remplacer le *tennuyer-concessionnaire* par un nouveau *tennuyer* ou *convenancier* qui rembourse le premier de tous ses droits, comme le ferait le propriétaire *foncier* lui-même. La première de ces actions s'appelle, en jurisprudence, *consolidation des droits au fonds :* c'est ramener sous la main ce que l'on a concédé temporairement. La deuxième s'appelle *congéement*, donner congé : c'est l'éviction. Les obligations réciproques des propriétaires *fonciers* et des *colons* ou *tennuyers* se règlent d'après les dispositions du décret de l'assemblée nationale des 30 mai, 1.er, 6 et 7 juin 1791, sanctionné le 6 août suivant et confirmé par la loi du 9 brumaire an VI. Le *tennuyer* qui participe en quelque sorte à la propriété, est personnellement tenu de l'acquit de l'impôt, sauf à retenir au *foncier*, sur la redevance convenancière, une partie de cet impôt, proportionnellement à ladite redevance, comme le porte l'art. 10 de la loi citée du 6 août 1791.)

(*Suivent les extraits des lois relatives aux domaines congéables.*)

*Extrait de la loi du 6 août 1791, décrétée les 30 mai, 1.*er*, 6 et 7 juin 1791.*

ART. X. Pour éviter toute contestation entre les fonciers et les domaniers, non-obstant le décret du 1.er décembre dernier, auquel il est dérogé quant à ce pour ce regard seulement et sans tirer à conséquence pour l'avenir, les domaniers profiteront, pendant la durée des baillées actuelles, de l'exemption de la dîme; mais ils acquitteront la totalité des impositions foncières, et ils retiendront au foncier sur la redevance convenancière, une partie de cet impôt proportionnellement à ladite redevance.

Extrait de la loi du 9 brumaire an VI.

ART. I.er Les décrets de l'assemblée législative des 23 et 27 août 1792, sur la tenure convenancière, celui du 29 floréal an II, rédigé définitivement le 2 prairial suivant, et toutes autres lois qui seraient la suite de celle du 27 août 1792, sont abrogés.

II. Le décret rendu par l'assemblée constituante les 30 mai, 1.er, 6 et 7 juin 1791, sera exécuté selon sa forme et teneur: en conséquence, tous les propriétaires fonciers de domaines congéables sont maintenus dans la propriété de leurs tenures, conformément aux dispositions dudit décret.

(Voyez aussi au tome 1.ᵉʳ, page 295 et 296, l'avis du conseil d'état sur les baux à complant, du 4 thermidor an VIII.)

Dispositions relatives au cadastre.

(Voyez les §§. 9, 10, 19 et 20.)

Extrait de l'arrêté des consuls du 12 brumaire an XI.

Art. V. Il sera procédé à l'évaluation des produits imposables des communes dont le territoire aura été arpenté.

VI. Il sera nommé par le préfet un expert qui ne soit ni domicilié ni propriétaire dans le canton, pour faire cette évaluation, d'après les renseignemens que lui fourniront le maire et deux indicateurs choisis par le conseil municipal; le procès-verbal sera rédigé par le contrôleur des contributions; le mode d'évaluation sera déterminé par une instruction du ministre des finances, approuvée par les consuls (1).

Extrait de la loi relative au budget de l'État du 15 septembre 1807. (B. 161, n.º 2790.)

TITRE X.

Dispositions concernant le cadastre.

Art. XXIII. Les différentes pièces relatives à l'expertise de chaque commune, l'état de classe-

---

(1) Les principes à suivre dans l'évaluation des revenus, sont développés dans les titres VI et VII de la loi du 3 frimaire an VII, insérée page 64-103.

ment et la matrice de rôle continueront d'être envoyés au maire de la commune, pour rester déposés pendant un mois au bureau de la mairie : les propriétaires seront invités à en prendre communication
par un avis, qui sera affiché dans la commune, et
lû à la porte de l'église, à l'issue de la messe paroissiale de chacun des dimanches du mois de la communication.

XXIV. Les propriétaires, leurs régisseurs, fermiers, locataires ou autres représentans, seront
tenus de fournir leurs réclamations, s'ils en ont à
former, avant l'expiration du mois.

XXV. Ce délai expiré, le maire renverra au directeur des contributions les diverses pièces données
en communication, avec les réclamations qui lui
seraient parvenues ; il y joindra un certificat attestant que toutes les formalités de la communication
ont été remplies.

XXVI. Le préfet, sur un rapport du directeur,
et après avoir pris l'avis du conseil de préfecture,
statuera sur toutes les réclamations.

XXVII. Les conseils d'arrondissement ne pourront faire aucune augmentation aux contingens actuels des communes cadastrées.

XXVIII. Lorsque toutes les communes du ressort d'une justice de paix auront été cadastrées,
chaque conseil municipal nommera un propriétaire
qui se rendra, au jour fixé par le préfet, au chef-lieu

de la sous-préfecture, pour y prendre connaissance des évaluations des diverses communes du même ressort.

XXIX. Ces évaluations seront examinées et discutées dans une assemblée composée de ces divers délégués, et présidée par le sous-préfet.

XXX. Un contrôleur des contributions remplira dans cette assemblée les fonctions de secrétaire; il n'aura pas voix délibérative.

Cette assemblée ne pourra durer plus de huit jours.

XXXI. Les pièces des diverses expertises seront remises à l'assemblée, qui pourra appeler ceux des experts qu'elle désirera consulter.

XXXII. Cette assemblée donnera, à la pluralité des voix, ses conclusions positives et motivées sur les changemens qu'elle estimerait devoir être faits aux estimations, ou son adhésion formelle au travail. Il en sera dressé procès-verbal, signé des délibérans.

XXXIII. Le sous-préfet enverra ce procès-verbal, avec ses observations, au préfet, qui, sur un rapport du directeur des contributions, et après avoir pris l'avis du conseil de préfecture, statuera sur les réclamations par un arrêté qui fixera définitivement l'allivrement cadastral de chacune des communes intéressées, et répartira entr'elles la masse de leurs contingens actuels, au prorata de leur allivrement cadastral.

XXXIV. Les matrices des rôles des communes cadastrées seront divisées en deux cahiers: le premier contiendra les propriétés non bâties, et la superficie seulement des propriétés bâties; le second contiendra l'estimation des maisons et des bâtimens, autres que ceux servant à l'exploitation rurale (1), des moulins, forges, usines, fabriques, manufactures et autres propriétés bâties, déduction faite de la valeur estimative de la superficie qu'ils occupent.

XXXV. Le revenu des propriétés bâties, tel qu'il aura été établi par l'expertise, distraction faite du terrain qu'elles occupent, et des déductions accordées par la loi pour les réparations, déterminera le montant de leur contingent, d'après le taux de l'allivrement général des propriétés foncières de la commune (2).

XXXVI. Le contingent des propriétés bâties, une fois réglé, sera réparti chaque année, d'après les recensemens, comme il en est usé aujourd'hui.

Les répartiteurs continueront, à cet égard, leurs fonctions, de même que pour la répartition de la contribution personnelle et mobilière.

XXXVII. Les propriétaires compris dans le rôle cadastral pour des propriétés non bâties, ne seront plus dans le cas de se pourvoir en surtaxe, à moins que, par un événement extraordinaire, leurs propriétés ne vinssent à disparaître: il y serait pourvu alors par une remise extraordinaire; mais ceux

(1) Voyez l'art. 85 de la loi du 3 frimaire an VII.
(2) Voyez les articles 82 et 87 ibidem.

d'entr'eux qui, par des grêles, gelées, inondations ou autres intempéries, perdraient la totalité ou une partie de leur revenu, pourront se pourvoir, comme par le passé, en remise totale ou en modération partielle de leur cote de l'année dans laquelle ils auront éprouvé cette perte : le montant de ces remises ou modérations sera pris sur le fonds de non-valeur.

XXXVIII. Les propriétaires des propriétés bâties continueront d'être admis à se pourvoir en décharge ou réduction, dans le cas de surtaxe ou de destruction totale ou partielle de leurs bâtimens, et en remise ou modération, dans le cas de la perte totale ou partielle de leur revenu d'une année. Le montant des décharges et réductions continuera d'être réimposé pour la partie qui ne se trouverait pas couverte par la portion du fonds de non-valeur qui n'aurait pas été consommée en remises et modérations.

XXXIX. Les directeurs des contributions directes sont spécialement chargés de la tenue des livres de mutations des propriétés cadastrées.

Ils continueront de faire faire, chaque année, les recensemens et autres opérations relatives aux rôles des propriétés bâties, et à ceux de la contribution personnelle et mobilière, des portes et fenêtres et des patentes.

————————

(Nous avons indiqué au §. 20, page 28, les pièces composant l'expertise, pour faire connaître plus en détail les opérations de l'expert ; nous croyons utile d'insérer ici copie du modèle du procès-verbal à dresser sur les opérations de l'expert par le contrôleur des contributions directes :

9 *

«PROCÈS-VERBAL
D'ÉVALUATION

Du revenu imposable de la Commune d

Département d	
Arrendissement d	
Mairie d	
Commune d	

L'AN   , et le   jour du mois d

Je   domicilié en la commune d   département d   commissionné par le préfet du département à l'effet de procéder, conformément à l'arrêté du gouvernement du 12 brumaire an XI, et à l'instruction y annexée, à l'évaluation des revenus imposables de la commune d   laquelle a été arpentée par le sieur

, me suis, en conséquence, transporté à   chef-lieu de cette commune, accompagné du sieur   contrôleur des contributions; où étant, j'ai exhibé ma commission, en date du à M.   maire de la commune. Le maire m'a présenté les sieurs   pour me donner toutes les indications et tous les renseignemens nécessaires à mes opérations, dont le présent procès-verbal est rédigé par le sieur   contrôleur des contributions directes.

Nous avons d'abord procédé à la confection du tableau comparatif des anciennes mesures locales usitées dans la commune, et des nouvelles mesures indiquées dans l'arrêté du gouvernement du 13 brumaire an IX, et nous en avons arrêté l'état annexé sous le n.º 2 au présent procès-verbal.

Le contrôleur m'a ensuite représenté le relevé du prix des grains et autres denrées au marché d.
qui est le plus voisin de la commune : ce prix m'a paru, à raison de la distance de   mille, devoir être modéré, à cause des frais de transport. J'ai dressé, en conséquence, le tarif ci-annexé, n.º 3.

Il résulte du tableau indicatif des propriétés nouvelles, que le territoire de la commune contient,
     et que ce territoire est divisé en   sections, entre lesquelles les propriétés foncières de la commune sont réparties.

Le contrôleur m'a représenté ensuite l'état ci-annexé sous le n.º 4, présentant les sections où je vais me rendre pour procéder au classement des propriétés.

Et le   après avoir vaqué pendant   jours à la visite du territoire, j'ai d'abord procédé à l'estimation du produit net des différentes classes de chaque nature de biens, d'après les évaluations de la quantité de denrées qu'elles produisent, et déductions faites des frais de culture, semence, récolte et entretien, ainsi qu'il est expliqué dans l'état ci-annexé sous le n.º 5.

J'ai procédé ensuite au classement parcellaire de tous les articles de propriété pour chaque section, et j'ai porté le résultat de ce classement sur l'état n.º 6.

D'après l'état n.º 5, j'ai formé le tarif provisoire du produit net imposable de chaque nature de propriété, ci-annexé n.º 7.

Comparant ensuite les résultats de ce premier tarif avec les baux qui m'ont été représentés par le contrôleur, j'ai formé l'état ci-joint n.º 8.

Et d'après la dernière colonne de cet état, j'ai rédigé le tarif définitif ci-annexé n.º 9.

Après avoir revu et vérifié tous les états ci-dessus, je les ai arrêtés, certifiés et signés, ainsi que le présent procès-verbal, et j'ai remis le tout au contrôleur des contributions.

Fait à   le

Expert.   *Contrôleur.* »

(Au même §. page 30, il est fait mention de la lettre et du bulletin que le directeur des contributions adresse au propriétaire; ce bulletin lui fait connaître à-la-fois ses parcelles, leurs contenances, leur classement, leur évaluation, et sa cotisation: il lui présente ces renseignemens sur un papier qu'il peut examiner chez lui à loisir. L'indication de l'allivrement

total de la commune et de sa proportion avec l'imposition ; achève enfin de mettre sous les yeux des
propriétaires tous les résultats du cadastre, tant
pour la commune que pour chacun d'eux ; et le délégué envoyé à l'assemblée cantonale est à portée
de connaître l'opinion générale de sa commune.
Voici la forme de ce bulletin et la teneur de la lettre
du directeur qui se trouve en tête d'icelui, d'après
le modèle joint à l'instruction de Son Excellence le
ministre des finances du 24 mai 1810.)

Département d

Canton d

Commune d

Revenu de la commune . . . .

Contribution en principal . . . . .

La proportion de la contribution
avec le revenu cadastral est de . .

N.° (du Bulletin) :

« BULLETIN DES PROPRIÉTÉS
de M.
demeurant à

Le   18

Le Directeur des contributions,
à M.

J'AI l'honneur, Monsieur, de vous envoyer le
tableau ou bulletin des propriétés portées sous votre
nom dans le cadastre de la commune d

Je vous invite d'abord à rectifier, s'il y a lieu,
vos noms, prénoms, profession et demeure.

Ce bulletin indique, dans la première page, toutes
vos possessions et la contenance de chacune.

Si l'on vous a attribué des propriétés qui ne vous appartiennent pas, vous voudrez bien les rayer, et indiquer dans la colonne en blanc les véritables propriétaires.

Si l'on a omis quelques-unes de vos propriétés, vous êtes intéressé à les ajouter à la suite des autres; autrement elles seraient regardées comme biens vacans et appartenant au domaine public.

Si la culture de quelques propriétés était mal indiquée, vous en feriez également l'observation.

Vous examinerez ensuite la contenance de chaque propriété; et s'il y a erreur, vous indiquerez la véritable contenance. Vous avez le droit de demander le réarpentage, en vous engageant à payer les frais, si la demande est reconnue n'être pas fondée.

Je crois devoir vous faire observer que, s'il ne s'agit que d'une différence légère, elle peut provenir de ce que les géomètres ont une tolérance d'un cinquantième, ou de ce que les terrains en pente sont mesurés comme s'ils étaient plats et sans inégalités.

Vous voudrez bien remettre votre bulletin, signé de vous, avec ou sans observations, à M. le maire.

La seconde page présente le classement et l'évaluation de chacune de vos propriétés; s'il s'en trouve qui vous paraissent portées dans une classe trop élevée, vous pourrez rédiger votre réclamation sur papier libre, et la remettre à M. le maire; elle sera vérifiée par le contrôleur et l'expert, et il y sera statué par M. le préfet.

Si quelques évaluations vous paraissent trop fortes, vous remettrez votre déclaration à M. le maire, qui la donnera au délégué que votre commune nommera pour assister à l'assemblée du canton.

Je vous préviens que vous pouvez consulter la matrice de rôle déposée à la mairie, et que le géomètre se rendra sur les lieux pour rectifier le plan et les bulletins, le

J'ai l'honneur, Monsieur, de vous saluer.

(Suit le bulletin des propriétés.)

Numéros d'ordre.	CANTONS, TRIAGES ou LIEUX-DITS.	INDICATION		Nature des propriétés.	CONTENANCES		OBSERVATIONS du PROPRIÉTAIRE.
		de la Section.	du N.o de la Section.		en mesures nouvelles.	en mesures locales.	

CLASSEMENT.					APPLICATION DU TARIF AU CLASSEMENT.					PRODUIT des CLASSES RÉUNIES.
1.re Classe.	2.e Classe.	3.e Classe.	4.e Classe	5.e Classe.	1.re Classe.	2.e Classe.	5.e Classe.	4.e Classe.	5.e Classe.	

PROPRIÉTÉS BATIES.

Numéros d'ordre.	CANTONS, TRIAGES ou LIEUX-DITS.	INDICA-TION		NATURE des PROPRIÉTÉS	CLASSES.	REVENU IMPOSABLE.	OBSERVATIONS du PROPRIÉTAIRE.
		du N.o de la Section.	de la Section.				

RESUME.

	Conte-nance.	Revenu imposa-ble.
Propriétés bâties		
Propriétés non bâties...		
Total général...		

Le Total du revenu cadastral est de.................
La cote de contribution en principal, pour l'an   , sera de...
Proportion de la cote au Revenu.........................

Je soussigné, propriétaire de la commune de
déclare le présent État exact et conforme aux propriétés que je pos-
sède, sauf les observations que j'y ai ajoutées.

A   *le*

(Lorsque l'opération de l'assemblée de la justice de paix est terminée, est-il dit au §. 20, page 36, le directeur des contributions rectifie, s'il y a lieu, les bulletins reliés en cahier, faisant la minute de la matrice de rôle. Voici la forme d'une matrice de rôle rédigée en conformité des instructions sur le cadastre.)

DÉPARTEMENT de

ARRONDISSEMENT d

COMMUNE d

CONTRIBUTION FONCIÈRE.

MATRICE DE RÔLE pour la contribution foncière de la commune d.... rédigée en conformité des instructions sur le cadastre.

C O P I E

DU TARIF DÉFINITIF DU PRODUIT NET.

NATURE des PROPRIÉTÉS.	PRIX DE L'ARPENT DE CHAQUE CLASSE.									
	1.re	2.e	3.e	4.e	5.e	6.e	7.e	8.e	9.e	10.e
Propriétés non bâties.	f. c.	f. c.	f. c.	f. c.	f. c.	f. c.	f. c.	f. c.	f. c.	f. c.
Propriétés bâties.										

Articles. 1	NOMS, PRÉNOMS, PROFESSIONS ET DEMEURE des Propriétaires et Usufruitiers. 2	INDICATION			
		de la section. 3	du N.º de la section. 4	du N.º du plan. 5	de la nature de la propriété. 6

Nombre d'arpens, perches et mètres.						Classes.	REVENU de chaque article de section.		TOTAL DU REVENU de chaque article de matrice.		COLONNE réservée pour les renvois des mutations.
Par article de section. 7			Par article de matrice. 8			9	10		11		12
arp.	p.	m.	arp.	p.	m.		f.	c.	f.	c.	
TOTAL du 1.er feuillet......											

RÉCAPI.

Numéros des Feuillets.	NOMBRE d'arpens, perches et mètres.			REVENUS.		Numéros des Feuillets.	NOMBRE d'arpens, perches et mètres.			REVENUS.	
	arp.	p.	m.	f.	c.		arp.	p.	m.	f.	c.
1.er						21.					
2.						2.					
3.						3.					
4.						4.					
5.						5.					
6.						6.					
7.						7.					
8.						8.					
9.						9.					
10.						10.					
1.er T.l						3.e T.l					
11.						31.					
2.						2.					
3.						3.					
4.						4.					
5.						5.					
6.						6.					
7.						7.					
8.						8.					
9.						9.					
10.						10.					
2.e T.l						4.e T.l					

TULATION.

Numéros des Feuillets.	NOMBRE d'arpens, perches et mètres.			REVENUS.		RAPPORT DES TOTAUX.				
	arp.	p.	m.	f.	c.		arp.	p.	m.	f.	c.
41.e						1.er					
2.											
3.						2.e					
4.											
5.						3.					
6.											
7.						4.					
8.											
9.						5.					
10.											
5.e T.l					Total général.						

CERTIFIÉ par moi, *Directeur des contributions directes du Département d*

A

VU et VÉRIFIÉ par nous, Préfet du département d
et arrêté à la somme totale de
la présente Matrice de rôle,
dont une expédition sera déposée à la Mairie de la Commune, et la seconde expédition
dans les bureaux de la Direction des contributions directes.

FAIT à

B. Répartition des contributions directes entre les arrondissemens et les communes.

(Voyez §. 11, page 10 - 12.)

Loi du 28 pluviôse an VIII, concernant l'administration.

(Art. 6, n.ºˢ 3 et 4, et art. 10, n.ºˢ 3 et 4. — Cette loi se trouve insérée au tome I.ᵉʳ, page 106 - 112.)

Arrêté des consuls relatif à la réunion des conseils d'arrondissement et des conseils généraux de département.

Du 19 floréal an VIII. (B. 25, n.º 167.)

Les consuls de la république, sur le rapport du ministre de l'intérieur; le conseil d'état entendu,

ARRÊTENT:

ART. I.ᵉʳ Les conseils d'arrondissement s'assembleront le 15 prairial prochain, pour exprimer leur opinion sur l'état et les besoins de l'arrondissement; donner leur avis motivé sur les demandes en décharge qui seront formées par les villes, bourgs et villages; recevoir du sous-préfet et du préfet dans son arrondissement, quand il y aura lieu, le compte de l'emploi des centimes additionnels destinés aux dépenses de l'arrondissement. Après avoir terminé ce premier travail, ils s'ajourneront à cinq jours après la session du conseil général du département, pour faire la répartition des contributions directes entre les villes, bourgs et villages. La durée des deux assemblées ne pourra pas excéder quinze jours, conformément à la loi : la première ne pourra pas durer plus de dix jours, et la seconde plus de cinq.

II. Les conseils généraux de département s'assembleront le 1.er messidor.

III. Les actes de ces assemblées ne seront pas imprimés ; les préfets en feront passer, sans délai, une copie au ministre de l'intérieur.

IV. Les sous-préfets procéderont, sans délai, à la nomination des répartiteurs en chaque ville, bourg ou village, au nombre déterminé par les lois ; et les répartiteurs termineront leur travail dans les dix jours qui suivront la réception du mandement.

V. Les préfets et sous-préfets seront tenus de préparer à l'avance les documens et instructions sur les objets sur lesquels les conseils généraux de département et ceux des arrondissemens doivent délibérer.

Ils leur feront la remise de ces pièces le premier jour de leur session.

VI. Les ministres de l'intérieur et des finances sont chargés de l'exécution du présent arrêté, qui sera imprimé au bulletin des lois.

Arrêté des consuls relatif à l'assiette des contributions publiques, et à l'exercice de la police dans les communes dont le territoire s'étend sur deux départemens.

Du 3 ventôse an X. (B. 164, n.° 1257.)

Les consuls de la république, sur le rapport du

ministre de l'intérieur, et vu la loi du 4 mars 1790, qui détermine en quoi doivent consister les territoires des communes, et quelle doit être la ligne divisoire entre les départemens et les districts, lorsqu'une rivière est indiquée comme limite respective;

Vu l'arrêté du directoire exécutif du 29 nivôse an VII, portant règlement provisoire de l'assiette des impositions pour l'an VII, sur les territoires litigieux entre les départemens, à raison de leur division par le fleuve du Rhône;

Vu les procès-verbaux de division des départemens du Gard, des Bouches-du-Rhône, de Vaucluse, de la Drôme et de l'Ardèche, ensemble les extraits de la carte de France délivrés et certifiés par le garde des archives de la république;

Considérant que la loi du 4 mars 1790 ne donne d'autre faculté administrative au département sur le territoire duquel s'étend une portion du territoire d'une commune appartenant au département limitrophe, que celle de pouvoir faire jusqu'à la limite administrative établie, ou jusqu'au milieu de la rivière ou du fleuve qui la forme, des actes de simple police répressive, tels que dispersion d'attroupemens, surveillance de brigandages, arrestations en cas de flagrant délit, poursuites de malfaiteurs, etc.; que conséquemment les officiers de police des départemens respectifs peuvent exercer concurremment leurs fonctions sur le territoire situé sur le

département emprunté; mais que ce n'est qu'une faculté nécessaire accordée par la loi à ceux de ce
dernier département;

Considérant que, suivant les procès-verbaux
de division, les départemens du Gard et des Bouches-
du-Rhône sont limités par le milieu de ce fleuve;
que ceux de l'Ardèche et de la Drôme le sont également par le milieu du Rhône; mais que le département de Vaucluse est délimité par la rive gauche
de ce fleuve dans toute l'étendue dudit département;

Le conseil d'état entendu,

ARRÊTENT:

ART. I.er Conformément à la loi du 4 mars 1790,
les territoires des communes seront imposés aux
contributions publiques par le département dans
les arrondissemens communaux duquel se trouveront les chefs-lieux desdites communes.

II. Lorsqu'une commune aura des portions de
territoire situées dans la circonscription d'un département autre que celui où elle a son chef-lieu, l'autorité administrative que pourra exercer sur ces
territoires le département dans les limites duquel ils
se trouvent, ne consistera que dans la faculté d'exercer des actes de simple police répressive, tels que
la dispersion d'attroupemens, la surveillance du bri-
gandage, la poursuite des prévenus à la clameur publique, et l'arrestation en cas de flagrant délit.

III. Les officiers de police des départemens respectifs peuvent en conséquence exercer concurremment, et pour ces seules parties de leurs attributions, leurs fonctions sur ces parties de territoire.

IV. Les départemens du Gard et des Bouches-du-Rhône seront délimités, seulement pour l'exercice de cette police, par le milieu du Rhône.

La ville de Vallabrègues appartiendra au département du Gard, conformément aux procès-verbaux de délimitation.

Le département de Vaucluse sera délimité par la rive gauche du fleuve: ceux de l'Ardèche et de la Drôme le seront par le milieu de ce fleuve.

V. Toute assiette de contribution publique et locale, contraire à l'article Ier du présent arrêté, est déclarée, dès ce moment, nulle et abusive.

Tous maires et répartiteurs seront déclarés personnellement responsables sur leurs biens, envers le trésor public et les receveurs des deniers publics, de toutes entraves apportées à la perception par l'effet d'une répartition contraire aux précédentes dispositions.

VI. Tous les habitans d'une commune, sur quelque département que soit situé le territoire qu'ils habitent, seront citoyens du département où sera le chef-lieu de leur commune.

Ils devront, en conséquence, faire dans ce dernier leurs actes civils, et y exercer leurs droits politiques.

VII. Les articles V, VI et VII de l'arrêté du directoire exécutif du 29 nivôse an VII, sont rapportés.

VIII. Les ministres de l'intérieur et de la justice sont chargés, chacun en ce qui le concerne, de l'exécution du présent arrêté, qui sera inséré au bulletin des lois.

Le premier consul, signé BONAPARTE. Par le premier consul: *le secrétaire d'état,* signé HUGUES B. MARET. *Le ministre de l'intérieur,* signé CHAPTAL.

C. Direction des contributions directes.

Loi qui supprime les agences des contributions directes, et ordonne l'établissement de directions pour en assurer le recouvrement.

Du 3 frimaire an VIII. (B. 329, n.° 3435.)

(La répartition, la surveillance des recouvremens et le jugement des réclamations, appartiennent essentiellement aux corps administratifs ; les directions établies par la loi du 3 frimaire an VIII, et chargées du travail de préparation et d'expédition, ont pour objet de faciliter aux administrations l'exercice de leurs attributions.

Ces directions placées sous l'autorité immédiate du ministre des finances, doivent soumettre les résultats de leurs travaux, relatifs à la formation des rôles et à l'examen des réclamations, aux administrations près desquelles elles sont établies.

L'instruction des demandes présentées par les contribuables en décharge ou réduction, est une partie très–essentielle des fonctions du directeur des contributions directes ; il doit connaître parfaitement toutes les lois relatives aux contributions. — Voyez les §§. 17, 25, 26 et 27, et l'arrêté du gouvernement du 24 floréal an VIII, inséré ci–après sous la lettre E.)

(*Suit le texte de la loi.*)

ART. I.er L'agence des contributions directes,

établie par la loi du 22 brumaire an VI, est supprimée à compter du jour de la publication de la présente.

II. (Relatif aux dépenses de l'agence.)

III. Il sera établi dans chaque département, à compter du jour de la publication de la présente, une direction des recouvremens des impositions directes, composée d'un directeur, un inspecteur, et un nombre de contrôleurs proportionné à l'étendue du département.

IV. Il n'est rien changé par la présente dans l'établissement de la commission des contributions directes de la commune de Paris ; cette commission continuera ses fonctions jusqu'à ce qu'il en soit autrement ordonné.

V. La direction des contributions sera chargée uniquement de la rédaction des matrices de rôles, d'après le travail préliminaire et nécessaire des répartiteurs, de l'expédition des rôles, et de la vérification des réclamations faites par les contribuables, lesquelles ne pourront être jugées que par les corps administratifs, conformément aux lois existantes sur cette matière.

VI. (Relatif aux fonds mis à la disposition du ministre des finances pour la mise en activité des directions.)

VII. La commission consulaire est chargée de prendre toutes les mesures nécessaires pour la prompte exécution de la présente loi.

VIII. La présente résolution sera imprimée.

D. Perception des contributions directes et Exercice des contraintes.

(Voyez les §§. 22, 23 et 24, page 41–46.)

Arrêté des consuls qui règle la perception des con-
tributions directes et l'exercice des contraintes.

Du 16 thermidor an VIII. (B. 38, n.° 244.)

Les consuls de la république, sur le rapport du ministre des finances;

Vu les lois des 1.ᵉʳ décembre 1790, 2 octobre 1791, 17 brumaire an V, et 3 frimaire an VII, relatives aux contributions directes;

Considérant que ces lois, en autorisant l'envoi et le séjour des porteurs de contraintes chez les contribuables en retard de payer leurs contributions, ne règlent pas l'emploi de cette mesure; que le gouvernement doit aux contribuables, autant qu'au trésor public, de la régulariser, pour assurer non-seulement le recouvrement des contributions, mais pour prévenir en même tems les rigueurs qui en résulteraient, si elle était employée sans nécessité ou d'une manière arbitraire;

Considérant aussi qu'il est important de coordonner avec le système actuel de l'administration, les principes consacrés par les lois en matière de contributions;

Le conseil d'état entendu,

ARRÊTENT :

§. I.er

Dispositions générales.

ART. I.er Les contributions directes sont payables à raison d'un douzième par mois.

II. Il y aura pour leur recouvrement un percepteur par chaque ville, bourg et village ayant son rôle particulier.

III — X. (Ces articles sont relatifs à l'adjudication de la perception ; d'après la loi du 3 frimaire an VII, art. 125 et suivans, la perception pour chaque commune devait être mise, par l'administration municipale, à l'adjudication au rabais, et donnée par elle, à celui qui demanderait la remise la plus faible, laquelle ne pouvait excéder cinq centimes par franc. A défaut d'adjudicataire, l'administration municipale nommait d'office un percepteur ; mais ce mode de perception a été changé par la loi du 5 ventôse an XII, insérée ci-après.)

XI. S'il se trouve un déficit dans la caisse d'un percepteur dont l'insolvabilité soit constatée par la discussion de ses biens et de ceux de son cautionnement, et que le receveur particulier, le maire et les membres du conseil municipal aient satisfait, chacun en ce qui le concerne, aux dispositions ci-dessus, la somme manquante restera à la charge de la communauté, et sera réimposée sur les rôles de la même année (1).

---

(1) Ce mode de couvrir le déficit par une réimposition a cessé par l'établissement des percepteurs à vie, conformément à la loi du 5 ventôse an XII. Voyez ci-après le décret impérial du 20 juillet 1808.

Le sous-préfet est chargé de l'exécution du présent article.

XII. (Cet article est relatif à l'adjudication de la perception.

XIII. Les rôles de contributions directes seront rendus exécutoires par le préfet, dans la décade, à compter de leur réception; il les remettra ensuite au directeur des contributions, qui les fera passer, par les contrôleurs, aux maires ou adjoints, avant le 1.er vendémiaire de chaque année (1).

XIV. Dans les cinq jours qui suivront la réception des rôles, les maires ou adjoints les feront publier, et les remettront au percepteur, qui en donnera sa reconnaissance au bas du procès-verbal (2).

XV. Le percepteur ne pourra rien exiger des contribuables, qu'il ne soit porteur d'un rôle rendu exécutoire et publié.

XVI. Il émargera sur le rôle, en présence du contribuable, la somme qu'il recevra: il croisera les articles entièrement soldés; et s'il en est requis par le contribuable, il lui en donnera quittance sur papier libre, pour laquelle il ne pourra rien exiger (3).

XVII. Les percepteurs qui n'auront fait aucune poursuite contre les contribuables en retard, pendant trois années consécutives, perdront leur recours et toute action contre eux.

____

(1) Voyez §. 21, page 39-41.
(2) Voyez ibid.
(3) Voyez les art. 140, 141 et 142 de la loi du 3 frim. an VII.

Après ce délai, les maires ou adjoints retireront les rôles, et les déposeront aux archives de l'arrondissement communal (1).

§. II.

Organisation des porteurs de contraintes.

XVIII. A compter de la publication du présent règlement, il sera choisi dans chacun des arrondissemens communaux, des porteurs de contraintes, chargés exclusivement d'exécuter celles qui seront décernées par le receveur particulier pour le paiement des contributions directes.

Les porteurs de contraintes feront seuls les fonctions d'huissier pour les contributions directes.

Ils ne sont pas assujettis au droit de patente.

XIX. Les porteurs de contraintes seront choisis parmi les citoyens de l'arrondissement, sachant lire, écrire, calculer, et ayant une instruction suffisante pour exécuter toutes les opérations relatives à leurs fonctions.

Les invalides et les anciens militaires réunissant ces conditions, et munis de certificats de bonne conduite, seront choisis de préférence.

Aucun des individus attachés au service du préfet, des sous-préfets et des receveurs, ne pourra remplir les fonctions de porteur de contraintes.

---

(1) Voyez les articles 149 et 150 de la loi du 3 frimaire an VII.

XX. Les porteurs de contraintes seront nommés par le sous-préfet sur la présentation du receveur particulier.

Les choix du sous-préfet seront soumis à l'approbation du préfet.

Il sera fait un état triple de cette nomination: le premier, pour être déposé aux archives de la préfecture; le second, à celles de la sous-préfecture; et le troisième, pour être remis au receveur, le tout sans frais.

XXI. Le sous-préfet recevra des porteurs de contraintes la promesse de fidélité à la constitution, prescrite par la loi; il en sera fait mention sur la commission, laquelle ne sera délivrée qu'après avoir été visée par le préfet.

XXII. Les porteurs de contraintes devront être munis de leur commission dans l'exercice de leurs fonctions; ils en feront mention dans leurs actes, et la représenteront lorsqu'ils en seront requis.

XXIII. Le nombre des porteurs de contraintes sera calculé sur la population des communes composant l'arrondissement communal, et il ne pourra pas excéder celui de deux par quinze communes rurales.

Dans les villes et gros bourgs, le nombre des porteurs de contraintes sera calculé proportionnellement à la population de vingt communes rurales.

XXIV. Dans le cas où les porteurs de contraintes seront injuriés, ou s'il leur est fait rebellion, ils se retireront chez le maire ou l'adjoint du lieu, pour en dresser procès-verbal et l'affirmer.

XXV. Les receveurs particuliers seront chargés de surveiller et de faire surveiller la conduite des porteurs de contraintes, de prendre à leur égard tous les renseignemens qui pourront leur être fournis, soit par les percepteurs, soit par les contribuables, et de les adresser, sans délai, au sous-préfet de l'arrondissement.

Celui-ci surveillera lui-même et fera surveiller les porteurs de contraintes par les maires ou adjoints.

Le directeur des contributions directes fera aussi surveiller par les contrôleurs, les porteurs de contraintes ; et il transmettra au sous-préfet les renseignemens qu'il aura recueillis sur la conduite de ceux-ci.

Les contribuables pourront porter directement leurs plaintes au sous-préfet, qui statuera sommairement sur toutes celles qui lui parviendront contre les porteurs de contraintes ; il pourra même les révoquer, sauf, dans tous les cas, le recours au préfet.

XXVI. Si les délits donnent lieu par leur nature, à des poursuites extraordinaires, le préfet adressera les pièces aux juges compétens.

XXVII. Les porteurs de contraintes ne jouiront d'aucun traitement fixe, et ne seront payés qu'autant qu'ils seront employés.

Le prix de leurs journées sera réglé chaque année par le préfet, sur l'avis des sous-préfets, et ne pourra pas excéder deux francs, ni être au-dessous d'un franc.

L'arrêté du préfet, portant cette fixation, sera imprimé et affiché.

XXVIII. Les porteurs de contraintes ne pourront rien prétendre pour les jours qu'ils auront été en route en se rendant dans les lieux où ils doivent être employés, non plus que pour le tems qu'ils y auront passé sans travailler; ils ne pourront, étant en activité de service, exiger du percepteur ni des redevables que le logement, la nourriture et une place au feu commun.

Il leur est expressément défendu de se loger à l'auberge aux frais des redevables, même sur la demande de ceux-ci.

Il leur est également défendu de recevoir, ni des percepteurs, ni des redevables, le prix de leur travail, qui ne devra leur être payé que par le receveur particulier, d'après la taxe qui en aura été faite.

XXIX. Les procès-verbaux et actes des porteurs de contraintes, relatifs à leur séjour chez les percepteurs et chez les redevables, ne seront soumis ni au timbre, ni à l'enregistrement; mais le commandement qui précédera les saisies et ventes, sera assujetti à ces droits.

XXX. Les receveurs particuliers décerneront, dans leurs arrondissemens respectifs, les contraintes contre les percepteurs et les contribuables en retard de se libérer.

Les contraintes seront signées par le receveur particulier, et ne pourront être mises à exécution qu'après avoir été visées par le sous-préfet de l'arrondissement.

Elles seront conformes au modèle annexé au présent règlement, sous le n.º 1.er

§. III.

Contraintes et poursuites à exercer contre les percepteurs.

XXXI. Les porteurs de contraintes vérifieront, à leur arrivée, en présence du maire ou de son adjoint, la situation du percepteur, d'après les sommes qu'il aura reçues, et les quittances que le receveur lui aura délivrées.

XXXII. Les porteurs de contraintes s'établiront à domicile réel chez le percepteur, et à ses frais, sans répétition contre les redevables, et avant de pouvoir exercer contre eux aucune contrainte ni poursuite, dans les cas suivans :

1.º Si, sur les informations que prendront d'abord les porteurs de contraintes, les maires ou adjoints leur attestent, par écrit, que le percepteur n'a pas fait toutes les diligences auxquelles il est obligé pour dispenser le receveur de poursuivre les redevables ;

2.º Si le percepteur a recouvré et conservé entre

ses mains le tiers de la somme exigée par la dernière contrainte ;

3.° Si le percepteur a commis un divertissement de deniers, constaté par un procès-verbal des porteurs de contraintes, affirmé devant le maire ou son adjoint.

XXXIII. Aussitôt que le receveur particulier aura été informé d'un divertissement de deniers, il fera faire à l'instant toutes les saisies et actes conservatoires.

Il pourra, en outre, décerner une contrainte par corps contre le percepteur, laquelle ne pourra néanmoins être mise à exécution qu'avec le *visa* du juge de paix.

XXXIV. Le receveur particulier enverra aussi le procès-verbal et les pièces à l'appui au sous-préfet, qui ordonnera au maire ou à son adjoint, de procéder sans retard, sous peine de responsabilité, à une nouvelle adjudication de ce qui restera à recouvrer sur les rôles ; en conséquence, le receveur particulier fera remettre, dans le jour, s'il est possible, au maire ou à son adjoint, les rôles avec l'état des sommes à recouvrer.

A défaut d'adjudicataire, le conseil municipal nommera d'office un percepteur (1).

XXXV. Si, dans les cinq jours suivans, la somme divertie n'est pas remplacée, le receveur particulier fera procéder à la vente des meubles et effets du

---

(1) L'adjudication de la perception n'a plus lieu : le préfet nomme un percepteur provisoire qui fera la recette jusqu'à l'installation d'un percepteur nommé par Sa Majesté, conformément à la loi du 5 ventôse an XII, insérée ci-après.

percepteur, même à l'expropriation forcée de ses immeubles, par-devant les juges compétens, jusqu'à concurrence de ladite somme; et en cas d'insuffisance, il sera procédé par les mêmes voies sur le cautionnement (1).

XXXVI. Les mesures prescrites par les articles qui précèdent, n'empêcheront pas les poursuites extraordinaires auxquelles le divertissement de deniers pourrait donner lieu.

XXXVII. Tous les frais faits à l'occasion d'un divertissement de deniers, seront à la charge des percepteurs, et seront réglés par les sous-préfets, sauf le recours au préfet, à l'exception des frais faits devant les tribunaux, lesquels seront réglés en la forme ordinaire.

XXXVIII. Les maires ou adjoints vérifieront, toutes les décades, les rôles du percepteur.

Ils dresseront, chaque mois, un procès-verbal de leurs vérifications, conformément au modèle annexé au présent sous le N.º 2, et l'enverront au sous-préfet.

XXXIX. Les porteurs de contraintes ne pourront rester plus de cinq jours consécutifs chez le même percepteur.

§. IV.

Contraintes et poursuites à exercer contre les redevables.

XL. Les porteurs d'une contrainte la présente-

---

(1) Les percepteurs n'ont plus de caution à fournir; ils doivent fournir un cautionnement en numéraire. Voyez ci-après l'art. 12 de la loi du 5 ventôse an XII.

ront, à leur arrivée, au maire ou à son adjoint, et en demanderont la publication.

XLI. Après que les porteurs de contraintes auront vérifié que le percepteur ne se trouve pas dans le cas prévu par l'article XXXII, ils feront sur le rôle le relevé des contribuables en retard, les porteront sur un bulletin, et distribueront à chacun des redevables un avertissement sur papier non timbré, conforme au modèle annexé au présent règlement sous le N.º 3.

Il ne sera payé que cinq centimes pour chaque avertissement, par le redevable qui l'aura reçu.

Les porteurs de contraintes passeront successivement dans les autres communes comprises dans la contrainte, pour y faire la même opération.

XLII. Le percepteur, à la première réquisition faite en présence du maire ou de son adjoint, indiquera aux porteurs de contraintes la demeure et les facultés connues des redevables. En cas de refus de la part du percepteur, les porteurs de contraintes s'établiront à domicile réel chez celui-ci, à ses frais, et sans répétition contre les redevables.

XLIII. Quand les porteurs de contraintes auront distribué leurs avertissemens dans toutes les communes qui y seront désignées, ils viendront en rendre compte au receveur particulier, lui présenteront de nouveau la contrainte à viser, et partiront ensuite pour séjourner chez les redevables qui n'auront pas satisfait à l'avertissement.

XLIV. Les porteurs d'une contrainte ne pourront

séjourner plus de dix jours dans la même commune, et plus de deux jours chez un redevable.

Ils s'établiront d'abord à domicile chez le p us fort contribuable en retard, et successivement chez les autres, toujours en continuant par le plus fort.

Les porteurs de contraintes ne pourront pas s'établir à domicile chez les redevables qui payeront moins de quarante francs de contributions directes (1).

Les frais de séjour des porteurs de contraintes seront répartis sur tous les redevables de la commune, en proportion de leurs débets.

XLV. Après les dix jours fixés par l'article précédent, le bulletin conforme au modèle annexé au présent règlement sous le N.° 4, sera rempli et fait double : il sera signé par les porteurs de contraintes, et certifié par les maires ou adjoints ; il sera ensuite remis cacheté au percepteur, qui le portera au receveur particulier, avec les sommes que le séjour des porteurs de contraintes lui aura procurées.

XLVI. A mesure que les bulletins parviendront au receveur particulier, il les adressera au sous-préfet pour en régler la taxe, qui se fera sans frais, et ne pourra jamais excéder le huitième de la somme due.

XLVII. Le sous-préfet renverra, sans retard, les bulletins taxés, au receveur particulier, qui en gardera un double, et remettra l'autre, quittancé de lui, au percepteur, après lui en avoir retenu le montant,

____

(1) C'est-à-dire, de contributions foncière, mobilière et personnelle réunies, y compris les centimes additionnels.

dont celui-ci se remboursera sur les redevables, en leur donnant quittance.

XLVIII. Le receveur particulier payera sur le bulletin taxé, resté entre ses mains, les salaires des porteurs de contraintes, qui lui en donneront quittance.

XLIX. A la fin de chaque année, le receveur particulier rendra au sous-préfet un compte général des frais établis en recette et dépense par les quittances des porteurs de contraintes.

L. Les porteurs de contraintes ne pourront, dans aucun cas ni sous aucun prétexte, recevoir aucune somme des percepteurs ni des contribuables pour les porter au receveur particulier, à peine de destitution, et de restitution des sommes reçues.

Il est défendu aux percepteurs et aux redevables de leur en confier, à peine de payer deux fois.

LI. Après les dix jours fixés par l'article XLIV, le percepteur pourra faire procéder par voie de saisie et vente des meubles et effets, même des fruits pendans par racines, contre les contribuables qui n'auront pas acquitté leurs contributions échues.

LII Ne pourront être saisis pour contributions arriérées et pour frais faits à ce sujet, les lits, vêtemens nécessaires au contribuable et à sa famille, les chevaux, mulets et bêtes de trait servant au labour, les harnais et instrumens aratoires, ni les outils et métiers à travailler.

Il sera laissé au contribuable en retard, une vache à lait, à défaut de vache, une chèvre, ainsi que la quantité de grains ou graines nécessaire à l'ensemencement ordinaire des terres qu'il exploite.

Les abeilles, les vers à soie, les feuilles de mûrier ne seront saisissables que dans les tems déterminés par les lois sur les biens et usages ruraux.

Les porteurs de contraintes qui contreviendront à ces dispositions, seront condamnés à cent francs d'amende (1).

(1) *Code de procédure civile*, art. 592 : « Ne pourront être saisis, 1.º les objets que la loi déclare immeubles par destination ; 2.º le coucher nécessaire des saisis, ceux de leurs enfans vivant avec eux ; les habits dont les saisis sont vêtus et couverts ; 3.º les livres relatifs à la profession du saisi, jusqu'à la somme de trois cents francs, à son choix ; 4.º les machines et instrumens servant à l'enseignement, pratique ou exercice des sciences et arts, jusqu'à la concurrence de la même somme, et au choix du saisi ; 5.º les équipemens des militaires, suivant l'ordonnance et le grade ; 6.º les outils des artisans, nécessaires à leurs occupations personnelles ; 7.º les farines et menues denrées nécessaires à la consommation du saisi et de sa famille pendant un mois ; 8.º enfin, une vache, ou trois brebis, ou deux chèvres, au choix du saisi, avec les pailles, fourrages et grains nécessaires pour la litière et la nourriture desdits animaux pendant un mois ». — Art. 593. « Lesdits objets ne pourront être saisis pour aucune créance, *même celle de l'État*, si ce n'est pour alimens fournis à la partie saisie, ou sommes dues aux fabricans ou vendeurs desdits objets, ou à celui qui aura prêté pour les acheter, fabriquer ou réparer ; pour fermages et moissons des terres à la culture desquelles ils sont employés ; loyers des manufactures, moulins, pressoirs, usines dont ils dépendent, et loyers des lieux servant à l'habitation personnelle du débiteur. — Les objets spécifiés sous le n.º 2 du précédent article ne pourront être saisis pour aucune créance ».

Code Napoléon, art. 524. « Les objets que le propriétaire d'un fonds y a placés pour le service et l'exploitation de ce fonds, sont immeubles par destination. Ainsi, sont immeubles par destination, quand ils ont été placés par le propriétaire pour le service et l'exploitation du fonds,

les animaux attachés à la culture ;

LIII. Les fonctions attribuées aux sous-préfets et aux receveurs particuliers par le présent règlement, seront respectivement exercées par les préfets et receveurs généraux dans l'arrondissement communal du chef-lieu du département.

LIV. Le ministre des finances est chargé de l'exécution du présent arrêté, qui sera imprimé au bulletin des lois.

Le premier Consul, signé BONAPARTE. Par le premier Consul : *le secrétaire d'état*, signé HUGUES B. MARET. *Le ministre des finances*, signé GAUDIN.

---

les ustensiles aratoires ;
les semences données aux fermiers ou colons partiaires ;
les pigeons des colombiers ;
les lapins des garennes ;
les ruches à miel ;
les poissons des étangs ;
les pressoirs, chaudières, alambics, cuves et tonnes ;
les ustensiles nécessaires à l'exploitation des forges, papeteries et autres usines ;
les pailles et engrais.
Sont aussi immeubles par destination, tous effets mobiliers que le propriétaire a attachés au fonds à perpétuelle demeure ». — Art. 525. « Le propriétaire est censé avoir attaché à son fonds des effets mobiliers à perpétuelle demeure, quand ils y sont scellés en plâtre, ou à chaux, ou à ciment, ou lorsqu'ils ne peuvent être détachés sans être fracturés et détériorés, ou sans briser ou détériorer la partie du fonds à laquelle ils sont attachés. — Les glaces d'un appartement sont censées mises à perpétuelle demeure, lorsque le parquet sur lequel elles sont attachées fait corps avec la boiserie. — Il en est de même des tableaux et autres ornemens. — Quant aux statues, elles sont immeubles lorsqu'elles sont placées dans une niche pratiquée exprès pour les recevoir, encore qu'elles puissent être enlevées sans fracture ou détérioration ».

N.º I.er

CONTRAINTE.

———

ARRONDISSEMENT

communal

d

AU NOM DE LA LOI.

CONTRAINTE décernée par le receveur particulier des contributions directes, soussigné, pour l'an   en exécution de l'arrêté du gouvernement du 16 thermidor an VIII, contre les percepteurs et redevables des communes ci-après mentionnées, et délivrée aux sieurs   lesquels porteurs de contraintes seront payés à raison de   par jour, ainsi qu'il a été fixé par arrêté du préfet du département, en date du

Lesquels porteurs de contraintes seront tenus de faire viser la présente contrainte par le sous-préfet de l'arrondissement, avant de la mettre à exécution, à peine de nullité; SAVOIR:

COMMUNES.	SOMMES dues par chacune desd. communes, pour le paiement desquelles la contrainte sera exercée soit sur les percepteurs, soit sur les redevables.	SOMME demandée pendant le séjour que feront les porteurs de contraintes.	OBSERVATIONS faites par le receveur pour la conduite que les porteurs de contraintes doivent tenir dans chaque commune.

Au paiement desquelles sommes seront les percepteurs et redevables des villes, bourgs et autres lieux, poursuivis chacun en droit soi par séjour des porteurs de contraintes, à l'effet de quoi ceux-ci s'établiront à domicile réel chez les percepteurs et redevables arriérés, jusqu'à ce qu'ils aient payé ce qu'ils doivent des contributions sur les termes échus ; sans toutefois que lesdits porteurs de contraintes puissent demeurer plus de deux jours chez chacun desdits redevables, et plus de cinq chez chacun des percepteurs : après lesquels délais les percepteurs et redevables seront poursuivis s'ils ne se sont pas acquittés.

Fait et délivré au bureau de l'arrondissement de recette d   par moi receveur dudit arrondissement, le   an

Vu par moi sous-préfet dudit arrondissement, pour être exécuté selon sa forme et teneur. A   le   an

N.º II.

PROCÈS-VERBAL de la vérification des rôles
du percepteur.

Le   du mois de   l'an
les maire et adjoint de la commune de
se sont transportés chez le percepteur des contributions directes,
et se sont fait représenter, 1.º le rôle de la contribution foncière,
2.º celui de la contribution personnelle, mobilière et somptuaire,
3.º celui de la contribution des portes et fenêtres, et ont reconnu
(Ici constater quelle somme a été recouvrée dans le mois précé-
dent, si les émargemens ont été exactement faits, etc.) Ils se
sont assurés de plus *(Ici énoncer si la somme recouvrée dans*
le mois précédent a été versée au receveur particulier ; et dans
le cas où le versement n'aurait pas eu lieu, enjoindre au per-
cepteur de l'effectuer).

Fait à   lesdits jour et an.

N.º III.

AU NOM DE LA LOI.

JE soussigné, porteur de contraintes pour le recouvre-
ment des contributions directes, signifie au S.^r
de la commune d   que, faute par
lui d'avoir payé, dans un très-court délai, la somme
de   échue des contributions de
l'an   je m'établirai à domicile réel chez lui,
et à ses frais.

A   le

RECETTE PARTICULIÈRE
de l'Arrondissement communal

d

Département

d

BULLETIN des porteurs de
de l'arrêté du

N.º

NOM ET SIGNATURE des porteurs de contraintes.	SOMME portée sur la contrainte.	SOMME trouvée en course, au moment de l'arrivée des porteurs de contraintes.	SOMME rayée pendant le séjour des porteurs de contraintes, et lors de leur départ.

N.ª Les maires et adjoints doivent avoir l'attention de ne signer que le nombre effectif des jours qui auront été employés.	*Nous, maire, adjoint et percepteur de certifions le present état véritable, et que jour* *Fait audit lieu, le*	

NOMS des REDEVABLES.	TOTAL de leurs contributions pour l'an	PAIEMENS faits avant l'arrivée des porteurs de contraintes.	PAIEMENS faits pendant le séjour des porteurs de contraintes.

IV.

contraintes, dressé en exécution

Argent......
Frais........
——————
Total

DATE ET HEURE de l'arrivée des porteurs de contraintes dans la commune pour distribuer les avertissemens; date et heure de leur départ.	DATE ET HEURE de la rentrée des porteurs de contraintes, pour séjourner; date et heure auxquelles ils ont terminé leur séjour.	NOMBRE DES JOURS employés par les porteurs de contraintes

la commune de

les porteurs de contraintes sont restés

an

SOLDE
des
porteurs de contraintes.

RESTANT DU lors du départ des porteurs de contraintes.	FRAIS TAXÉS pour le paiement des porteurs de contraintes.	ÉMARGEMENT du paiement fait au percepteur pour les frais à la charge de chaque redevable.	OBSERVATIONS.

(L'art. 1.er du §. Ier de l'arrêté du 16 thermidor an VIII, rappelant la disposition de l'art. 146 de la loi du 3 frimaire an VII, il s'agissait de savoir, si l'on peut exiger des intérêts des contribuables, pour les sommes dont ils ne s'acquittent point dans les délais prescrits. Voici la lettre qu'a écrite à cet égard Son Excellence le ministre des finances au préfet de Rhin-et-Moselle :

» Paris, le 6 mars 1810.

Vous demandez, Monsieur, par la lettre que vous m'avez fait l'honneur de m'adresser, le 14 décembre dernier, si l'on peut exiger des intérêts des contribuables, pour les sommes dont ils ne s'acquittent point dans les délais prescrits.

Aucune loi n'autorise à prendre cette mesure, et les règlemens existant mettent entre les mains des percepteurs des moyens suffisans pour obtenir la rentrée des contributions par douzièmes.

J'ai l'honneur, Monsieur, de vous saluer. *Le ministre des finances*, signé LE DUC DE GAÈTE ».)

Loi relative au privilége du trésor public pour le recouvrement des contributions directes.

Du 1.er novembre 1808. (B. 213, n.° 3886.)

(Accorder le premier rang au privilége des créances de l'État, qui ont pour origine les contributions directes, ce n'était, à proprement parler, que reconnaître une priorité de droit incontestable. A quel titre, en effet, un créancier ou un prétendant à un héritage réclame-t-il la protection des lois, s'il ne lui donne les moyens de le protéger ? Quels droits pourrait-il exercer , si ces lois étaient sans appui, sans tribunaux , et sans tous ces établissemens de l'ordre social qui leur donnent un libre cours ? Les contributions destinées, par leur nature, au soutien de l'édifice politique, sont donc la première dette de tous les membres de l'État ; et reconnaître une priorité sur elles, ce serait supposer qu'il existe un droit avant la société.

En reconnaissant que les contributions directes doivent jouir du privilége que réclame le trésor public, il était essentiel d'en borner l'exercice, de manière à ce que le droit de la propriété n'en souffrît aucune atteinte. Les contributions sont sans doute nécessaires au maintien de la propriété ; mais ce serait en dénaturer l'objet que de leur donner un privilége sur cette propriété même ; car alors le trésor pourrait les faire vendre, et détruire ainsi ce qui est destiné à conserver. D'ailleurs, les biens que nous possédons n'appartiennent pas à l'État : nous lui devons une portion de leur revenu pour nous assurer la jouissance du reste ; mais le propriétaire est le seul maître de sa propriété : ainsi, le trésor public ne pouvant prétendre pour la contribution foncière qu'à une portion des fruits de la terre, il ne doit exercer ce privilége que sur ces mêmes fruits ; il n'est pas même juste qu'il puisse en cumuler les arrérages, parce qu'il en résulterait un trouble infini dans toutes les transactions ; et d'ailleurs les lois donnant au trésor public tous les moyens de percevoir les contributions directes dans l'année, personne ne doit souffrir de sa négligence. Le privilége ne doit donc pas atteindre les immeubles ; il doit se réduire aux revenus, et doit être encore limité aux fruits de l'année échue et de l'année courante, pour la contribution foncière.

Les meubles et autres effets mobiliers sont le gage des contributions mobilières : ces deux natures de contributions étant essentiellement distinctes entr'elles, la loi doit également distinguer le privilége que le trésor public peut exercer sur les pro—

priétés qui en sont redevables. Il ne faut pas, par exemple, que le fisc puisse exercer sur les fruits de la terre le privilége qu'il a pour les contributions mobilières, et réciproquement. Toutes ces dispositions se trouvent sagement établies dans la loi du 12 novembre.

L'art. 1.er circonscrit, dans de justes limites, le privilége réclamé.

L'art. 3 maintient le trésor public dans la jouissance des autres droits qu'il pourrait avoir à exercer, comme tout autre créancier. L'art. 4 contient une disposition importante : il arrive souvent que des meubles saisis sur un redevable, sont réclamés par un tiers comme sa propriété particulière : alors l'exercice du privilége est suspendu, jusqu'à ce que la réclamation soit jugée. Mais devant quelle autorité doit-elle être portée ? Devant les tribunaux ordinaires, puisqu'elle intéresse la propriété ; mais la loi veut que la contestation soit préalablement soumise par l'une des parties à l'autorité administrative. Cette disposition est également favorable au trésor public et aux particuliers : elle peut prévenir des contestations judiciaires et éviter des frais, et elle ne nuit pas aux droits des intéressés. Elle est, d'ailleurs, conforme à la loi du 5 novembre 1790, que rappelle la loi ; et elle oblige, par conséquent, l'autorité administrative à statuer dans un mois (1).

(*Suit le texte de la loi.*)

NAPOLÉON, par la grâce de Dieu et les constitutions, *Empereur des Français, Roi d'Italie, et Protecteur de la confédération du Rhin*, à tous présens et à venir, *salut.*

---

(1) Rapport de M. de Montesquiou, président de la section de la commission des finances du corps législatif. — Quant à la loi du 5 novembre 1790, voyez, au tome Ier, la section première de la 1.re division du titre II, page 190 — 198.

Le corps législatif a rendu, le 12 novembre 1808, le décret suivant, conformément à la proposition faite au nom de l'Empereur et Roi, et après avoir entendu les orateurs du conseil d'état et le président de la commission des finances du corps législatif, le même jour.

DÉCRET.

Art. I.er Le privilége du trésor public pour le recouvrement des contributions directes, est réglé ainsi qu'il suit, et s'exerce avant tout autre :

1.º Pour la contribution foncière de l'année échue et de l'année courante, sur les récoltes, fruits, loyers et revenus des biens immeubles sujets à la contribution;

2.º Pour l'année échue et l'année courante des contributions mobilière, des portes et fenêtres, des patentes, et toute autre contribution directe et personnelle, sur tous les meubles et autres effets mobiliers appartenant aux redevables, en quelque lieu qu'ils se trouvent.

II. Tous fermiers, locataires, receveurs, économes, notaires, commissaires-priseurs, et autres dépositaires et débiteurs de deniers provenant du chef des redevables, et affectés au privilége du trésor public, seront tenus, sur la demande qui leur en sera faite, de payer, en l'acquit des redevables et sur le montant des fonds qu'ils doivent, ou qui sont en leurs mains, jusqu'à concurrence de tout ou partie des contributions dues par ces derniers. Les quittances des percepteurs pour les sommes légitimement dues leur seront allouées en compte.

III. Le privilége attribué au trésor public pour le recouvrement des contributions directes, ne préjudicie point aux autres droits qu'il pourrait exercer sur les biens des redevables, comme tout autre créancier.

IV. Lorsque, dans le cas de saisie de meubles et autres effets mobiliers pour le paiement des contributions, il s'élevera une demande en revendication de tout ou partie desdits meubles et effets, elle ne pourra être portée devant les tribunaux ordinaires qu'après avoir été soumise, par l'une des parties intéressées, à l'autorité administrative, aux termes de la loi du 5 novembre 1790.

Collationné à l'original, par nous président et secrétaires du corps législatif. Paris, le 12 novembre 1808. *Signé* FONTANES, *président;* L. BASSENCE, P. JUBIÉ, LEMAIRE – DARION, DELAHAYE, *secrétaires.*

Mandons et ordonnons que les présentes, revêtues des sceaux de l'état, insérées au bulletin des lois, soient adressées aux cours, aux tribunaux et aux autorités administratives, pour qu'ils les inscrivent dans leurs registres, les observent et les fassent observer; et notre grand-juge ministre de la justice est chargé d'en surveiller la publication.

Donné le 22 novembre de l'an 1808.

Signé NAPOLÉON.

Vu par nous archi-chancelier de l'Empire,

Signé CAMBACÉRÈS.

Par l'Empereur:

Le grand-juge ministre de la justice,
Signé REGNIER.

Le ministre secrétaire d'état,
Signé HUGUES B. MARET.

Extrait de la loi concernant les finances.
Du 5 ventôse an XII. (B. 345, n.° 3610.)
TITRE IV.
§. II.

Percepteurs des contributions directes.

IX. Tous les percepteurs des contributions directes seront à la nomination du premier consul.

X. Il y aura, autant que possible, un percepteur
par chaque ville, bourg, ou village.

XI. Les préfets pourront néanmoins proposer un
seul percepteur pour plusieurs communes, lorsque
les localités l'exigeront, pourvu que le montant des
rôles des communes réunies n'excède pas vingt
mille francs.

XII. Ces percepteurs seront tenus de fournir,
avant le 1.er vendémiaire prochain, un cautionnement en numéraire du douzième du principal des
rôles des quatre contributions directes réunies dont
la perception leur sera confiée.

XIII. Le cautionnement des percepteurs déjà
nommés dans les bourgs, villes et villages payant
quinze mille francs en contributions et au-dessus,
sera reporté à la proportion réglée par l'article précédent: ce supplément sera versé au trésor public,
avant le 1.er vendémiaire prochain.

XIV. Les fonds provenant de ces cautionnemens
et supplémens de cautionnement, seront versés au
trésor public pour le service de l'an XII, et rétablis

dans la caisse d'amortissement, conformément aux lois des 7 et 27 ventôse an VIII.

XV. Le traitement des nouveaux percepteurs sera fixé par le gouvernement, et ne pourra être au-dessus de cinq centimes par franc du montant des contributions qu'ils seront chargés de percevoir.

XVI. Les intérêts des cautionnemens seront payés chaque année.

Arrêté relatif aux formes à observer pour la mise en jugement des percepteurs des contributions.

Du 10 floréal an X. (B. 188, n.° 1496.)

Les consuls de la république, sur le rapport du ministre des finances ; le conseil d'état entendu,

ARRÊTENT :

ART. I.er Les préfets sont autorisés, après avoir pris l'avis des sous-préfets, à traduire devant les tribunaux, sans recourir à la décision du conseil d'état, les percepteurs des contributions, pour faits relatifs à leurs fonctions.

II. Les ministres des finances et de la justice sont chargés de l'exécution du présent arrêté, qui sera inséré au bulletin des lois.

Le premier consul, signé BONAPARTE. Par le premier consul : *le secrétaire d'état*, signé HUGUES B. MARET. *Le ministre des finances*, signé GAUDIN.

(La loi du 28 pluviôse an III, chap. 3, art. 8, et celle du 2 messidor an VI, art. 10, voulaient que les biens des comptables, saisis pour cause de débet, fussent vendus administrativement et dans la même forme que les domaines nationaux ; mais ces dispositions n'étant rappelées ni dans la loi du 11 brumaire an VII, ni dans le code civil, ni dans le code de procédure, on les regarde comme abrogées ; et l'agent du trésor public doit poursuivre devant les tribunaux l'expropriation forcée de ces biens. C'est ce que décide un avis du conseil d'état du 3 mai 1806, approuvé par l'Empereur le 8 du même mois. Voici dans quels termes il est conçu :

Le conseil d'état, sur le renvoi qui lui a été fait par Sa Majesté d'un rapport du ministre du trésor public, relatif à la question de savoir si les biens des comptables en faillite peuvent être vendus administrativement ; est d'avis que la loi du 28 pluviôse an III, et celle du 2 messidor an VI ont été abrogées par les lois du 11 brumaire an VII, et que le code civil ne contient point d'exception pour la vente des biens des comptables en faillite ; qu'ils ne peuvent par conséquent être vendus que dans les formes prescrites par le code civil.)

Décret impérial du 20 juillet 1808.

NAPOLÉON, *Empereur des Français, Roi d'Italie, Protecteur de la confédération du Rhin, Médiateur de la confédération suisse, etc.;*

Sur le rapport de notre ministre des finances ;

Notre conseil d'état entendu,

Nous *avons décrété* et *décrétons* ce qui suit :

ART. I.er Lorsqu'un percepteur à vie sera en débet, il sera d'abord constaté si les maires et receveur particulier ont exercé, vis-à-vis de ce percepteur, la surveillance prescrite par les règlemens. Dans le cas où cette surveillance aurait été exercée, et où le percepteur ayant été poursuivi dans tous ses biens, incarcéré et traduit devant les tribunaux, il resterait néanmoins, prélèvement fait de son cautionnement en numéraire, un débet envers le trésor, ce débet sera imputé sur le fonds de non-valeurs.

II. Il nous sera fait sur chacune des affaires de ce genre, un rapport particulier.

III. Notre ministre des finances est chargé de l'exécution du présent décret.

Signé NAPOLÉON. Par l'Empereur : *le ministre secrétaire d'état*, signé HUGUES B. MARET. Pour copie conforme : *le comte de l'Empire, ministre des finances*, signé GAUDIN.

Extrait de la loi du 6 septembre — 2 octobre 1791, relative à la perception des contributions foncière et mobilière, et du droit de patentes.

ART. XIV. Un officier municipal ou le procureur de la commune, à ce commis par la municipalité, examinera quand il le jugera à propos, et au moins une fois par mois, les différens rôles dont le percepteur sera porteur, à l'effet de vérifier, 1.º si le recouvrement est en retard, et quelles en sont les causes ; 2.º si les sommes recouvrées sont émargées sur les rôles ; 3.º si les sommes recouvrées dans le mois précédent, et qui doivent être versées dans la caisse du district, l'ont été en totalité ; 4.º si les sommes recouvrées depuis le dernier versement existent dans les mains du percepteur.

XV. L'officier municipal ou le procureur de la commune vérificateur visera toutes les quittances qui seront entre les mains du percepteur, et remettra, dans le délai de trois jours, à la municipalité, l'état de ces quittances certifié de lui et du percepteur, et le bordereau pareillement signé de l'un et de l'autre, du montant des recouvremens faits pendant le mois, et des sommes qui restent à recouvrer.

XXXIII. En cas de faillite d'un percepteur, la municipalité sera tenue de justifier qu'elle a fait exactement les vérifications prescrites, faute de quoi les officiers municipaux seront personnellement responsables du déficit.

(Dans la note qui précède l'avis du conseil d'état du 3 mai 1806, page 179, il était question de l'agent judiciaire du trésor public et des avoués agrégés à l'agence: il est à observer que le avoués agrégés n'ont aucune poursuite à faire pour les débets des percepteurs des communes. Ce n'est pas l'agent judiciaire qui est chargé de ces recouvremens; le soin en est confié aux receveurs particuliers. L'arrêté du gouvernement du 16 thermidor an VIII les autorise à décerner des contraintes, et les charge de faire faire les saisies et les actes conservatoires. Ces contraintes sont suffisantes pour provoquer l'expropriation forcée des biens de ces percepteurs, et les condamnations de l'administration basées sur ces contraintes emportent l'hypothèque de la même manière et aux mêmes conditions que celles de l'autorité judiciaire. L'expropriation forcée des immeubles, et la distribution de leur prix entre les créanciers, sont poursuivies par-devant les tribunaux ordinaires. Par l'art. 33 de l'arrêté du 16 thermidor an VIII, le receveur particulier peut, en outre, décerner une contrainte par corps contre le percepteur en débet, sauf dans ce cas l'accomplissement des dispositions portées par les art. 780, 781, 782, 783 et 784 du code de procédure civile; mais l'État n'est pas tenu de consigner d'avance par le trésor public les alimens des percepteurs détenus, ainsi que ceci est prescrit aux autres créanciers par l'art. 791 du même code. Toutes les mesures que nous venons d'indiquer pour faire remplacer les sommes diverties par les percepteurs, n'empêchent pas les poursuites extraordinaires auxquelles le divertissement de deniers pourrait donner lieu, et les préfets, par l'arrêté du gouvernement inséré ci-dessus, du 10 floréal an X, sont autorisés à traduire devant les tribunaux les percepteurs des contributions, pour faits relatifs à leurs fonctions. Nous allons insérer ici les décisions qui viennent à l'appui de nos observations; les deux avis du conseil d'état des 16 thermidor an XII et 9 février 1808, qui font partie de ces décisions, se trouvent à la suite de l'instruction, approuvée le 1.ᵉʳ mai 1809 par Son Excellence le ministre du trésor public, de l'agent judiciaire du trésor public sur les droits, priviléges et hypothèques du trésor public contre ses comptables et débiteurs, et sur le mode de les exercer.

Avis du conseil d'etat du 16 thermidor an XII.

Le conseil d'etat, après avoir entendu le rapport des sections de législation et des finances, sur le renvoi qui leur a été fait de celui du ministre du trésor public, présentant la question de savoir si le §. 2 de l'art. 3 de la loi du 11 brumaire an VII, sur le régime hypothécaire, et l'art. 2123 du code civil des français, qui accordent l'hypothèque aux condamnations judiciaires, à la charge d'inscription, s'appliquent aux actes émanés de l'autorité administrative;

Considérant que les administrateurs auxquels les lois ont attribué, pour les matières qui y sont désignées, le droit de prononcer des condamnations ou de décerner des contraintes, sont de véritables juges, dont les actes doivent produire les mêmes effets et obtenir la même exécution que ceux des tribunaux ordinaires;

Et que ces actes ne peuvent être l'objet d'aucun litige devant les tribunaux ordinaires, sans troubler l'indépendance de l'autorité administrative, garantie par les constitutions de l'Empire français ;

Est d'avis,

1.º Que les condamnations et les contraintes émanées des administrateurs, dans le cas et pour les matières de leur compétence, emportent l'hypothèque de la même manière et aux mêmes conditions que celles de l'autorité judiciaire ;

2.º Que, conformément aux articles 2157 et 2159 du code civil des français, la radiation non consentie des inscriptions hypothécaires, faites en vertu de condamnations prononcées ou de contraintes décernées par l'autorité administrative, doit être poursuivie devant les tribunaux ordinaires ; mais que, si le fond du droit y est contesté, les parties doivent être renvoyées devant l'autorité administrative.

Avis du conseil d'état du 9 février 1808.

Le conseil d'état, qui, d'après le renvoi ordonné par Sa Majesté, a entendu le rapport des sections de finances et de législation réunies, sur celui du ministre du trésor public, présentant la question de savoir si les contraintes qu'il décerne contre les redevables, celles des receveurs d'arrondissement contre les percepteurs, les arrêtés du conseil de liquidation, les arrêts de la cour des comptes, et en général tous les titres en vertu desquels l'administration du trésor public fait poursuivre le recouvrement des débets des comptables, sont suffisans pour provoquer l'expropriation forcée de leurs biens ;

Vu les articles 2213 et 2215 du code Napoléon ;

Est d'avis,

Que la faculté de se pourvoir au conseil d'état contre les actes administratifs, ne peut suspendre leur exécution provisoire et empêcher toutes saisies de droit; mais que ce ne peut être qu'après le délai de trois mois, fixé pour le pourvoi par le décret réglémentaire du 22 juillet 1806, ou après qu'il aura été statué sur ce pourvoi, qu'on peut faire procéder à l'adjudication définitive par expropriation forcée.

Décret impérial concernant les alimens des débiteurs de l'État détenus en prison.

Du 4 mars 1808. (B. 184, n.º 3176.)

Napoléon etc.; sur le rapport de notre ministre du trésor public, relatif à la question de savoir si les alimens des débiteurs de l'État détenus en prison doivent être consignés d'avance par le trésor public, comme par tout autre créancier, aux termes de l'art. 791 du code de procédure civile;

Considérant que l'État pourvoit, par des fonds généraux, aux dépenses des prisons et la subsistance des prisonniers; qu'il ne peut, par cette raison, être assujetti à des consignations particulières qui rentrent dans ces mêmes dépenses;

Que conséquemment l'art. 791 du code de procédure civile n'est point applicable au trésor public;

Notre conseil d'état entendu,

Nous *avons décrété et décretons* ce qui suit:

Art. I.er Les détenus en prison à la requête de l'agent du trésor public, ou de tout autre fonctionnaire public, pour cause de dette envers l'État, recevront la nourriture comme les prisonniers à la requête du ministère public.

II. Il ne sera fait aucune consignation particulière pour la nourriture desdits détenus; la dépense en sera comprise, chaque année, au nombre de celles du département de l'intérieur pour le service des prisons.

III. Nos ministres, chacun en ce qui le concerne, sont chargés de l'exécution du présent décret. —)

(Au §. 21, page 39 et 40, il est question des rôles qui doivent être rédigés dans chaque département, par les soins du directeur des contributions directes, pour le recouvrement de la contribution foncière dans les communes qui n'ont pas encore des matrices cadastrales; voici la forme d'un rôle de cette nature.

(*Suit le rôle.*)

DÉPARTEMENT DE RHIN-ET-MOSELLE.

ARRONDISSEMENT d

MAIRIE d

COMMUNE d

RÔLE

de la contribution foncière de l'an 1811.

Rôle des sommes qui doivent être payées en l'an 1811 par tous les propriétaires, possesseurs et usufruitiers de domaines, terres, prés, bois de haute futaie, bois taillis, vignes, pacages, étangs, moulins, forges, fourneaux, maisons, et généralement tous autres biens-fonds, sans aucune exception, de quelque nature qu'ils soient, situés dans la commune d

MARC le FRANC de la valeur imposable.

	F.	C.
CONTRIBUTION en principal....................		
Deux centimes additionnels du fonds de non-valeurs...		
17 centimes additionnels des dépenses fixes et variables, administratives et judiciaires....................		
Quatre centimes, soit pour réparations, entretien de bâtimens et supplément de frais de culte, soit pour constructions de canaux, chemins et établissemens publics..........		
Deux centimes pour frais du canal entre l'Escaut et le Rhin........		
Trentième pour les frais de l'arpentage parcellaire................		
TOTAL....................		

CENTIMES additionnels pour les dépenses de la commune.

	F.	C.
Cinq centimes additionnels....................		
Frais de vérification à la charge de la commune, à raison des réclamations en dégrèvement qui ont été reconnues justes		
Réimpositions....................		
TOTAL....................		
Remises du percepteur, à raison de centimes par franc........		
TOTAL GÉNÉRAL de la somme à imposer pour l'an 1811....		

Emargemens.	Valeur imposable.		NOMS, PROFESSIONS ET DEMEURES des propriétaires, possesseurs et usufruitiers.	Montant total des cotes en principal, centimes additionnels, ré-impositions et frais de perception.	
	Fr.	Ct.		Fr.	Ct.
			Article Le s.^r demeurant à payera la somme totale de		
			Article Le s.^r demeurant à payera la somme totale de		
			Article Le s.^r demeurant à payera la somme totale de		

RÉCAPITULATION.

Numéro des pages.	MONTANT de la valeur imposable.		MONTANT des COTES.		Numéro des pages.	MONTANT de la valeur imposable.		MONTANT des COTES.	
	Fr.	C.	Fr.	C.		Fr.	C.	Fr.	C.
					Ci-contre				
					Total général				

VU le rôle de la contribution foncière de la commune d

pour l'an 1811, après avoir procédé à sa vérification, en avons arrêté et arrêtons le montant à la somme totale de

égale à celle fixée par le mandement expédié par le sous-préfet de l'arrondissement de　　　　; plus, au montant des centimes additionnels des dépenses de la commune, des centimes autorisés par des lois particulières, des réimpositions et des frais de perception; pour le recouvrement du présent rôle être fait et le montant versé en totalité, par le percepteur, entre les mains du receveur particulier de l'arrondissement dans les termes prescrits, à l'exception des centimes des dépenses de la commune, montant à la somme de

laquelle restera à la disposition du maire de la commune; des sommes dont la réimposition a été ordonnée, lesquelles seront remises aux contribuables au profit de qui elles sont faites, en commençant par les ordonnances les plus anciennes en date, conformément à l'article *XVI* de l'arrêté du Gouvernement du 24 floréal an *VIII*, et de la somme de

pour les frais de perception qui seront retenus par le percepteur.

Enjoignons à tous les propriétaires, possesseurs et usufruitiers, leurs représentans ou ayans-cause, à quelque titre que ce soit, à tous fermiers, locataires, régisseurs et administrateurs des biens cotisés au présent rôle, d'acquitter les sommes y contenues entre les mains du percepteur, dans les termes prescrits, sous peine d'y être contraints.

Fait et arrêté à Coblentz, le   1810.

Le PRÉFET du Département,

Je soussigné contrôleur des contributions à la résidence d   certifie avoir remis le présent rôle cejourd'hui de l'an 181 au maire d   pour qu'il ait à le publier et le remettre au percepteur, dans le délai fixé.

Je soussigné percepteur de la mairie d reconnais avoir reçu le présent rôle cejourd'hui de l'an à l'effet de le mettre en recouvrement.	Je soussigné maire d certifie que le rôle ci-dessus a été publié dans la commune, le an

Nota. Le contrôleur des contributions devra tenir un registre qui contiendra la mention du jour de la remise du rôle, le nom du maire auquel il l'a remis, et la signature de ce dernier.

Le maire devra en user de même à l'égard du percepteur.

A défaut de cette précaution, lesdits contrôleur et maire seront personnellement responsables de la perte du rôle, et tenus aux frais de son remplacement.

E. Examen et jugement des réclamations en matière de contributions directes.

(Voyez les §§. 12-18, 23 et 24, page 12-46; et au tome 1.ᵉʳ le §. 127, page 160-162.)

Extrait du décret concernant l'organisation judiciaire.

Du 25 août, 2, 6, 7 et 11 septembre 1790.

TIT. XIV.

De la suppression des anciens offices et tribunaux.

ART. I.ᵉʳ Les contribuables qui, en matière de contribution directe, se plaindront du taux de leur cotisation, s'adresseront d'abord au directoire de district, lequel prononcera sur l'avis de la municipalité qui aura fait la répartition. La partie qui se croira lésée, pourra se pourvoir ensuite au directoire du département, qui décidera en dernier ressort, sur simples mémoires et sans forme de procédure, sur la décision du directoire de district. Tous avis et décisions en cette matière seront motivés.

Loi qui supprime les agences des contributions directes, et ordonne l'établissement de directions.

Du 3 frimaire an VIII.

(Voyez l'article 5 de cette loi ci-dessus, page 152.)

Loi du 28 pluviôse an VIII, concernant l'administration.

(Voyez l'art. 4 de cette loi, au tome 1.ᵉʳ, page 106.)

Extrait de la loi sur les réclamations en matière de contribution foncière.

Du 2 messidor an VII. (B. 292, n.° 3105.)

Tit. I.er *Dispositions générales.*

Art. I.er Toute propriété foncière doit être imposée sous le nom du propriétaire actuel.

II. Toute propriété foncière doit être imposée dans la commune où elle est située.

IV. Tout contribuable surtaxé comparativement aux autres contribuables, a droit de demander le rappel à l'égalité proportionnelle, sauf les exceptions à cet égard, déterminées par la loi pour l'encouragement de l'agriculture ou pour l'intérêt général de la société.

Tit. II. *Des demandes en mutation de cote.*

VII. S'il y a contestation sur le droit à la propriété, les administrations renverront devant les tribunaux civils, et ajourneront la décision sur la demande en mutation de cote jusqu'après jugement définitif sur le droit des parties à la propriété.

Tit. III. *Des demandes en suppression de double emploi, et radiation de cote.*

VIII. Tout contribuable imposé plusieurs fois pour les mêmes biens, dans la même commune, se pourvoira devant l'administration, qui, après vérification, prononcera la suppression des doubles emplois, et le rejet sur toutes les propriétés de la commune.

XI. Tout contribuable imposé dans un département pour des biens situés dans un autre, s'adressera à l'administration du département dans lequel il se croira imposé mal-à-propos; et celle-ci, après vérification, prononcera selon qu'il y aura lieu.

S'il y a réclamation contre la décision, cette réclamation sera jugée (par Sa Majesté en conseil d'état).

Tit. IV. *Des demandes en réduction de contribution foncière.*

CHAPITRE II.

XVII. Cette demande (en réduction de cote de contribution foncière) ne sera admise qu'autant qu'elle se trouvera formée dans les trois mois de la publication du rôle de l'année, et que le réclamant justifiera avoir payé les termes de sa cote de contribution, échus au jour de la demande, tant en principal qu'en centimes additionnels.

XVIII. Tout demandeur en réduction sera tenu de joindre à son mémoire, 1.º un extrait de la matrice du rôle, contenant, par sections et numéros, le détail de tous les biens-fonds qui lui appartiennent dans la commune, et l'évaluation de leur revenu net, portée dans ladite matrice; 2.º une déclaration du revenu net auquel il évaluera lui-même chaque article de ses biens-fonds.

Tit. VI. *Des demandes en rappel à l'égalité proportionnelle.*

CHAPITRE I.er

XCVII. Tout demandeur en rappel à l'égalité proportionnelle, sera tenu, s'il s'agit d'inégalité de cotes, de joindre à son mémoire, 1.º un extrait de la matrice du rôle contenant sa cote et chacune de celles auxquelles il entendra la comparer, avec les évaluations respectives; 2.º une déclaration détaillée sur chacune de ces cotes, en commençant par la sienne, de la somme à laquelle il prétendra que doit en être porté le revenu imposable, pour qu'il y ait égalité proportionnelle entr'elles; 3.º la quittance des termes échus de sa contribution foncière.

XCVIII. S'il s'agit d'inégalité entre les fonds de terre, d'une part, et les maisons et usines, de l'autre, le demandeur joindra à son mémoire, 1.º un relevé de la matrice du rôle, portant que, d'après ladite matrice, le total du revenu imposable des fonds de terre de toute nature est de la somme de ....; le total du revenu imposable des maisons et usines, de la somme de ....; 2.º une déclaration de la somme à laquelle il prétendra que doivent être portées respectivement, pour qu'il y ait égalité proportionnelle, l'évaluation du revenu imposable de tous les fonds de terre, et l'évaluation du revenu imposable de toutes les maisons et usines; 3.º la

quittance des termes échus de sa cote de contribution foncière.

(Le gouvernement a cru devoir réunir les principes généraux consacrés par la loi du 2 messidor an VII, relative aux
réclamations en matière de contribution foncière, et celle du 3
nivôse an VII, relative aux réclamations sur la contribution
personnelle et mobilière, et les adapter aux formes nécessitées
par l'établissement des préfectures et des directions. Tel est le
but de l'arrêté qui suit :)

Arrêté relatif aux réclamations en matière de contributions directes.

Du 24 floréal an VIII. (B. 25, n.° 170.)

Les consuls de la république, sur le rapport du
ministre des finances ; le conseil d'état entendu ;

Vu la loi du 2 messidor an VII, relative aux
réclamations en matière de contribution foncière ;

La loi du 3 nivôse an VII, relative aux réclamations sur la contribution personnelle, mobilière
et somptuaire ;

La loi du 28 pluviôse an VIII, concernant la
nouvelle organisation administrative ;

La loi du 3 frimaire an VIII, qui a établi les
directions des contributions directes ;

Considérant que tous les rôles de l'an VIII étant
en recouvrement, il est urgent de donner aux contribuables surtaxés, ou taxés mal-à-propos, les
moyens d'obtenir une justice prompte et facile, et
qu'il suffit, à cet effet, d'adapter les principes posés

dans les lois des 2 messidor et 3 nivôse an VII, aux formes nécessitées par l'établissement des préfectures et des directions;

Arrêtent les dispositions suivantes :

TITRE I.er

Décharges et Réductions.

Contribution foncière.

Art. I.er Tout citoyen imposé, dans une commune, pour un bien situé dans une autre, remettra sa pétition au sous-préfet, qui la renverra au contrôleur de l'arrondissement, lequel vérifiera le fait et donnera son avis.

Le sous-préfet, après avoir donné aussi son avis, fera passer les pièces au préfet, qui les communiquera au directeur des contributions. Celui-ci remettra son avis au préfet ; et le conseil de préfecture prononcera, s'il y a lieu, la décharge, dont le montant sera réimposé sur toutes les autres propriétés de la commune où le réclamant aura été mal-à-propos imposé.

II. Lorsqu'une propriété aura été cotisée sous un autre nom que celui du véritable propriétaire, les mêmes formes seront observées, et le conseil de préfecture statuera sur la mutation de cote.

III. Lorsqu'un contribuable se croira taxé dans une proportion plus forte qu'un ou plusieurs autres propriétaires de la commune où sont situés ses biens, il se pourvoira devant le sous-préfet de l'arrondissement; il joindra à sa réclamation une déclaration de ses propriétés et de leurs revenus.

IV. Le sous-préfet enverra la réclamation au contrôleur: ce dernier prendra l'avis des répartiteurs de la commune, lesquels le donneront dans la décade. S'ils conviennent de la justice de la réclamation, il en dressera un procès-verbal, qu'il fera passer au sous-préfet: celui-ci, après avoir donné son avis, enverra le tout au préfet, qui prendra l'avis du directeur, et le conseil de préfecture prononcera la réduction de la cote. Le montant de la réduction sera réimposé sur les autres propriétaires.

V. Si les répartiteurs ne conviennent pas de la surtaxe, deux experts seront nommés, l'un par le sous-préfet, et l'autre par le réclamant. Les experts se rendront sur les lieux avec le contrôleur; et en présence de deux répartiteurs et du réclamant ou de son fondé de pouvoir, ils vérifieront les revenus, objet de la cote du réclamant, et des autres cotes prises ou indiquées par le réclamant pour comparaison dans le rôle de la contribution foncière de la même commune.

VI. Le contrôleur rédigera un procès-verbal des dires des experts, et y joindra son avis.

Le sous-préfet, après avoir donné lui-même son avis, enverra le tout au préfet.

S'il en résulte que les cotes prises pour comparaison sont dans une proportion plus faible que celle du réclamant, le conseil de préfecture, toujours sur l'avis du directeur des contributions, prononcera la réduction, à raison du taux commun des autres cotes.

Le montant de cette réduction sera réimposé sur les autres contribuables de la commune.

Contribution personnelle.

VII. Tout citoyen qui aura été taxé à la contribution personnelle dans une commune où il n'a point de domicile, se pourvoira devant le sous-préfet. La marche réglée par l'article I.er, sera suivie; et sur l'avis du directeur des contributions, le conseil de préfecture prononcera la décharge, dont le montant sera réimposé sur tous les autres habitans.

VIII. Lorsqu'un citoyen se croira surtaxé à raison de ses facultés, il se pourvoira devant le sous-préfet; il joindra à sa réclamation, une déclaration de ses facultés.

IX. La marche tracée ci-dessus pour la contribution foncière, sera également suivie dans l'instruction de l'affaire; et si les répartiteurs de la commune conviennent de la justice de la réclamation, le conseil de préfecture prononcera la réduction de la cote, dont le montant sera réimposé sur les autres contribuables de la commune.

X. Si les répartiteurs ne conviennent pas de la surtaxe, le sous-préfet nommera deux commissaires qui se rendront sur les lieux avec le contrôleur de l'arrondissement ; et en présence de deux répartiteurs et du réclamant ou de son fondé de pouvoir, ils vérifieront les faits, s'il s'agit d'objets compris mal-à-propos dans les facultés du réclamant.

XI. Si le contribuable ne conteste pas les objets compris dans l'évaluation de ses facultés, mais qu'il croie cette évaluation trop forte comparativement à celles des autres contribuables, le contrôleur et les deux commissaires vérifieront les évaluations servant de base à la cote du réclamant, et celles des autres cotes prises ou indiquées par celui-ci pour comparaison dans le rôle de la contribution personnelle de la même année.

XII. Le contrôleur rédigera son procès-verbal, et le remettra au sous-préfet, qui le fera passer, avec son avis, au préfet. S'il en résulte qu'il y a surtaxe, le conseil de préfecture, sur l'avis du directeur des contributions, prononcera la réduction, dont le montant sera réimposé sur les autres habitans de la commune.

Dispositions générales.

XIII. La réduction d'une cote en principal, entraînera toujours la réduction proportionnelle des centimes additionnels.

XIV. Le montant de toutes les ordonnances de décharge ou de réduction sera réimposé au profit de ceux qui les auront obtenues, par addition au rôle de l'année suivante.

XV. A cet effet, le directeur des contributions tiendra registre de toutes les décharges ou réductions prononcées, pour que, chaque année, le préfet du département indique aux communes la somme que chacune d'elles aura à réimposer.

XVI. Le percepteur remboursera, sur les deniers de la recette, les contribuables au profit de qui ces réimpositions auront été faites, en commençant par les ordonnances les plus anciennes en date.

XVII. Les frais de vérification et d'experts seront réglés par le préfet, sur l'avis du sous-préfet.

XVIII. Ils seront supportés, savoir,

Par la commune, lorsque la réclamation aura été reconnue juste;

Par le réclamant, lorsque la réclamation aura été rejetée.

XIX. Les frais à la charge de la commune seront imposés sur le rôle de l'année suivante, avec les centimes additionnels, et comme charge locale.

XX. Ceux à la charge des contribuables seront acquittés par eux, en vertu de l'ordonnance du préfet, entre les mains du percepteur.

XXI. Le percepteur fera néanmoins, dans tous

les cas, l'avance de ces frais aux experts , sur le produit des centimes additionnels de la commune.

XXII. Les ordonnances de décharge ou réduction seront rendues par le préfet : elles énonceront les motifs de la pétition, l'avis du directeur, et le prononcé du conseil de préfecture.

XXIII. Les ordonnances seront remises au directeur, et par celui-ci au receveur particulier, qui les transmettra au percepteur. Le directeur en préviendra, par une lettre d'avis, la partie intéressée, qui se rendra chez le percepteur pour quittancer l'ordonnance, après en avoir reçu le montant.

TITRE II.

Remises et Modérations.

XXIV. Lorsque, par des événemens extraordinaires, un contribuable aura éprouvé des pertes, il remettra sa pétition au sous-préfet, qui la renverra au contrôleur de l'arrondissement.

XXV. Le contrôleur se transportera sur les lieux, vérifiera, en présence du maire, les faits, et constatera la quotité de la perte, des revenus fonciers ou des facultés mobilières du réclamant, et en dressera un procès-verbal qu'il enverra au sous-préfet : celui-ci le fera parvenir, avec son avis, au préfet, qui prendra l'avis du directeur des contributions.

XXVI. Lorsqu'une commune aura éprouvé des pertes de revenus par des événemens extraordinaires, elle remettra aussi sa pétition au sous-préfet, lequel nommera deux commissaires pour vérifier, en présence du maire, conjointement avec le contrôleur de l'arrondissement, les faits et la quotité des pertes.

XXVII. Le contrôleur dressera un procès-verbal de la vérification, l'enverra au sous-préfet, qui le fera passer, avec son avis, au préfet, lequel prendra l'avis du directeur des contributions.

XXVIII. Le préfet réunira les différentes demandes qui lui auront été faites, dans le cours de l'année, en remises ou modérations; et l'année expirée, il fera entre les contribuables ou les communes dont les réclamations auront été reconnues justes et fondées, la distribution des sommes qu'il pourra accorder, d'après la portion des fonds de non-valeur mise à sa disposition pour cet objet.

Cet état de distribution sera communiqué par le préfet au conseil général du département.

XXIX. Sur les cinq centimes imposés additionnellement aux deux contributions foncière et personnelle, moitié est à la disposition du préfet de chaque département, pour être employée aux remises et modérations, conformément à l'article précédent.

L'autre moitié restera à la disposition du Gouvernement, et est destinée, 1.º à accorder des supplémens de fonds à ceux des départemens auxquels le *maximum* des centimes additionnels ne suffirait pas pour faire face à leur dépense; 2.º à accorder des remises et modérations aux arrondissemens et aux départemens qui éprouveraient des accidens majeurs (1).

XXX. Le ministre des finances est chargé de l'exécution du présent arrêté, qui sera imprimé au bulletin des lois.

En l'absence du premier consul: *le second consul,* signé CAMBACÉRÈS. Par le second consul: *le secrétaire d'état,* signé HUGUES B. MARET. *Le ministre des finances,* signé GAUDIN.

Modèle de décision du conseil de préfecture.
Décision du conseil de préfecture du   an 18

   Le conseil de préfecture,

Vu la pétition présentée le   par
            tendante à

Vu le procès-verbal du contrôleur, en date du
            concluant à ce qu

Vu l'avis du sous-préfet, en date du
adoptant celui du contrôleur

Vu enfin le rapport du directeur des contributions, en date du   par lequel il propose d'accorder l   dit

____

(1) Voyez le §. 16, page 15–17.

Considérant que

Arrête que la cote d   dénommé
portée dans le   rôle   de la contribution   de
l'an   à   est réduite
                                      et qu'en consé-
quence il l   est accordé   de

Arrêté qui annulle deux jugemens rendus par des tribunaux en matière de contributions directes.

Du 12 brumaire an X. (B. 228 , n.° 2110.)

Les consuls de la république, sur le rapport du grand-juge, ministre de la justice, relatif à un conflit d'attribution élevé entre les autorités administrative et judiciaire dans le département du Tarn, en matière de contributions ;

Vu le procès-verbal fait le 17 germinal an VIII, à la requête du citoyen *Ricons*, percepteur des contributions directes de la commune de la Guépie, pour l'exercice de l'an VII, de saisie des meubles et effets du citoyen *Cestan* fils, faute par lui d'avoir satisfait au paiement des contributions assises sur un moulin à eau à lui appartenant ;

Le jugement du tribunal civil du département du Tarn, séant à Alby, du 17 floréal an VIII, qui casse la saisie et condamne le percepteur aux dépens ;

Autre saisie faite le 15 prairial an VIII, à la requête du citoyen *Ricons*, sur le même *Cestan* fils, pour les mêmes causes;

Le jugement du 11 thermidor an VIII, rendu par le tribunal de l'arrondissement de Gaillac, qui, sans avoir égard au déclinatoire proposé par le percepteur, annulle ladite saisie, condamne le percepteur en cent francs de dommages-intérêts;

Le jugement rendu sur appel et par défaut contre *Ricons*, par le tribunal civil de la Haute-Garonne, du 16 fructidor an VIII, qui déboute *Cestan* fils de l'appel par lui interjeté du jugement du 17 floréal an VIII, en ce qu'il ne lui accordait point de dommages-intérêts;

L'arrêté pris le 22 thermidor an VIII par le préfet du département du Tarn, qui autorise le percepteur à poursuivre par les voies de droit, en vertu de son rôle, les citoyens *Cestan* père et fils;

Le jugement rendu le 13 fructidor an IX, par le tribunal d'appel séant à Toulouse, qui renvoie les parties à se pourvoir en règlement de juges;

L'arrêté pris le 19 germinal an X par le préfet du Tarn, qui établit le conflit;

Vu les lois des 1.er décembre 1790, 17 brumaire an V, 22 brumaire an VI, 3 frimaire an VII, 28 pluviôse an VIII, l'arrêté des consuls du 16 thermidor an VIII;

Considérant que, d'après toutes les lois de la matière, la surveillance de la perception des contributions, et le contentieux relativement au recouvrement entre le contribuable et le percepteur, sont attribués à l'autorité administrative;

Le conseil d'état entendu,

ARRÊTENT ce qui suit:

ART. Ier Les jugemens rendus par le tribunal civil du Tarn, séant à Alby, le 17 floréal an VIII, et par le tribunal de l'arrondissement de Gaillac, le 11 thermidor an VIII, entre *Ricons*, d'une part, et *Cestan* fils, d'autre part, ensemble tout ce qui peut s'en être suivi, sont considérés comme non avenus.

II. Les arrêtés pris par le préfet du Tarn les 22 thermidor an VIII et 19 germinal an X, seront exécutés.

III. Le grand-juge, ministre de la justice, et le ministre des finances, sont, chacun en ce qui le concerne, chargés de l'exécution du présent arrêté, qui sera inséré au bulletin des lois.

En l'absence du premier consul: *le second consul,* signé CAMBACÉRÈS. Par le second consul: *le secrétaire d'état,* signé HUGUES B. MARET. *Le grand-juge, ministre de la justice,* signé REGNIER.

Décret impérial du 23 avril 1807.

NAPOLÉON, *Empereur des Français et Roi d'Italie;*

Sur le rapport de notre grand-juge ministre de la justice, tendant à annuller le conflit élevé par le préfet de la Stura, à l'occasion d'un jugement du tribunal de première instance d'Alba, qui déclare nul l'exercice de la contrainte décernée contre le sieur Scaparone, percepteur des contributions à Priocca, et ordonne en conséquence l'élargissement de ce percepteur;

Vu ledit jugement, la lettre du receveur général au préfet pour le lui dénoncer, l'arrêté du préfet qui élève le conflit;

Enfin, la lettre du ministre du trésor public au grand-juge, en date du 21 janvier 1807, laquelle soutient la légitimité du conflit;

Considérant que le tribunal n'a point prononcé sur la validité de la contrainte et des motifs qui l'avaient fait décerner, mais seulement sur la manière dont elle avait été exercée, et sur l'accomplissement des formalités prescrites par les art. 6, 9 et 10 de la loi du 15 germinal an VI;

Considérant que la loi du 15 germinal an VI, en réglant les formes selon lesquelles les contraintes devaient être exercées, a laissé les tribunaux juges de leur observation; et que l'arrêté des consuls du 16 thermidor an VIII, lequel s'applique plus particulièrement à l'espèce, n'a en rien dérogé à ces dispositions;

Vu l'avis de notre commission du contentieux;

Notre conseil d'état entendu,

Nous *avons décrété* et *décrétons* ce qui suit:

ART. I.er Le conflit élevé par le préfet de la Stura, est annullé.

II. Notre grand-juge ministre de la justice est chargé de l'exécution du présent décret.

CONTRIBUTION PERSONNELLE ET MOBILIÈRE.

(Voyez le §. 25, page 46-49.)

Extrait de la loi sur la répartition des contribu-
tions personnelle, mobilière et somptuaire.

Du 3 nivôse an VII. (B. 250, n.º 2269.)

ART. I.er La contribution personnelle, mobilière et somptuaire, fixée par la loi du 26 fructidor dernier, pour l'an VII, à 30 millions, sera perçue, 1.º en contribution personnelle; 2.º en contribution mobilière; 3.º en taxe somptuaire; 4.º en contributions par retenue du vingtième sur les salaires et traitemens publics (1).

(Les art. 2-5 sont relatifs à la répartition du montant des contributions personnelle, mobilière, somptuaire et celle par retenue entre les départemens; et ceux 6-16 sont relatifs à l'assiette de la contribution somptuaire supprimée par la loi du 24 avril 1806.)

---

(1) La taxe somptuaire a cessé à partir de 1807, et la retenue du vingtième sur les salaires et traitemens n'a plus lieu: les fonctionnaires et employés acquittent les contributions personnelle et mobilière.

Extrait de la loi sur le mode d'assiette, de perception et de dégrèvement de la contribution personnelle et mobilière.

Du 3 nivôse an VII. (B. 250, n.° 2270.)

Agens de la répartition.

A**RT**. Ier Les administrations centrales et municipales, et les répartiteurs, chargés, en exécution du titre II de la loi du 3 frimaire dernier, de la répartition de la contribution foncière, sont pareillement chargés, chacun en ce qui le concerne, d'opérer la répartition de la contribution personnelle, mobilière et somptuaire (1).

II-XVI. (Ces articles sont relatifs aux opérations des ci-devant administrations centrales et de canton.)

Opérations dans les communes.

XVII. Dans les cinq jours qui suivront la publication de la présente loi, tout citoyen sera tenu de faire, par lui-même ou par un fondé de pouvoir, en présence de l'agent municipal ou de l'adjoint de la commune, une déclaration qui indiquera,

1.° Son nom et son prénom;

____

(1) D'après le système d'administration établi par la loi du 28 pluviôse an VIII, les conseils généraux procèdent à la répartition de la contribution personnelle et mobilière, et assignent à chaque arrondissement son contingent: le préfet expédie, à chaque sous-préfet, un mandement qui lui fait connaître le contingent de son arrondissement, et le conseil d'arrondissement s'occupe de la répartition de ce contingent entre les villes, bourgs et villages.

2.º Son domicile ;

3.º La valeur du loyer de son habitation person-nelle ;

4.º Le montant de son traitement, s'il est fonction-naire public, commis ou employé salarié des de-niers publics ;

5.º Le nombre d'hommes ou de femmes qu'il a à ses gages ;

6.º Celui des chevaux, mulets ou voitures de luxe qu'il possède ;

7.º Enfin, s'il est célibataire, marié ou veuf (1).

XVIII. Le jour où le délai prescrit par l'article précédent sera expiré, l'agent de la commune et les répartiteurs se réuniront ; ils procéderont à l'examen des déclarations, suppléeront à celles qui n'auront pas été faites, d'après leurs connaissances locales et les preuves qu'ils pourront se procurer.

XIX. Dans les cinq jours de la réception du man-dement de la contribution personnelle et mobilière de la commune tant en principal qu'en centimes ad-ditionnels, l'agent et les répartiteurs procéderont à l'assiette du contingent de la commune (2).

---

(1) Les n.ºˢ 4, 5 et 6 cessent par la suppression de la taxe somptuaire, et la cessation de la retenue du 20.ᵉ sur les salaires et traitemens.

(2) Cette répartition du troisième degré appartient, d'après le nouveau régime administratif, à sept commissaires répartiteurs, dont le maire et l'adjoint font partie ; la répartition du premier degré appartient aux conseils généraux de département, et celle du 2.ᵉ aux conseils d'arrondissement, comme nous l'avons déjà dit.

XX. La contribution personnelle de trois journées de travail sera établie sur chaque habitant de tout sexe, domicilié dans la commune depuis un an, jouissant de ses droits, et qui ne serait pas réputé indigent.

XXI. La contribution personnelle étant répartie, ce qui pourra rester sur le contingent de la commune, sera réparti en contribution mobilière, au marc le franc de la valeur du loyer d'habitation personnelle de chaque habitant déjà porté à la contribution personnelle (1).

XXII. (Cet article est relatif à la retenue sur les salaires et traitemens.)

XXIII. Les loyers d'habitation des célibataires seront surhaussés de moitié de leur valeur.

XXIV. Seront réputés célibataires les hommes seulement âgés de trente ans, et non mariés ni veufs.

Les femmes, de quelque âge qu'elles soient, ne seront point assujetties aux dispositions concernant les célibataires.

XXV. Dans les loyers d'habitation, on ne comprendra que la partie des bâtimens servant à l'habitation.

XXVI. N'y seront pas compris les magasins, boutiques, auberges, usines et ateliers pour raison desquels les habitans payent patente.

XXVII. Les distractions et surhaussemens ordonnés dans les articles précédens étant opérés, et

_____

(1) Voyez ci-après, à la page 213, l'art. 5 de la loi du 21 ventôse an IX.

                                        14

les loyers d'habitation personnelle dans la commune étant connus, la répartition de la contribution mobilière, prélèvement fait de la personnelle, se fera au marc le franc desdits loyers (1).

XXVIII. Aussitôt que les opérations seront terminées, les rôles de la contribution personnelle et mobilière seront expédiés et mis en recouvrement dans les formes et dans les délais prescrits par la loi.

XXIX. La contribution personnelle et mobilière ne sera payable et exigible qu'au lieu du domicile du contribuable.

XXX – XXXIX. (Ces articles sont relatifs à la taxe somptuaire.)

XL – XLIX. (Ces articles sont relatifs à la retenue sur les salaires, traitemens et remises.)

Décharges et réductions.

L. Lorsqu'un citoyen se croira lésé dans sa cote, ou par double emploi, ou à cause de surtaxe, ou pour toute autre raison, il se pourvoira à son administration (au sous-préfet).

LI. Le pétitionnaire justifiera du paiement provisoire des termes échus de sa cote, s'il se plaint de surtaxe. Il justifiera pareillement du paiement des termes échus de l'une de ses cotes, s'il se plaint de doubles cotes.

LV. Les décharges et réductions qui seront approuvées par l'administration centrale (2), s'opéreront

______

(1) Voyez l'art. 5 cité de la loi du 21 ventôse an IX.
(2) Par le conseil de préfecture.

tant sur le principal que sur les centimes additionnels.

LVI. Le montant des ordonnances de décharge de la contribution personnelle et mobilière, sera réimposé par émargement au rôle, et au marc le franc de la contribution mobilière de la commune du pétitionnaire.

LVIII. Aucune demande en décharge ou réduction ne sera admise après l'expiration des trois mois qui suivront la publication du rôle.

(Voyez ci-dessus, page 193, l'arrêté du 24 floréal an VIII.)

De la perception et recouvrement de la contribution personnelle, mobilière et somptuaire.

LIX. Les dispositions du titre VIII de la loi du 3 frimaire dernier, concernant la perception de la contribution foncière, la surveillance et la vérification des recouvremens, demeurent communes et applicables à la perception des contributions personnelle, mobilière et somptuaire.

LX. L'annonce de la mise en recouvrement du rôle, sera publiée et affichée dans la commune.

(Voyez ci-dessus page 100, l'art. 124 de la loi du 3 frimaire an VII.)

Dispositions générales.

LXI. En cas de négligence constatée de la part des répartiteurs, dans l'assiette et répartition de la contribution personnelle et mobilière, les répartiteurs pourront être poursuivis pour être condamnés à

14 *

faire l'avance du montant des termes échus du rôle qui ne serait pas mis en recouvrement, et les administrations centrales (1) nommeront, aux frais des répartiteurs, des commissaires chargés de faire la répartition à leur lieu et place.

LXII et LXIII. (Ces articles se réfèrent à la contribution de l'an VII.)

LXIV. Les administrations centrales et les commissaires du directoire exécutif près les administrations centrales (2), demeurent chargés d'envoyer au ministre des finances, le tableau détaillé de l'assiette par chaque canton, des contributions personnelle, mobilière, somptuaire, et de la retenue sur les salaires.

LXV. Le nombre des cotes et la somme totale de chacune desdites parties de contribution seront désignés.

LXVI. Le directoire exécutif (3) est chargé d'adresser aux administrations centrales et à ses commissaires (4), les formules de tableaux détaillés, que les administrations et les commissaires (5) rempliront uniformément, en exécution de ce qui est prescrit aux articles précédens.

LXVIII. Toutes lois ou dispositions de loi contraires à la présente, demeurent abrogées.

LXIX. La présente résolution sera imprimée.

(1) Les préfets.
(2) Les préfets.
(3) Le ministre des finances.
(4) Aux préfets.
(5) Les préfets.

Extrait de la loi portant fixation des contributions mobilière et personnelle pour l'an X.

Du 21 ventôse an IX. (B. 74, n.° 571.)

(Il existait dans l'assiette de la taxe mobilière, un abus qu'avait prévenu l'assemblée constituante, et que des lois postérieures avaient fait renaître. Des citoyens, propriétaires d'habitations dans différentes communes, fixaient leur domicile dans le lieu de l'habitation qui avait le moins de valeur ; et par-là ils obtenaient une taxe bien inférieure à celle qu'ils devaient supporter. L'art. 5 de la loi du 21 ventôse corrige cet abus, et attache la contribution mobilière à l'habitation dont la valeur locative est la plus forte.)

(*Suit la teneur de l'art. 5.*)

ART. V. Nul ne sera taxé à la contribution mobilière qu'au lieu de sa principale habitation; e sera considérée comme habitation principale, celle dont le loyer sera le plus cher. En conséquence, tout citoyen qui aura plusieurs habitations, sera tenu de les déclarer à chacune des municipalités où elles sont situées. Il indiquera celle dans laquelle il doit être imposé, et justifiera, dans les six mois, qu'il a été réellement imposé.

Arrêté relatif aux contributions payables par les officiers d'état-major et autres à résidence fixe.

Du 28 thermidor an X. (B. 208, n.° 1915.)

(Le mode de cotisation des officiers tant de terre que de mer, à la contribution personnelle et mobilière, n'était point déterminé d'une manière assez précise : l'arrêté des consuls du 28 thermidor a pour but de faire cesser les difficultés qui en sont nées.

Les officiers de l'état-major, des divisions et des places, les officiers sans troupes, les commissaires ordonnateurs et ordinaires, les inspecteurs en chef, les inspecteurs et sous-inspecteurs aux revues, les officiers civils tant du département de la guerre que de celui de la marine, doivent être cotisés à la contribution personnelle et mobilière, *au lieu de la résidence où les fixe leur service, et cette cotisation doit être de deux centimes par franc de leur traitement.*

Ce n'est donc plus, pour les officiers ci-dessus dénommés, le loyer *d'habitation* qui servira de base à la cotisation, mais le *traitement.* Par une suite naturelle, la disposition de la loi concernant la *double habitation*, ne leur est pas applicable. Quand bien même ils auraient, dans un autre endroit que celui où les fixe leur service, une habitation occupée par leur famille, ils ne devront pas être cotisés à raison de cette habitation ; ils sont uniquement imposables au lieu de la résidence où les fixe leur service, et ce lieu, toujours bien connu, ne peut plus laisser aucune incertitude. La cotisation doit être, au surplus, tant en principal qu'en centimes additionnels, *de deux centimes* par franc du traitement, et dans le traitement ne doit pas être comprise la somme allouée en représentation de logement.

Quant aux officiers, soit de terre, soit de mer, qui n'ont point de résidence fixe, et n'ont d'habitation que celle de leur garnison, ils ne doivent être cotisés, dans le lieu de la garnison, à aucune des taxes, attendu qu'exposés à des déplacemens fréquens, il y aurait impossibilité de faire effectuer le paiement ; mais si ces mêmes officiers avaient des habitations particulières, soit pour eux, soit pour leur famille, *dans le lieu de la garnison ou dans d'autres endroits*, ils devraient être cotisés, comme les autres citoyens, au rôle de la commune où ces habitations existent (1).

_____

(1) Lettre du ministre des finances aux préfets, du 22 fructidor an X.

(Suit le texte de l'arrêté.)

Les consuls de la république, sur le rapport du ministre des finances; le conseil d'état entendu,

ARRÊTENT:

ART. Ier Les officiers d'état-major des divisions et des places, les officiers sans troupes, les commissaires ordonnateurs et ordinaires, les inspecteurs en chef, les inspecteurs et sous-inspecteurs aux revues, les officiers civils, tant du département de la guerre que de celui de la marine, seront cotisés à la contribution personnelle et mobilière, au lieu de la résidence où les fixe leur service.

Cette cotisation sera de deux centimes pour franc de leur traitement.

II. Tous les citoyens compris en l'article précédent, devront, outre la contribution personnelle et mobilière, la contribution somptuaire, pour les objets qui y sont soumis, s'il en ont d'autres que ceux qui leur sont accordés à raison de leur service, et seront cotisés aux rôles des communes où ces objets existent (1).

III. Les autres officiers, soit de terre, soit de mer, qui n'ont point de résidence fixe, et n'ont d'habitation que celle de leur garnison, ne seront pas compris aux rôles des contributions personnelle, mobilière et somptuaire.

Ceux desdits officiers qui auront des habitations particulières, soit pour eux, soit pour leur famille,

____

(1) La contribution somptuaire est supprimée depuis le 1.er janvier 1807.

seront cotisés, comme les autres citoyens, au rôle de la commune où ces habitations et les objets de luxe se trouveront.

IV. Le ministre des finances est chargé de l'exécution du présent arrêté, qui sera inséré au bulletin des lois.

Le premier consul, signé BONAPARTE. Par le premier consul : *le secrétaire d'état,* signé HUGUES B. MARET. *Le ministre des finances,* signé GAUDIN.

Officiers du génie.

Lettre du ministre des finances aux préfets, du 27 frimaire an XIV.

La question, Monsieur, s'est présentée de savoir si les officiers du génie devaient être considérés comme *officiers sans troupes,* et, comme tels, être assujettis à la contribution de deux centimes par franc de leur traitement. Un avis du conseil d'état, approuvé par Sa Majesté le 10 brumaire dernier, et imprimé à la suite de cette lettre, porte que l'expression d'*officier sans troupes* est applicable à tous les officiers du corps du génie qui ne sont attachés ni aux bataillons de sapeurs, ni aux compagnies de mineurs. Vous voudrez bien donner connaissance de cette décision au conseil de préfecture, et veiller à son exécution.

J'ai l'honneur de vous saluer.

GAUDIN.

(Suit l'avis du conseil d'état.)

Extrait des minutes de la secrétairerie d'état.

Au quartier impérial de Braunau, en Haute-Autriche, le 10 brumaire an XIV.

Extrait du registre des délibérations du conseil d'état, séance du 16 vendémiaire an XIV.

A V I S.

Le conseil d'état, qui, d'après le renvoi de Sa

Majesté l'Empereur et Roi, a entendu les sections de la guerre et des finances, sur un rapport du ministre de ce département, ayant pour objet de faire déterminer, d'une manière précise, le sens des mots *officiers sans troupes*, employés dans l'arrêté du 28 thermidor an X, relatif aux contributions des officiers, et particulièrement à celles des officiers du génie;

Vu l'article 71 de l'arrêté du 26 ventôse, et l'article 7 de celui du 3 fructidor an VIII;

Vu l'article 68 du décret impérial du 25 germinal an XIII, qui s'exprime ainsi :

» Les inspecteurs tiendront des contrôles annuels » pour chaque classe d'officiers sans troupes employés » dans leurs divisions respectives, dans l'ordre ci-» après :

» 1.° Les officiers généraux de l'état-major, les » commandans d'armes, adjudans et secrétaires des » places;

» 2.° Les inspecteurs et sous-inspecteurs aux » revues;

» 3.° Les commissaires ordonnateurs et ordinaires » des guerres et leurs adjoints;

» 4.° Les officiers et employés d'artillerie déta-» chés dans les arsenaux ou places;

» Les officiers et employés du corps du génie, »

Est d'avis que l'expression d'*officiers sans troupes* est applicable à tous les officiers du corps de génie qui ne sont attachés ni aux bataillons de sapeurs, ni aux compagnies de mineurs, attendu que lesdits officiers ont des livrets particuliers, touchent leur solde individuellement, et sont textuellement compris dans l'arrêté précité du 25 germinal an XIII.

Pour extrait conforme:

Le secrétaire général du conseil d'état,
Signé J. G. LOCRÉ.

APPROUVÉ. A Braunau, le 10 brumaire an XIV.
Signé NAPOLÉON.

Par l'Empereur:

Le secrétaire d'état, signé HUGUES B. MARET.

Pour copie conforme:

Le ministre des finances,
Signé GAUDIN.

Retenue sur les officiers tant de terre que de mer, pour le paiement de la contribution personnelle et mobilière.

Décret impérial du 12 juillet 1807.

Extrait des minutes de la secrétairerie d'état.

Au camp impérial de Kœnigsberg, le 12 juillet 1807.

NAPOLÉON, *Empereur des Français, Roi d'Italie;*

Sur le rapport de notre ministre des finances;

Notre conseil d'état entendu,

Nous *avons décrété* et *décrétons* ce qui suit:

ART. I.er A compter de 1808, la contribution personnelle et mobilière des officiers tant de terre que de mer, désignés dans l'arrêté du 28 thermidor an X, ainsi que celle des employés de la guerre et de la marine, dans les garnisons et dans les ports, sera perçue par forme de retenue sur les appointemens.

II. Le directeur des contributions directes dressera des états particuliers, qui présenteront le montant des cotes des officiers et employés ci-dessus, et les remettra aux payeurs, après les avoir fait certifier véritables par le préfet.

III. Les payeurs feront la retenue des cotes sur les appointemens de ces officiers et employés, par douzième, proportionnellement non aux termes échus des contributions, mais à la somme payée sur le traitement. Ils enverront le montant, chaque mois pour le mois précédent, dans la caisse du receveur particulier de l'arrondissement où résidera le payeur.

IV. Le receveur particulier, après s'être chargé en recette du montant de la retenue, tiendra la main à ce que les cotes soient exactement émargées sur les rôles par les percepteurs.

V. Lorsque les officiers et employés changeront de résidence, le payeur donnera avis à celui de l'arrondissement où ces officiers ou employés se transporteront, de la somme qui restera encore à recouvrer sur chacun d'eux. Ce dernier en exercera la retenue dans la proportion établie par l'article 3 du présent décret. Il en versera le produit au receveur général de son département, qui demeurera chargé, sur l'indication du payeur, de transmettre ce produit au receveur général dans le département duquel les officiers ou employés auront été primitivement imposés.

VI. Nos ministres des finances, du trésor public, de la guerre et de la marine, sont chargés, chacun en ce qui le concerne, de l'exécution du présent décret.

Signé NAPOLÉON.

Par l'Empereur:

Le secrétaire d'état, signé HUGUES B. MARET.

Pour copie conforme:

Le ministre des finances, signé GAUDIN.

Lettre du ministre des finances aux préfets, du 28 juin 1808.

La cotisation des militaires à poste fixe, a éprouvé, Monsieur des difficultés qui proviennent de ce que les directeurs des contributions ont compris souvent dans les états qu'ils sont chargés de remettre aux payeurs, des militaires qui n'auraient pas dû y être portés et en ont omis d'autres qui devaient y figurer.

Pour prévenir désormais ces omissions ou fausses indications, le directeur des contributions de votre département devra faire viser les états dont il s'agit par les principaux agens des ministères de la guerre et de la marine, dans les divisions militaires ou arrondissemens maritimes. Vous voudrez bien l'informer de cette disposition et lui recommander de s'y conformer avec exactitude.

J'ai l'honneur, Monsieur, de vous saluer.

Le ministre des finances,

GAUDIN.

Décret impérial qui déclare l'article 1.er de l'arrêté du 28 thermidor an X, relatif à la contribution mobilière des officiers, applicable aux officiers de la gendarmerie nationale.

Du 11 avril 1810. (B. 281, n.° 5345.)

NAPOLÉON, *Empereur des Français, Roi d'Italie, Protecteur de la confédération du Rhin, Médiateur de la confédération suisse;*

Sur le rapport de notre ministre des finances, tendant à faire décider si les appointemens des officiers de la gendarmerie nationale doivent être assujettis à la retenue de deux centimes par franc pour leur contribution personnelle et mobilière;

Vu l'arrêté du 28 thermidor an X;

Le décret du 12 juillet 1807;

La lettre du ministre de la guerre à celui des finances, en date du 24 octobre 1808, ensemble les diverses réclamations des officiers de la gendarmerie;

Considérant que l'article 1.er de l'arrêté du 28 thermidor an X assujettit à la retenue de deux centimes par franc, pour contribution personnelle et mobilière, les officiers de l'état-major des divisions et des places, les officiers sans troupe, les commissaires des guerres, les inspecteurs et sous-inspecteurs aux revues, au lieu de la résidence où les fixe leur service, et que l'article 3 de cet arrêté porte que les officiers, soit de terre, soit de mer, qui n'ont point de résidence fixe et n'ont d'habitation que celle de leur garnison, ne seront pas compris aux rôles des contributions personnelle, mobilière et somptuaire; qu'il est impossible de ne pas ranger dans la première classe les officiers de gendarmerie qui sont moins sujets aux changemens de domicile que les officiers d'état-major des divisions et des places, les commissaires des guerres et les inspecteurs aux revues;

Notre conseil d'état entendu,

Nous *avons décrété* et *décrétons* ce qui suit:

Art. I.er L'article 1.er de l'arrêté du 28 thermidor an X, relatif à la contribution mobilière des officiers, est applicable aux officiers de la gendarmerie nationale, qui seront, en conséquence, imposés à la contribution personnelle et mobilière, à raison de deux centimes par franc de leurs traitemens, dont la retenue leur sera faite conformément au décret du 12 juillet 1807.

II. Nos ministres des finances et de la guerre sont chargés, chacun en ce qui le concerne, de l'exécution du présent décret, qui sera inséré au bulletin des lois.

Signé NAPOLÉON.

Par l'Empereur:
Le ministre secrétaire d'état,
Signé H. B. Duc de Bassano.

(Voici la forme d'un rôle pour la contribution personnelle et mobilière.)

DÉPARTEMENT DE RHIN-ET-MOSELLE.

ARRONDISSEMENT d

MAIRIE d

COMMUNE d

RÔLE

de la contribution personnelle et mobilière de l'an 1811.

RÔLE des sommes qui doivent être payées en l'an 1811 pour la contribution personnelle et mobilière par les habitans de la commune d

MARC le FRANC de la valeur locative.

F. | C.

PRINCIPAL..........
Deux centimes additionnels du fonds de non-valeurs...
17 centimes additionnels des dépenses fixes et variables, administratives et judiciaires..........
Quatre centimes, soit pour réparations, entretien de bâtimens et supplément de frais de culte, soit pour constructions de canaux, chemins et établissemens publics..........
Deux centimes pour frais du canal entre l'Escaut et le Rhin..........

TOTAL..........

CENTIMES additionnels pour les dépenses de la commune.
Cinq centimes additionnels..........
Frais de vérification à la charge de la commune, à raison des réclamations en dégrivement qui ont été reconnues justes

Réimpositions..........

TOTAL..........

Remises du percepteur, à raison de   centimes par franc..........

TOTAL..........

Laquelle somme est répartie ainsi qu'il suit ;

SAVOIR:

Contribution mobilière..........
Contribution personnelle..........

TOTAL..........

Le nombre des contribuables est de..........

Emargemens.	VALEUR locative de l'habitation.		NOMS, PROFESSIONS ET DEMEURES des CONTRIBUABLES.	Montant total des cotes en principal, centimes additionnels, réimpositions et frais de perception.	
	Fr.	Ct.		Fr.	Ct.
			Article Le s.^r payera : Taxe personnelle—— Taxe mobilière———— Revenant en total à la somme de		
			Article Le s.^r payera : Taxe personnelle—— Taxe mobilière———— Revenant en total à la somme de		
			Article Le s.^r payera : Taxe personnelle—— Taxe mobilière———— Revenant en total à la somme de		

RÉCAPITULATION.

N.° des pages.	MONTANT de la valeur locative.	MONTANT DES COTES		TOTAL.	N.° des pages.	MONTANT de la valeur locative.	MONTANT DES COTES		TOTAL
		Personnelle.	Mobilière.				Personnelle.	Mobilière.	
		Fr. C.	Fr. C.	Fr. C.			Fr. C.	Fr. C.	Fr. C.
					Ci-contre				

*V*U le rôle de la contribution personnelle et mobilière de la commune
d pour l'an 1811, après avoir procédé à sa vérification, en avons
arrêté et arrêtons le montant à la somme totale de
égale à celle fixée par le mandement expédié par le sous-préfet de l'arrondissement de ; plus, au montant des centimes additionnels
des dépenses de la commune, des centimes autorisés par des lois particulières, des réimpositions et des frais de perception ; pour le recouvrement du présent rôle être fait et le montant versé en totalité, par le percepteur, entre les mains du receveur particulier de l'arrondissement
dans les termes prescrits, à l'exception des centimes des dépenses de la
commune, montant à la somme de
laquelle restera à la disposition du maire de la commune ; des sommes
dont la réimposition a été ordonnée, lesquelles seront remises aux contribuables au profit de qui elles sont faites, en commençant par les ordonnances les plus anciennes en date, conformément à l'article *XVI* de l'arrêté du Gouvernement du 24 floréal an *VIII*, et de la somme de
pour les frais de perception qui seront retenus par le percepteur.

Enjoignons à tous les contribuables d'acquitter les sommes y conte-
nues entre les mains du percepteur, dans les termes prescrits, sous peine
d'y être contraints.

Fait et arrêté à Coblentz, le   1810.

Le PRÉFET du Département,

Je soussigné   contrôleur des contributions à la résidence
d   certifie avoir remis le présent rôle cejourd'hui
        de l'an 181   au maire d   pour qu'il
ait à le publier et le remettre au percepteur, dans le délai fixé.

Je soussigné percepteur de la mairie d reconnais avoir reçu le présent rôle ce-jourd'hui de l'an à l'effet de le mettre en recou-vrement.	Je soussigné maire d certifie que le rôle ci-dessus a été publié dans la commune, le an

---

Noᴛᴀ. Le contrôleur des contributions devra tenir un registre qui contiendra la mention du jour de la remise du rôle, le nom du maire auquel il l'a remis, et la signature de ce dernier.

Le maire devra en user de même à l'égard du percepteur.

A défaut de cette précaution, lesdits contrôleur et maire seront personnellement responsables de la perte du rôle, et tenus aux frais de son remplacement.

Suppression de la retenue du vingtième sur les traitemens et salaires publics.

La retenue du vingtième exercée en l'an VII et VIII, conformément à l'art. 5 de la première loi du 3 nivôse an VII, sur les contributions personnelle, mobilière et somptuaire, a été supprimée en l'an IX; voici la décision qui renferme cette suppression :

Extrait des registres des délibérations des consuls de la république.

Du 27 vendémiaire an IX. (B. 49 , n.° 361.)

Avis concernant la retenue du vingtième sur les traitemens et salaires publics, donné par le conseil d'etat le 26 ven-démiaire.

Le conseil d'état, vu les lois des 3 nivôse, 27 floréal et 1.er thermidor an VII, 25 frimaire et 25 ventôse an VIII, sur les contributions personnelle, mobilière et somptuaire ;

Considérant que, postérieurement à la loi du 25 frimaire an VIII, les traitemens ont été réduits dans les proportions prescrites par l'économie ;

Que, d'un autre côté, les contributions personnelle, mobilière et somptuaire, sont fixées pour l'an IX, à un quart au-dessous de la fixation de l'an VIII ;

Que, dans cet état, la retenue du vingtième blesserait, au préjudice des salariés publics, les principes d'égalité de répartition des contributions entre tous les citoyens ;

15 *

Est d'avis que la retenue du vingtième sur les traitemens et salaires publics, ne peut avoir lieu pour l'an IX.

Le présent avis sera inséré au bulletin des lois.

Pour extrait conforme : *le secrétaire général du conseil d'état*, signé J. G. LOCRÉ. *APPROUVÉ : le premier consul*, signé BONAPARTE. Par le premier consul : *le secrétaire d'état*, signé HUGUES B. MARET. *Le ministre de la justice*, signé ABRIAL.

Suppression de la taxe somptuaire, à compter du 1.ᵉʳ janvier 1807.

Cette contribution, d'après les dispositions des art. 6 et 7 de la 1.ʳᵉ loi du 3 nivôse an VII, portait sur les domestiques, sur les chevaux, et sur les litières et voitures de luxe. Elle a donné lieu à des recherches fatigantes et à des réclamations multipliées. Pour les chevaux et voitures, les difficultés étaient sans cesse renaissantes ; les préfets, les archevêques et évêques, les commandans des divisions militaires et les officiers généraux ne se croyaient pas cotisables pour les voitures et chevaux qu'ils assurent leur être indispensables pour leurs tournées ou pour leur service. Même réclamation de la part des agens et gardes forestiers et des employés des diverses régies et administrations, qui ne peuvent se passer d'un cheval. Cette taxe ne s'était jamais élevée à plus de 12 à 1,300,000 francs pour tout l'Empire; et déjà elle n'existe plus dans plusieurs villes, où elle s'acquitte sur le produit de l'octroi; ainsi elle se réduisait presqu'à rien : toutes ces considérations ont fait supprimer cette taxe. Elle se trouvera confondue avec la taxe mobilière; ce qui la rend tout-à-fait insensible, et on a fait cesser les nombreux abus et les difficultés auxquelles elle a donné lieu. La suppression de cette taxe a été prononcée par la partie du titre de la loi sur les finances de l'an XIV, qui règle les contributions de 1807 (1).

Extrait de la loi relative au budjet de l'Etat pour l'an XIV et 1806.

Du 24 avril 1806. (B. 88, n.º 1513.)

TITRE X.

Fixation des contributions de 1807.

ART. LXIX. A compter de 1807, il ne sera plus fait de taxes somptuaires.

CONTRIBUTION DES PORTES ET FENÊTRES.
(Voyez le §. 26, page 49 – 52.)

Loi portant établissement d'une contribution sur les portes et fenêtres.

Du 4 frimaire an VII. (B. 242, n.º 2195.)

(Cette loi a établi une contribution sur les portes et fenêtres qui donnent sur les rues, cours et jardins. Ainsi les portes et

---

(1) Compte de l'administration des finances en l'an XIII, rendu à Sa Majesté par Son Excellence le ministre des finances, et publié en 1806, page 78 et 79.

fenêtres extérieures y sont assujetties; celles placées dans l'intérieur des appartemens en sont exemptes. L'art. V exempte les portes et fenêtres servant à éclairer ou aérer les granges, bergeries, étables, greniers, caves et autres locaux qui ne servent pas à l'habitation des hommes, ainsi que toutes les ouvertures du comble ou toiture des maisons habitées. Il en exempte également les portes et fenêtres des bâtimens nationaux servant à un service public. Cependant tout citoyen qui occupera en tout ou en partie un des bâtimens nationaux ci-dessus, et auquel la loi n'accorde point le logement, sera compris dans le rôle à raison des portes et fenêtres qu'il occupe. A ces exceptions près, les portes et fenêtres de toutes les maisons, bâtimens, magasins, hangards, boutiques, manufactures, usines, salles de spectacles, etc., sont assujetties à la taxe. Le rôle ne doit jamais comprendre nommément que le propriétaire de la maison ou l'usufruitier, ou les citoyens logés dans des bâtimens nationaux. Mais le propriétaire ou l'usufruitier qui donne sa maison à loyer à plusieurs locataires, retient la taxe des portes et fenêtres à ses locataires à raison de celles qui sont à l'usage de chacun d'eux; la porte d'entrée, les fenêtres du palier ou de l'escalier, enfin les portes et fenêtres qui n'appartiennent pas plus à un locataire qu'à l'autre, restent à la charge du propriétaire. S'il n'y a qu'un seul locataire occupant toute la maison, toutes les portes et fenêtres étant à son usage, le propriétaire lui retient toute la taxe. S'il y a un principal locataire, le propriétaire lui retient toute la taxe; et le principal locataire, retenant à chacun des sous-locataires sa portion contributive, aura à sa charge les portes et fenêtres d'un usage commun (1).

L'art. XVI et dernier veut que les difficultés soient décidées

______

(1) Instruction du ministre des finances du 12 frimaire an VII.

par les administrations municipales et centrales ; ces dernières fonctions sont aujourd'hui attribuées aux conseils de préfecture, conformément à la loi du 28 pluviôse an VIII concernant l'administration.)

(*Suit la loi.*)

ART. Ier Il y aura pour l'an VII une contribution réglée de la manière suivante :

II. Cette contribution est établie sur les portes et fenêtres donnant sur les rues, cours ou jardins des bâtimens et usines, sur tout le territoire de la république, et dans les proportions ci-après.

III. et IV. (Ces articles établissent les proportions ; à cet égard nous renvoyons au tarif fixé par la loi du 13 floréal an X, insérée ci-après.)

V. Ne sont pas soumises à la contribution établie par la présente, les portes et fenêtres servant à éclairer ou aérer les granges, bergeries, étables, greniers, caves et autres locaux non destinés à l'habitation des hommes, ainsi que toutes les ouvertures du comble ou toiture des maisons habitées.

Ne sont pas également soumises à ladite contribution les portes et fenêtres des bâtimens employés à un service public civil, militaire ou d'instruction, ou aux hospices.

Néanmoins, si lesdits bâtimens sont occupés en partie par des citoyens auxquels la république ne doit point de logement d'après les lois existantes, lesdits citoyens seront soumis à ladite contribution, à concurrence des parties desdits bâtimens qu'ils occuperont.

VI, VII et X. (Ces articles sont relatifs à la formation du rôle et au mode de le rendre exécutoire. Nous renvoyons à cet égard à l'art. 21 de la loi du 13 floréal an X.)

VIII et IX. (Ces articles sont relatifs aux frais du rôle et à la remise du percepteur. Voyez les dispositions des articles 15 et 16 de la loi du 13 floréal an X, et l'art. 15 de la loi du 5 ventôse an XII, page 178.)

XI, XIII et XIV. (Ces articles sont relatifs au mode de recouvrement; voyez les dispositions du §. I.er de l'arrêté des consuls du 16 thermidor an VIII, insérées à la page 154 et 155.)

XII. La contribution des portes et fenêtres sera exigible contre les propriétaires et usufruitiers, fermiers et locataires principaux des maisons, bâtimens et usines, sauf leur recours contre les locataires particuliers pour le remboursement de la somme due à raison des locaux par eux occupés.

XV. Lorsque le même bâtiment sera occupé par le propriétaire, et un ou plusieurs locataires, ou par plusieurs locataires seulement, la contribution des portes et fenêtres d'un usage commun, sera acquittée par les propriétaires ou usufruitiers.

XVI. Les différens qui pourront s'élever sur le paiement de la contribution ci-dessus établie, seront décidés sur simples mémoires et sans frais, par les administrations municipales; en cas de recours, par les administrations centrales, sur le rapport et les conclusions du commissaire du directoire exécutif.

La présente résolution sera imprimée.

(La loi du 18 ventôse an VII (B. 264, n.º 2615) doubla la taxe; mais l'art. 1.ᵉʳ avait exempté du doublement les maisons qui n'ont qu'une porte et une fenêtre, et l'art. 2 avait augmenté la taxe des portes cochères et charretières dans une proportion graduée sur la population des communes. La loi du 6 prairial suivant (B. 282, n.º 2959) avait établi une subvention extra-ordinaire de guerre sur les portes et fenêtres: cette subvention a consisté dans le doublement du supplément ordonné par la loi du 18 ventôse. Enfin la loi qui suit, du 13 floréal an X, porte, en son titre II, le tarif arrêté définitivement pour l'assiette de cette contribution.)

Extrait de la loi sur les contributions foncière, personnelle, somptuaire et mobilière de l'an XI.

Du 13 floréal an X. (B. 187, n.º 1489.)

TITRE II.

Contributions des portes et fenêtres.

XIII. La contribution des portes et fenêtres demeure fixée, pour l'an XI, à la somme de seize millions en principal.

XIV. La répartition de cette somme est faite entre les départemens, conformément au tableau annexé à la présente (N.º 6.)

XV. Il sera perçu, en outre des seize millions de principal, dix centimes additionnels par franc.

XVI. Ces centimes seront affectés aux frais de

confection des rôles et aux fonds de dégrèvement et de non-valeurs.

XVII. Le contingent de chaque département sera réparti par le préfet entre les arrondissemens, dans la proportion du montant des rôles de l'an X.

XVIII. Le contingent de chaque arrondissement sera réparti entre les communes par le sous-préfet, d'après la même base.

XIX. La matrice du rôle de la contribution des portes et fenêtres sera faite d'après le tarif suivant, conforme aux lois antérieures :

1.º Portes cochères dans les villes ,

au-dessous de 5,000 habitans . . .	1 fr.	60 ct.
de 5 à 10,000	3	50
de 10 à 25,000	7	40
de 25 à 50,000	11	20
de 50 à 100,000	15	00
au-dessus de 100,000	18	80

2.º Portes ordinaires, et fenêtres autres que des troisième, quatrième et cinquième étages :

Communes au-dessous de 5,000 habitans . . .	0 fr.	60 c.
de 5 à 10,000	0	75
de 10 à 25,000	0	90
de 25 à 50,000	1	20
de 50 à 100,000	1	50
au-dessus de 100,000	1	80

3.º Fenêtres du troisième étage et au-dessus :

Dans les villes au-dessous de 5,000 habitans . . .	60 c.
au-dessus de 5,000	75

4.° Maisons n'ayant qu'une porte et une fenêtre :

	Portes.	Fen.
Dans les communes au-dessous de 5,000 . . o f.	40 c.	20 c.
de 5 à 10,000 . . o	50	25
de 10 à 25,000 . . o	60	30
de 25 à 50,000 . . o	80	40
de 50 à 100,000 . . 1	00	50
au-dessus de 100,000 . . 1	20	60

XX. Si, d'après les matrices, la somme à imposer est au-dessus de la somme à payer en l'an XI par la commune, il sera fait une déduction proportionnelle par chaque cote.

Si, au contraire, la somme à imposer est au-dessous de celle à payer pour l'an XI, il sera fait par chaque cote une augmentation proportionnelle.

XXI. Les matrices de rôles seront faites par les maires et adjoints, et vérifiées par les contrôleurs des contributions, et transmises au directeur pour l'expédition des rôles, qui seront rendus exécutoires par le préfet du département.

XXII. Le montant des décharges et réductions sera réimposé par chaque commune l'année suivante.

Le montant des remises et modérations sera pris sur les fonds de dégrèvement et de non-valeurs.

Extrait de la loi relative aux crédits ouverts pour les dépenses des années V, VI et suivantes, et à la fixation des contributions de l'an XII.

Du 4 germinal an XI. (B. 264, n.° 2571.)

(Le gouvernement, toujours occupé des moyens d'encourager et de faire prospérer nos manufactures, a fait statuer, par l'art. 19 du titre VI de cette loi, que les propriétaires des manufactures ne seront taxés que pour les fenêtres de leurs habitations personnelles et celles de leurs commis et concierges, et qu'en cas de difficultés sur ce que l'on doit considérer comme manufactures, il y sera statué par le conseil de préfecture.)

(Suit l'extrait du tit. VI de la loi du 4 germinal an XI.)

TITRE VI.

Fixation des contributions de l'an XII.

Art. XIX. La contribution des portes et fenêtres est fixée, pour l'an XII, en principal, à la somme de seize millions.

Les propriétaires des manufactures ne seront taxés que pour les fenêtres de leurs habitations personnelles, et de celles de leurs concierges et commis. En cas de difficultés sur ce que l'on doit considérer comme manufactures, il y sera statué par le conseil de préfecture.

XX. La répartition de cette somme de seize millions est faite entre les départemens, conformément au tableau annexé à la présente.

XXI. Il sera perçu, en outre du principal de la contribution des portes et fenêtres, dix centimes additionnels par franc, affectés aux frais de confection de rôles et aux fonds de dégrèvement et de non-valeur.

(Comme cette loi, par son art. 19, a placé dans les fonctions des conseils de préfecture, l'attribution de statuer en cas de difficultés sur ce que l'on doit considérer comme manufactures, nous avons cru ici à sa place un extrait de l'article *manufacture de l'encyclopédie des sciences, des arts et des metiers*, publié par M. Diderot, édition de Berne et Lausanne de 1780.

Suit cet extrait:

« MANUFACTURE, s. f., lieu ou plusieurs ouvriers s'occupent d'une même sorte d'ouvrage.

MANUFACTURE, RÉUNIE, DISPERSÉE. Tout le monde convient de la nécessité et de l'utilité des *manufactures*.

Par le mot *manufacture*, on entend communément un nombre considérable d'ouvriers, réunis dans le même lieu pour faire une sorte d'ouvrage sous les yeux d'un entrepreneur ; il est vrai que, comme il y en a plusieurs de cette espèce, et que de grands ateliers surtout frappent la vue et excitent la curiosité, il est naturel qu'on ait ainsi réduit cette idée ; ce nom doit cependant être donné encore à une autre espèce de fabrique ; celle qui, n'étant pas réunie dans une seule enceinte ou même dans une seule ville, est composée de tous ceux qui s'y emploient, et y concourent, en leur particulier, sans y chercher d'autre intérêt que celui que chacun de ces particuliers en retire pour soi-même. De-là on peut distinguer deux sortes de *manufactures*, les unes *réunies*, et les autres *dispersées*. Celles du premier genre sont établies de toute nécessité pour les ouvrages qui ne peuvent s'exécuter que par un grand nombre de mains rassemblées, qui exigent, soit pour le premier établissement, soit pour la suite des opérations qui s'y font, des avances considérables, dans lesquelles les ouvrages reçoivent successivement différentes préparations, et telles qu'il est nécessaire qu'elles se suivent promptement ; et enfin celles qui par leur nature sont assujetties à être placées dans un certain terrain. Telles sont les forges, les fenderies, les trifileries, les verreries, les *manu-*

factures de porcelaine, de tapisseries et autres pareilles. Il faut pour que celles de cette espèce soient utiles aux entrepreneurs,

1.º Que les objets dont elles s'occupent ne soient point exposés au caprice de la mode, ou qu'ils ne le soient du moins que pour des variétés dans les espèces du même genre.

2.º Que le profit soit assez fixe et assez considérable pour compenser tous les inconvéniens auxquels elles sont exposées nécessairement, et dont il sera parlé ci-après.

3.º Qu'elles soient autant qu'il est possible établies dans les lieux mêmes, où se recueillent et se préparent les matières premières, où les ouvriers dont elles ont besoin puissent facilement se trouver, et où l'importation de ces premières matières et l'exportation des ouvrages, puissent se faire facilement et à peu de frais.

Enfin, il faut qu'elles soient protégées par le gouvernement.

L'autre espèce de *manufacture* est de celles qu'on peut appeler *dispersées*, et telles doivent être toutes celles dont les objets ne sont pas assujettis aux nécessités indiquées dans l'article ci-dessus; ainsi tous les ouvrages qui peuvent s'exécuter par chacun dans sa maison, dont chaque ouvrier peut se procurer par lui-même ou par d'autres, les matières premières qu'il peut fabriquer dans l'intérieur de sa famille, avec le secours de ses enfans, de ses domestiques, ou de ses compagnons, peut et doit faire l'objet de ces fabriques dispersées. Telles sont les fabriques de draps, de serges, de toiles, de velours, petites étoffes de laine et de soie ou autres pareilles. Une comparaison exacte des avantages et des inconvéniens de ces deux espèces le feront sentir facilement.

Une *manufacture* réunie ne peut être établie et se soutenir qu'avec de très-grands frais de bâtimens, d'entretien de ces bâtimens, de directeurs, de contre-maîtres, de teneurs de livres, de caissiers, de préposés, valets et autres gens pareils, et enfin qu'avec de grands approvisionnemens : il est nécessaire que tous ces frais se répartissent sur les ouvrages qui s'y fabriquent, les marchandises qui en sortent ne peuvent cependant avoir que le prix que le public est accoutumé d'en donner, et qu'en exigent les petits fabricans.

Les fabriques dispersées ne sont point exposées à ces inconvéniens. Un tisserand en draps, par exemple, ou emploie la laine qu'il a récoltée, ou en achete à un prix médiocre, et quand il en trouve l'occasion, a un métier dans sa maison où il fait son drap, tout aussi bien que dans un atelier bâti à grands frais ; il est à lui-même, son directeur, son contre-maître, son teneur de livres, son caissier, etc., se fait aider par sa femme et ses enfans, ou par un ou plusieurs compagnons avec lesquels il vit ; il peut par conséquent vendre son drap à beaucoup meilleur compte que l'entrepreneur d'une *manufacture.*

Outre les frais que celui-ci est obligé de faire, auxquels le petit fabricant n'est pas exposé, il a encore le désavantage qu'il est beaucoup plus volé ; avec tous les commis du monde, il ne peut veiller assez à de grandes distributions, de grandes et fréquentes pesées, et à de petits larcins multipliés, comme le petit fabricant qui a tout sous la vue et sous la main, et est maître de son tems.

(Depuis la loi du 4 germinal an XI, qui fixe les contributions de l'an XII, la législation sur la contribution des portes et fenêtres n'a plus essuyé d'innovations : la loi concernant les finances du 5 ventôse an XII (B. 345, n.° 3610). en fixant, en son tit. VI, au chapitre I.er, les contributions de l'an XIII, a maintenu, tant en principal qu'en centimes additionnels, la fixation de la loi du 4 germinal an XI. Pareille disposition a porté la loi relative aux finances du 2 ventôse an XIII (B. 34, n.° 570), en son titre VIII, au chapitre I.er, pour l'an XIV ; et conformément aux dispositions de l'art 3 du décret impérial qui détermine le mode de comptabilité pour le commencement de l'an XIV et l'année 1806, du 24 fructidor an XIII (B. 56, n.° 942), les rôles de la contribution des portes et fenêtres, comme tous rôles de contributions, dressés pour l'an XIV, ont dû servir jusqu'au 31 décembre 1806, et l'on y a seulement ajouté proportionnellement la somme à laquelle les contributions ont dû être portées d'après la prolongation de la durée de l'exercice. La loi relative au budget de l'Etat pour l'an XIV et 1806, du 24 avril 1806 (B. 88, n.° 1513), en fixant, en son titre X, les contributions de 1807, porte, art. 66, que la contribution sur les portes et fenêtres sera perçue, pour l'année 1807, sur le même pied qu'en 1806 ; et celle relative au budget de l'Etat, du 15 septembre 1807 (B. 161, n.° 2790), a prorogé, par son article 14, la contribution des portes et fenêtres perçue en 1807 ; enfin, la loi relative au budget de l'Etat, du 25 novembre 1808 (B. 215, n.° 3962), porte, en son article 6, que cette même contribution sera perçue, pour l'année 1809, sur le même pied qu'en 1808 ; et finalement celle concernant le budget de l'Etat, du 15 janvier 1810 (B. 261, n.° 5129), en a continué la perception pour l'année 1810, sur le même pied qu'en 1809.)

(Voici la forme d'un rôle pour la contribution des portes et fenêtres.)

DÉPARTEMENT DE RHIN-ET-MOSELLE.

ARRONDISSEMENT d

MAIRIE d

COMMUNE d

CONTRIBUTION
DES
PORTES ET FENÊTRES.

POPULATION DE LA COMMUNE
habitans.

Rôle des portes et fenê-
tres de la commune d...
pour l'an 1811.

TAXES.

Suivant le Tarif.

Portes cochères....1,60.
Portes et fenêtres des
1.er et 2.e étagés. 60.
Portes et fenêtres du
3.e étage et au-dessus.
Maison n'ayant qu'une
porte et une fenêtre 60.
Maison à une porte 40.

Suivant le Contingent.

Portes cochères........
Portes et fenêtres des
1.er et second étages.
Portes et fenêtres du
3.e étage et au-dessus.
Maison n'ayant qu'une
porte et une fenêtre.
Maison à une porte....

Contingent en principal.......................
Dix centimes additionnels...............
Réimpositions.............................
Centimes pour frais de perception..

TOTAL général de la somme à imposer pour l'an 1811.

Emargemens.	NOMS des rues et numéros des maisons.	NOMS des PROPRIÉTAIRES OU USUFRUITIERS.	DÉTAIL DES		MONTANT des taxes en principal, centimes additionnels, réimpositions et frais de perception.	
			Portes et Fenêtres.	Portes cochères.	Fr.	Ct.

Emargemens.	NOMS des rues et numéros des maisons.	NOMS des PROPRIÉTAIRES OU USUFRUITIERS.	DÉTAIL DES		MONTANT des taxes en principal, centimes additionnels, réimpositions et frais de perception.	
			Portes et Fenêtres.	Portes cochères.	Fr.	Ct

RÉCAPITULATION.

Pages.	NOMBRE de portes et fenêtres		Portes cochères.	MONTANT des Cotes.	Pages.	NOMBRE de portes et fenêtres		Portes cochères.	MONTANT des Cotes.
	en total.	des maisons à 2.				en total.	des maisons à 2.		

*V*U le rôle de la contribution des portes et fenêtres de la commune d   pour l'an 1811, après avoir procédé à sa vérification, en avons arrêté et arrêtons le montant en principal à la somme de   égale à celle fixée par le mandement expédié par le sous-préfet de l'arrondissement de   ; plus, au montant des 10 centimes additionnels, des réimpositions et des frais de perception ; pour le recouvrement du présent rôle être fait, et le montant versé en totalité, par le percepteur, entre les mains du receveur particulier de l'arrondissement, dans les termes prescrits, à l'exception des sommes dont la réimposition a été ordonnée, lesquelles seront remises aux contribuables au profit de qui les réimpositions sont faites, en commençant par les ordonnances les plus anciennes en date, et de la somme de   pour les frais de perception qui seront retenus par le percepteur.

Enjoignons à tous les propriétaires, possesseurs et usufruitiers, leurs représentans ou ayans-cause, à quelque titre que ce soit, d'acquitter les sommes y contenues entre les mains du percepteur, dans les termes prescrits, sous peine d'y être contraints.

Fait et arrêté à   , le   1810.

Le PRÉFET du Département,

Le présent rôle a été publié le   du mois de   par moi soussigné maire de la commune de . . . .

16 *

CONTRIBUTION DES PATENTES.

(Voyez le §. 27, page 52-64.

Loi qui maintient la contribution des patentes et en règle la perception pour l'an VII.

Du 1.er brumaire an VII. (B. 234, n.° 2096.)

Art. I.er La contribution des patentes est maintenue pour l'an VII; elle sera réglée et perçue suivant les dispositions de la présente loi. Les lois des 6 fructidor an IV, 9 frimaire, 9 pluviôse an V et 7 brumaire an VI, sont abrogées.

II Les droits de patente seront perçus conformément au tarif annexé à la présente loi.

III. Dans toute l'étendue de la république, ceux qui exerceront le commerce, l'industrie, les métiers ou professions désignés dans le tarif annexé à la présente, seront tenus de se munir d'une patente, et de payer les droits fixés pour la classe du tarif à laquelle ils appartiendront, suivant la population de leur commune; ou, sans égard à cette population, pour le commerce, l'industrie, les métiers ou professions mis hors classe dans le tarif.

IV. Les patentes seront prises dans les trois premiers mois de l'année pour l'année entière, sans qu'elles puissent être bornées à une partie de l'année. Ceux qui entreprendront, dans le courant de l'année, un commerce, une profession, une industrie sujets à patente, ne devront le droit qu'au *prorata* de l'année, calculée par trimestre, et sans qu'un trimestre puisse être divisé: ils seront tenus de payer le *pro-rata* dans le premier mois de leur établissement. Aucune patente ne sera délivrée au *prorata*, que sur le vu du certificat de l'administration municipale du canton, d'après le rapport de l'agent municipal ou de son adjoint de la commune du requérant: ce certificat constatera que le requérant n'a point encore exercé aucun état sujet à patente. Dans les communes où la population excède cinq mille âmes, ces certificats seront délivrés par les officiers municipaux; ils seront présentés au receveur de l'enregistrement lors du paiement, et rapportés avec la quittance aux administrateurs chargés de délivrer la patente (1).

V. Les droits de patente se divisent en droits *fixes* et en droits *proportionnels :* les premiers sont ceux réglés par le tarif; les seconds sont le dixième du loyer ou des maisons d'habitation, ou des usines, ou des ateliers, ou des magasins, ou des boutiques, suivant la nature du commerce ou de l'industrie, justifié par baux authentiques pour les locataires, et par l'extrait du rôle de la contribution foncière pour les propriétaires, ou d'après la simple déclaration du requérant patente; sauf l'évaluation, s'il y a lieu, au défaut de baux et de cote particulière dans le rôle de la contribution pour les lieux des-

---

(1) Voyez ci-après les art. 1, 2, 3 et 4 de l'arrêté du 15 fructidor an VIII, et les art. 1 et 3 de l'arrêté du 26 brumaire an X.

tinés au commerce ou à l'exercice de l'industrie et profession du propriétaire de maison.

VI. Les droits fixes et proportionnels doivent être payés par tous ceux qui sont dans les cinq premières classes du tarif, ou dont le droit fixe est de 40 francs et au-dessus quand leur état est hors de classe. Il n'est dû que le droit fixe par ceux qui sont dans la sixième classe et au-dessous, ou dont l'état, quand il est hors des classes, ne donne lieu qu'à un droit fixe de 30 francs et au-dessous.

VII. (Cet article, relatif au paiement des droits de patente, se trouve abrogé par l'art. 3 de l'arrêté du 26 brumaire an X.)

VIII, XVIII et XIX. (Ces articles, relatifs au recouvrement des droits de patente par les receveurs de l'enregistrement, se trouvent rapportés par l'art. 1.er de l'arrêté du 26 brumaire an X, qui en charge les percepteurs des contributions foncière et personnelle.)

IX – XVII. (Ces articles sont relatifs à la formation des tableaux des citoyens assujettis à la patente. Voyez ci-après, à cet égard, les arrêtés des 15 fructidor an VIII, et 26 brumaire an X.)

XX. (Cet article est relatif à la délivrance des patentes; voyez l'art. 5 de l'arrêté du 15 fructidor an VIII.)

XXI. Les quittances et patentes seront sur papier timbré, aux frais de ceux à qui elles seront délivrées, et dans la même forme qu'en l'an V et en l'an VI. Il ne pourra être perçu aucun autre droit que celui du timbre.

XXII. Il sera tenu par le secrétaire de l'administration municipale, sur papier non timbré, un registre coté et paraphé par le président, sur lequel registre seront inscrites de suite, et par ordre de numéros, toutes les patentes qui seront délivrées. Les quittances seront conservées au secrétariat avec des numéros correspondans à celui de l'inscription sur les registres.

XXIII. (Relatif aux réclamations; voyez l'art. 25 de la loi du 13 floréal an X, insérée ci-après.)

XXIV. Nul ne sera obligé à prendre plus d'une patente quelles que soient les diverses branches de commerce, profession ou industrie qu'il exerce ou veuille exercer.

Dans ce cas, la patente est due pour le commerce, profession ou industrie qui donne lieu au plus fort droit.

XXV. Les patentes sont personnelles, et ne peuvent servir qu'à ceux qui les obtiennent; en conséquence, chaque associé d'une même maison de banque, de commerce en gros ou en détail, et de toute autre profession et industrie assujetties à la patente, sera tenu d'avoir la sienne.

Ces dispositions ne s'appliquent pas aux associés en commandite, qui ne sont point assujettis à la patente; ni aux maris et femmes, auxquels une seule patente suffira, en prenant celle de la classe supérieure, s'ils font plusieurs états, et payant le droit proportionnel de tous les lieux qu'ils occuperont, quand il est exigible; à moins qu'il n'y ait entr'eux séparation de biens, auquel cas chacun d'eux doit avoir sa patente, et payer séparément les droits fixes et proportionnels.

Quand les associés occuperont en commun la même maison d'habitation, les mêmes usines, ateliers, magasins et boutiques, il ne sera dû qu'un droit proportionnel, qui sera payé en entier par l'un d'eux; les autres ne payeront que le droit fixe.

XXVI. Tout citoyen qui, après avoir pris une patente, entreprendra un commerce, une profession ou un métier de classe supérieure à celle de sa patente, sera tenu de prendre une nouvelle patente de cette classe, et d'en payer le droit fixe au *prorata*, conformément à l'article IV ci-dessus : dans ce cas, il y sera fait déduction du premier droit fixe, et il ne sera pas dû un second droit proportionnel, quand il aura été payé pour la première patente, mais un supplément au *prorata*, s'il y a de nouveaux établissemens d'une valeur locative supérieure à celle des premiers.

XXVII. Tout citoyen muni d'une patente, pourra exercer son commerce, sa profession ou industrie dans toute l'étendue de la république, en payant au receveur de l'enregistrement de toutes les communes où il aura des établissemens, le droit proportionnel pour les maisons d'habitation, usines, ateliers, magasins et boutiques qu'il occupera. La patente lui sera délivrée dans la commune de son domicile, sur la représentation des quittances des receveurs des communes où il aura des établissemens; et il en sera fait mention dans la patente.

XXVIII. Si un citoyen patenté change son domicile pendant le courant de l'année, la patente lui servira dans la nouvelle commune qu'il habitera, en payant au *prorata* le droit proportionnel des maisons d'habitation, usines, ateliers, magasins et boutiques qu'il y prendra, et un supplément, aussi au *prorata*, du droit fixe, s'il est plus fort pour la même classe dans la nouvelle commune. S'il y avait changement de classe supérieure, le droit fixe serait payé au *prorata*, conformément à l'article XXVI ci-dessus.

XXIX. Ne sont pas assujettis à la patente,

1.º Les fonctionnaires publics et employés salariés par la nation, en ce qui concerne seulement l'exercice de leurs fonctions;

2.º Les laboureurs et cultivateurs, seulement pour la vente des récoltes et fruits provenant des terrains qui leur appartiennent, ou par eux exploités, et pour le bétail qu'ils y élèvent;

3.º Les commis, les ouvriers journaliers, et toutes personnes à gages, travaillant pour autrui dans *les maisons, ateliers et boutiques de ceux qui les emploient.* — Ne sont point réputés ouvriers travaillant *pour le compte d'autrui*, ceux qui travaillent chez eux pour les marchands et fabricans en gros et en détail, ou pour les particuliers, même sans compagnons, enseignes ni boutiques; ils devront être pourvus de la patente de la sixième classe, ou de celle de leur profession désignée dans le tarif;

4.º Les peintres, graveurs, sculpteurs, considérés comme artistes, et ne vendant que le produit de leur art;

5.º Les officiers de santé attachés aux armées, aux hôpitaux, ou au service des pauvres, par nomination du gouvernement ou des autorités constituées;

6.º Les sages-femmes;

7.º Les maîtres de la poste aux chevaux;

8.º Les pêcheurs;

9.º Les cardeurs, fileurs de laine et coton, les blanchisseuses, les savetiers, les tripiers;

10.º Ceux qui vendent *en ambulance* dans les rues, dans les lieux de passage et dans les marchés des communes, les fruits, les légumes, le beurre, les œufs, le fromage et autres menus comestibles. Tous ceux qui vendront d'autres objets, même en ambulance, échoppe ou étalage, payeront la moitié des droits que payent ceux qui vendent en boutique (1).

XXX. Sont réputés marchands *en gros*, quel que soit leur commerce, tous ceux qui font des reventes sous les enveloppes usitées, pour les pre-

______

(1) Voyez d'autres exceptions, ci-après réunies sous le mot *Exception*.

mières entrées dans le commerce, des objets commerçables.

XXXI. Tous citoyens placés, d'après la notoriété publique, sur la liste des citoyens sujets à patente ; soit comme *marchands en gros*, soit comme *associés* à un commerce, et qui se prétendront simplement marchands en détail, commanditaires ou commis, seront admis à justifier, dans le lieu où s'élève la contestation, de la nature de leur commerce et de leur véritable qualité, par la représentation de leurs journaux et registres ainsi que des actes de société.

XXXII. Sont réputés fabricans ou manufacturiers tous ceux qui convertissent des matières premières en des objets d'une autre forme ou qualité, soit simple, soit composée, à l'exception néanmoins de ceux qui manipulent les fruits de leur récolte.

Ils seront tenus de prendre une patente immédiatement supérieure à celle des marchands qui vendent en détail les mêmes objets du genre de ceux qu'ils fabriquent.

XXXIII. Les fabricans à métiers qui n'occupent ou n'entretiennent pas plus de cinq métiers, soit chez eux, soit hors de leur domicile, ne seront assujettis qu'au droit de patente de la cinquième classe.

A l'égard des fabricans qui travaillent par eux-mêmes sans employer d'ouvriers, et qui, n'ayant ni boutique ni magasin, vendent au fur et à mesure les produits de leurs travaux, ils ne doivent que la patente de la sixième classe.

XXXIV. Les maîtres d'hôtel garni ne payeront en droit proportionnel que le quarantième du prix total de la valeur de leur location, et les paumiers le vingtième.

XXXV. Les commerce, industrie et profession qui ne sont pas désignés dans le tarif, n'en seront pas moins assujettis à la patente; elle sera délivrée sous la désignation de la classe dans laquelle lesdits commerce, industrie ou profession seront placés, d'après l'analogie des opérations ou des objets du commerce, par les administrations chargées de la délivrance des patentes.

XXXVI. Les propriétaires ou principaux locataires sujets au droit de patente, ne devront le droit proportionnel, quand il aura lieu, qu'à raison de la valeur locative des lieux qu'ils occuperont. En cas de difficultés, il pourra être procédé à une évaluation.

XXXVII. Nul ne pourra former de demande, ni fournir aucune exception ou défense en justice, ni faire aucun acte ou signification par acte extrajudiciaire, pour tout ce qui serait relatif à son commerce, sa profession ou son industrie, sans qu'il soit fait mention en tête des actes, de la patente prise, avec désignation de la classe, de la date, du numéro, et de la commune où elle aura été délivrée, à peine d'une amende de 5oo fr., tant contre les particuliers sujets à la patente que contre les fonctionnaires publics qui auraient fait ou reçu lesdits actes sans mention de la patente. La condamnation à cette amende sera poursuivie au tribunal civil du département, à la requête du commissaire du pouvoir exécutif près ce tribunal. Le rapport de la patente ne pourra suppléer au défaut de l'énonciation, ni dispenser de l'amende prononcée ci-dessus.

XXXVIII. Tout citoyen qui expose des marchandises en vente, dans quelque lieu que ce soit, est tenu d'exhiber sa patente toutes les fois qu'il en est requis par les juges de paix, commissaires de police, administrateurs, agens ou adjoints municipaux, et commissaires du pouvoir exécutif.

Si celui qui n'est point pourvu de patente ou qui ne la représente point, vend hors de son domicile, les objets exposés en vente seront saisis ou séquestrés aux frais du vendeur, jusqu'à la représentation d'une patente convenable. S'il vend à son domicile, il sera dressé un procès-verbal qui sera envoyé au commissaire du directoire exécutif près l'administration municipale, pour faire poursuivre le contrevenant, conformément à la présente loi.

XXXIX. Ceux qui auront besoin de plusieurs expéditions de leur patente pour en justifier dans d'autres cantons que celui de leur domicile, pourront les requérir, sans autres frais que ceux du papier timbré. Il en sera de même pour ceux qui auront perdu leur patente.

Chaque expédition sera notée par première, seconde, troisième, etc., et sera signée par le patenté, s'il sait signer ; dans le cas contraire, il en sera fait mention.

Pour empêcher l'abus des *duplicata*, il sera libre aux administrations de faire vérifier les causes qui donneront lieu à des demandes de *duplicata*, et d'en refuser s'il y a lieu.

XL. (Cet article avait donné aux administrations la faculté de faire descendre les sujets à patentes de la classe dans laquelle ils se trouvent placés par leur état, à une classe inférieure; cette faculté a été supprimée par l'art. 25 de la loi du 13 floréal an X.)

XLI. Il sera prélevé, pour contribuer aux dépenses locales de chaque commune, un dixième du produit net des droits de patente qui auront été payés par les domiciliés de leurs arrondissemens respectifs ; ce dixième, dans tous les cas, sera payé en numéraire.

La délivrance en sera faite par les receveurs de l'enregistrement, sur ordonnance de l'administration centrale de département. Tous les frais de recouvrement à la charge de l'administration municipale, seront prélevés sur ce dixième.

XLII. Toutes dispositions de lois contraires à la présente, sont abrogées.

La présente résolution sera imprimée.

*Tarif du droit de patente, dressé en con-
formité des lois des 6 fructidor an IV,
9 frimaire an V, et 7 brumaire an VI.*

Du premier brumaire an VII.

1.° *Sans égard à la population.*

Les banquiers . . . . 500 francs.

Les courtiers de navires et de marchandises, entrepreneurs de roulage, de voitures publiques par terre et par eau . . . 200

Les marchands forains avec voitures . 40

Les colporteurs avec chevaux ou
autres bêtes de somme 30

Les colporteurs avec balle, soit qu'ils
aient domicile ou non 20

Les entrepreneurs ou directeurs
de spectacles ou autres amusemens
publics, dans lesquels les specta-
teurs payent leurs places, } Une représentation complète, établie d'après le nombre et le prix de chaque place.

2.° *Patentes, eu égard à la population des villes.*

CLASSES.	De 100,000 âmes et au-dessus.	De 50,000 à 100,000.	De 30,000 à 50,000.	De 20,000 à 30,000.	De 10,000 à 20,000.	De 5,000 à 10,000.	Au-dessous de 5,000.
	Fr.	Fr.	Fr.	Fr.	Fr.	Fr.	Fr.
1.re . .	300.	240.	180.	120.	80.	50.	40.
2.e . .	100.	80.	60.	40.	30.	25.	20.
3.e . .	75.	60.	45.	30.	25.	20.	15.
4.e . .	50.	40.	30.	20.	15.	10.	8.
5.e . .	40.	32.	24.	16.	10.	8.	5.
6.e . .	30.	24.	18.	12.	8.	5.	4.
7.e . .	20.	16.	12.	8.	5.	4.	3.

Commerce, industrie, arts et professions.

Première classe.

Les négocians et armateurs, les agens de change et courtiers, les commissaires de marchandises;

Les entrepreneurs, fournisseurs et munitionnaires de la république; les directeurs et entrepreneurs d'établissemens de ventes à l'encan, et les directeurs d'agences ou bureaux d'affaires; les marchands de charbon de terre en gros; les marchands de bois en chantier ou magasin, ou exploitant ventes dans les bois, forêts et plantations de la république, des communes ou des particuliers; les marchands de bois de marine;

Les marchands en gros, de draperie, mercerie, soierie, étoffes de coton, toilerie, linons, mousselines, gazes, dentelles; acier, fer et autres métaux; quincaillerie; vin, liqueurs, vinaigre; épicerie, droguerie, cuirs et peaux, et les marchands tanneurs, les chiffonniers en gros.

Seconde classe.

Les notaires, marchands en détail de draperie, étoffes en soie, toilerie, étoffes de coton, mousselines, s'ils en font leur principal commerce;

Les architectes, entrepreneurs de bâtimens, constructeurs de navires;

Les orfévres, horlogers, bijoutiers, lapidaires, joailliers, distillateurs, confiseurs;

Apothicaires - pharmaciens; les imprimeurs, brasseurs, les traiteurs, restaurateurs.

Troisième classe.

Les marchands merciers en détail, tapissiers, marchands tailleurs, marchands cordonniers, manchonniers-fourreurs; les marchands en détail en linons, gazes, dentelles, droguerie et teinture; amidonniers, tanneurs, corroyeurs, ciriers, charcutiers, pâtissiers; marchands de vins, liqueurs, vinaigre; rôtisseurs, maîtres d'hôtel garni, marchands de papier, les marchands de chevaux et autres bêtes de somme;

Les marchands de bœufs, vaches, veaux, moutons et cochons;

Les maîtres de billard, les paumiers, les limonadiers, carossiers;

Les marchands de laine, fil et coton en détail;

Les marchands de grains, autres que ceux de leur récolte;

Les huissiers;

Les huissiers-priseurs;

Les détenteurs, fermiers ou entrepreneurs de bacs sur les fleuves et rivières;

Les propriétaires de bâtimens faisant le cabotage;

Les marchands cartiers et cartonniers;

Les peseurs-jurés, les jaugeurs de liquides;

Les fabricans d'eau-de-vie;

Les marchands de rubans;

Les marchands de comestibles;

Les aubergistes.

Quatrième classe.

Les ébénistes, fripiers, marchands de meubles; marchands de bois, n'exploitant point de ventes dans les bois, forêts et plantations de la république et des particuliers, et n'ayant ni chantiers ni magasins; marchands d'écorces, tan et tourbe; serruriers, taillandiers, armuriers, couteliers, éperonniers, couvreurs, plombiers;

Les marchands en détail de fer, acier et autres métaux; épicerie, quincaillerie, cuirs et peaux; chapeliers, bonnetiers; loueurs de chevaux et de voitures suspendues; marchands de papiers peints; marchands de verre et verroterie, de porcelaine et cristaux, modes, plumes peintes, fleurs artificielles; perruquiers-coëffeurs de femmes, selliers, parfumeurs, libraires, officiers de santé, dentistes, gantiers;

Ceux qui tiennent des bains publics;

Les marchands d'objets de curiosité;

Les mesureurs de sel et maîtres de traçons; les marchands de fayence;

Les fabricans de couvertures de soie, coton ou laine;

Les mesureurs de toiles et autres étoffes;

Les apprêteurs d'étoffes;

Les marchands de couleurs, les marchands de boutons.

Cinquième classe.

Boulangers, meuniers, blatiers, cabaretiers; marchands de tableaux et gravures en boutique; marchandes lingères, batteurs et tireurs d'or, galonniers, tourneurs sur métaux, tabletiers, layetiers, miroitiers, éventaillistes, lunetiers, bouchonniers;

Luthiers; opticiens, marchands de baromètres, facteurs d'instrumens de physique, d'astronomie et de mathématiques;

Marchands de briques, ardoises, tuiles, plâtre, chaux et lattes;

Les constructeurs de barques, bateaux et batelets; les ferblantiers, mégissiers, les charpentiers, charrons, bourreliers, menuisiers, les marchands de chanvre, lin et filasse, de résine, de poudre à tirer; les marchands de cordes et cordages;

Les marchands de chocolat, de macaroni et autres pâtes de même nature.

Les brossiers;

Les mariniers en chef, les déchireurs de bateaux;

Les entrepreneurs de vidanges;

Les boyaudiers;

Les entrepreneurs de pavé;

Les entrepreneurs de chaussées et routes;

Les marchands de musique et de cartes de géographie;

Les poêliers;

17 *

Les fumistes;

Les marchands de cannes.

Sixième classe.

Les teinturiers, dégraisseurs, parcheminiers, imprimeurs en taille-douce, fourbisseurs, chaudronniers, potiers d'étain, tonneliers, boisseliers, coffretiers-malletiers, cordiers, rubanniers, fondeurs, doreurs, argenteurs, fruitiers en boutique, grainiers, herboristes, potiers de terre, plâtriers, marbriers, marchands d'eaux minérales, vanniers, arpenteurs, maréchaux-ferrans; les fabricans à métiers pour leur compte; marchands de tabac, gibier et volaille, et de fourrages, de salins et potasse; les crémiers;

Les voiliers;

Les tondeurs et friseurs de laine;

Les nattiers;

Les lamiers;

Les carreleurs;

Les revendeurs;

Les restaurateurs de tableaux;

Les marchands de parasols;

Les bouquinistes;

Les distillateurs d'eau-forte;

Les fabricans de colle;

Les laveurs de cendre;

Les marchands de peaux pour l'habillement et l'armement.

Septième classe.

Les tailleurs, gaîniers, brodeurs, passamentiers, tourneurs en bois, graveurs sur métaux, balanciers, perruquiers, cordonniers, tisserands, vitriers, couturières, cloutiers, épingliers; marchands de poisson frais et salé, de sabots, de sel; tailleurs de pierre, ferrailleurs; vendeurs de bière, cidre et eau-de-vie en détail; conducteurs de voitures pour le transport des voyageurs, les patachiers, les pompiers, les fontainiers; les voituriers et bouviers pour le transport des marchandises; les bimbelotiers ou marchands de jouets d'enfant;

Les galochiers;

Les relieurs;

Les charbonniers et marchands de charbon de terre en détail.

(Le *droit proportionnel* est susceptible de peu de difficultés. Il se règle à proportion du loyer; il est:

Le 40.ᵉ du loyer pour les maîtres d'hôtels garnis;

Le 30.ᵉ pour les meuniers; (Art. 27 de la loi du 13 floréal an X.)

Le 20.ᵉ pour les maîtres de jeux de paume;

Et le 10.ᵉ du loyer pour toutes les autres professions.

Par loyer on entend celui tant des maisons d'habitations que des usines, ateliers, magasins et boutiques. L'article V de la loi du 1.ᵉʳ brumaire an VII présentait une incertitude à cet égard, et semblait dire que l'on ne prendrait que le loyer des maisons, ou bien celui des ateliers; mais il a été décidé, de concert avec la commission du corps législatif qui avait proposé la loi, que c'était une erreur de rédaction. Pour connaître le loyer d'un citoyen sujet à la patente, on prend d'abord son bail, s'il en existe, et l'on ne fait point sur le bail des maisons la déduction du quart, comme pour la contribution foncière, ni la déduction du tiers pour les moulins, usines, etc.

Si le bail comprend des objets assujettis au *droit proportionnel* et d'autres étrangers au commerce ou à la profession, si, par exemple, des terres se trouvaient affermées avec un moulin, le revenu de ces objets étrangers doit être déduit du prix du bail.

S'il n'existe point de bail, il faut avoir recours à la matrice du rôle de la contribution personnelle.

A défaut de ce renseignement, il faudrait recourir à la matrice du rôle de la contribution foncière ; mais alors il faut se rappeler que l'on y a fait la déduction du quart pour les maisons, et du tiers pour les usines, et rétablir ce tiers ou ce quart déduit.

Le *droit proportionnel* n'est dû que par les citoyens dont les professions sont comprises dans les cinq premières classes du tarif.

Ainsi, un citoyen de la sixième ou de la septième classe ne doit que le *droit fixe* pour prix total de sa patente ; il n'y a pas lieu, dès-lors, d'évaluer son loyer.

Les marchands ambulans ou en échoppes qui ne doivent que la moitié du *droit fixe* de leur profession, doivent la moitié du *droit proportionnel*, si cette profession est dans une des cinq premières classes, et n'en doivent point, si elle est de la sixième ou de la septième classe.

Les citoyens qui ont des établissemens dans plusieurs communes, doivent, 1.º le *droit fixe* dans la commune de leur domicile, à raison de leur profession la plus imposable ; 2.º dans la même commune le *droit proportionnel*, à raison de leur maison d'habitation et des bâtimens servant à leur commerce ; 3.º ils doivent le droit proportionnel dans les autres communes, à raison des ateliers, usines, magasins et boutiques qu'ils occupent ou y emploient à leur profession.

Le rôle des patentes d'une commune peut donc comprendre des articles qui n'ont que le *droit fixe*, d'autres qui ont le *droit fixe* et le *droit proportionnel*, d'autres enfin qui n'ont que le *droit proportionnel*. Le rôle d'une commune doit comprendre non-seulement les marchands domiciliés, mais encore les marchands étrangers qui y ont des établissemens. — (*Instruction sur la formation des matrices de rôles des patentes, la confection des rôles, et les réclamations, approuvée par le ministre des finances le 30 fructidor an XI.*)

Arrêté relatif aux patentes.

Du 15 fructidor an VIII. (B. 41, n.° 264.)

Les consuls de la république, vu la loi du 1.er brumaire an VII concernant les patentes, celle du 11 frimaire suivant relative aux dépenses départementales, municipales et locales, et celle du 28 pluviôse an VIII, qui établit un nouveau régime administratif; sur le rapport du ministre des finances; le conseil d'état entendu,

ARRÊTENT:

ART. 1.er A compter de l'an IX, les contrôleurs des contributions directes sont chargés de former, pour le 1.er frimaire au plus tard, chacun dans son arrondissement, les tableaux des citoyens assujettis à la patente; d'établir la nature de leur commerce, industrie et profession les plus imposables; la valeur locative de leurs maisons d'habitation, usines, ateliers, magasins et boutiques, d'après les règles prescrites par les articles V et IX de la loi du 1.er brumaire an VII. Lesdits tableaux seront arrêtés par les maires, qui pourront y joindre leurs observations, et qui en conserveront un double, dont les citoyens pourront aussi prendre communication.

II. Les contrôleurs enverront, sans délai, les tableaux qu'ils auront formés en exécution de l'article I.er, au sous-préfet, qui, dans la décade suivante, les fera passer, avec ses observations, au préfet, lequel remettra le tout au directeur des contributions directes.

III. Dans la décade qui suivra la réception des tableaux, le directeur fixera, d'après les lois, le montant de chaque patente; il remettra au préfet les rôles ainsi formés, et il y joindra les observations qui auront été adressées par les sous-préfets et par les maires.

IV. Dans la décade suivante, le préfet, après avoir vérifié les rôles et les avoir rendus exécutoires, les adressera au directeur de l'enregistrement, qui les fera parvenir aux receveurs chargés d'en suivre le recouvrement.

V. Le receveur de l'enregistrement délivrera aux parties intéressées quittance du droit de patente; il leur remettra en même tems la formule de patente, après l'avoir rédigée au nom du maire du domicile du requérant patente : cette formule de patente sera signée par le maire, sur la remise de la quittance, et revêtue du sceau de la commune. La quittance restera déposée au secrétariat de la mairie, et il y sera aussi tenu un registre conforme à l'article XXII de la loi du 1.er brumaire an VII (1).

VI. Il sera statué sur les réclamations formées par les citoyens compris aux rôles des patentes, contre leur taxe, de la manière prescrite par l'arrêté du 24 floréal dernier, concernant les décharges et réductions en matière de contributions directes (2).

VII. Il est alloué pour l'an IX, aux agens de la direction des contributions directes, pour leur travail relatif à la contribution des patentes, y compris les frais des registres, impressions, et tous autres, deux décimes par franc du dixième affecté par les lois aux dépenses locales des communes, sur le produit net des patentes.

La distribution de cette somme sera réglée, pour chaque département, par le ministre des finances, sur les états qui lui seront fournis par les directeurs des contributions.

VIII. Le montant des sommes qui sont accordées pour ces différens frais, sera acquitté, sur les états du

____

(1) Voyez ci-après l'arrêté des consuls du 26 brumaire an X.

(2) L'arrêté du 24 floréal an VIII se trouve inséré à la page 193 et suivantes.

ministre, par les receveurs de l'enregistrement des chefs-lieux des préfectures et sous-préfectures.

IX. Le dixième du produit net des droits de patente, déduction faite de deux décimes par franc, continuera à être affecté et employé aux dépenses locales de chaque commune, pour les dépenses de l'an VIII et pour celles de l'an IX ; et la délivrance en sera faite par les receveurs de l'enregistrement, sur les mandats des préfets.

X. Le ministre des finances est chargé de l'exécution du présent arrêté, qui sera imprimé au bulletin des lois.

Le premier consul, signé BONAPARTE. Par le premier consul : *le secrétaire d'état*, signé HUGUES B. MARET. *Le ministre des finances*, signé GAUDIN.

Arrêté relatif aux patentes.

Du 26 brumaire an X. (B. 130, n.° 988.)

Les consuls de la république, sur le rapport du ministre des finances ; le conseil d'état entendu,

ARRÊTENT :

ART. 1.er Les rôles des patentes de l'an X seront remis aux percepteurs des contributions foncière et personnelle, pour en suivre le recouvrement.

II. Ils auront une remise égale à celle qui leur est allouée pour les contributions foncière et personnelle, et qui sera prise sur le produit net de leurs recettes.

III. Les patentes seront, comme les autres contributions directes, payables par douzième, de mois en mois, à compter du 1.er vendémiaire de l'an X, et soumissionnées par le receveur général et les receveurs particuliers, comme les contributions directes, pour la portion revenant au trésor public.

IV. La remise du receveur général et des receveurs particuliers sur le produit des patentes, sera la même que sur les autres contributions, et prise sur le produit de leurs recettes.

V. La perception des restes à recouvrer sur les années antérieures à l'an X, sera continuée et achevée par les préposés de la régie de l'enregistrement et du domaine.

VI. Le ministre des finances est chargé de l'exécution du présent, qui sera inséré au bulletin des lois.

Le premier consul, signé BONAPARTE. Par le premier consul, *le secrétaire d'état*, signé HUGUES B. MARET. *Le ministre des finances*, signé GAUDIN.

Extrait de la loi sur les contributions directes de l'an XI.

Du 13 floréal an X. (B. 187, n.º 1489.)

TITRE III.

Contribution des patentes.

XXIII. Les patentes seront perçues pour l'an XI comme en l'an X.

XXIV. Il sera perçu, en outre du droit principal, cinq centimes par franc, pour former un fonds de dégrèvement et de non-valeurs par département.

XXV. L'article XL de la loi du 1.er brumaire an VII, relatif aux descentes de classe, est abrogé.

Les réclamations qui auront lieu, seront faites, présentées et jugées comme. celles qui concernent les contributions directes.

XXVI. La cote des citoyens sujets à patentes, qui viendront à décéder, ne sera exigible que pour le passé et le mois courant.

Les forains payeront la contribution entière dans le premier mois.

XXVII. Les meuniers payeront le droit proportionnel sur le pied du trentième de la valeur locative de leurs maisons, moulins et usines, au lieu du dixième auquel ils ont été assujettis jusqu'à présent.

Exemptions.

Chirurgiens employés près des hôpitaux civils et militaires, ou au service des pauvres. — Tous les médecins, chirurgiens et pharmaciens employés près des hôpitaux civils et militaires, ou au service des pauvres, par nomination de Sa Majesté ou des autorités administratives, *soit qu'ils exercent ou non leur art chez des particuliers*, jouiront, sans aucune espèce de distinction, de l'exemption de la patente, ainsi qu'il est prescrit par la loi du 9 brumaire an VIII. Cette disposition sera appliquée, dans son entier, aux professeurs d'accouchement dans les hospices, en exécution de la loi du 19 ventôse an XI. (Art. 1.er du décret impérial du 25 thermidor an XIII.)

Marais salans (propriétaires et emphytéotes de). — *Un avis du conseil d'etat du 24, et approuve en l'absence du premier consul par le deuxième consul, le 25 floréal an VIII, porte:* Le conseil d'etat qui, d'après le renvoi des consuls, a discuté un rapport du ministre des finances qui présente la question de savoir, si les propriétaires ou fermiers des marais salans doivent être assujettis au droit de patente ; *est d'avis* que l'art. 29 de la loi du 1.er brumaire an VII, qui porte que les laboureurs et cultivateurs ne sont pas assujettis à la patente pour la vente des récoltes et fruits provenant des terrains qui leur appartiennent ou par eux exploités et pour le bétail qu'ils y élèvent, est nécessairement applicable aux propriétaires, fermiers et cultivateurs des marais salans. — *A l'egard des emphytéotes, une lettre de S. Exc. le ministre des finances au préfet de Rhin-et-Moselle en date du 18 mai 1808, porte:* La décision du conseil d'état du 25 floréal an VIII, qui a déclaré les propriétaires des marais salans exempts de la contribution des patentes, doit s'appliquer aux administrateurs qui ont pris à bail emphytéotique les salines de Creutznach, ainsi qu'elle leur a été appliquée pour le bail emphytéotique des salines de l'Est. Les baux emphytéotiques en effet étant considérés comme une aliénation de l'usufruit, les baillistes ont droit d'être traités comme les propriétaires ; ayant les mêmes charges qu'eux, ils doivent jouir des mêmes avantages.

Médecins employés près des hôpitaux civils et militaires, ou au service des pauvres. — (Voyez ci-dessus *Chirurgiens.*)

Mines (exploitation des). — L'exploitation des mines n'est pas considérée comme un commerce, et n'est pas sujette à patente. (Art. 32 de la loi concernant les mines, les minières et les carrières, du 21 avril 1810.)

Notaires. — Les notaires exercent sans patentes. (Extr. de l'art. 33 de la loi contenant organisation du notariat, du 25 ventôse an XI.)

Officiers de santé attachés aux armées. — *Loi du 9 brumaire an VIII,* ainsi conçu : *Le conseil des anciens,* adoptant les motifs de la déclaration d'urgence qui précède la résolution ci-après, approuve l'acte d'urgence. *Suit la teneur de la déclaration d'urgence et de la résolution du 24 fructidor an VII : Le conseil des cinq cents,* après avoir entendu le rapport d'une commission spéciale sur un message du directoire exécutif, du 18 messidor an VII, sur la question de savoir, *si l'article 29 de la loi du 1.er brumaire an VII, qui dispense de la patente les officiers de santé attachés aux armées, aux hôpitaux, ou au service des pauvres, par nomination du gouvernement ou des autorités constituées, est applicable à ceux d'entre eux qui, indépendamment de ces fonctions, exercent leur art chez des particuliers.* Considérant qu'il est instant de faire cesser les doutes qui peuvent se présenter dans l'exécution des lois, déclare qu'il y a urgence. *Le conseil,* après avoir déclaré l'urgence, prend la résolution suivante : Article 1.er Le numéro 5 de l'art. 29 de la loi du 1.er brumaire an VII, sur les patentes, est applicable, sans distinction, à tous les officiers de santé attachés aux armées, aux hôpitaux, ou au service des pauvres, par nomination du directoire exécutif ou des autorités constituées. II. la présente résolution sera imprimée. Après une seconde lecture, *le conseil des anciens* approuve la résolution ci-dessus. — (La décision rapportée ci-dessus pour les chirurgiens est basée sur l'article 1.er de celte loi, interprétative de la loi du 1.er brumaire an VII.)

Pharmaciens employés près des hôpitaux civils et militaires, ou au service des pauvres. — (Voyez ci-dessus *Chirurgiens.*)

Porteurs de contraintes. — (Les porteurs de contraintes) ne sont pas assujettis au droit de patente. (Ext. de l'art. 18 de l'arrêté des consuls qui règle la perception des contributions directes et l'exercice des contraintes, du 16 thermidor an VIII.)

Professeurs d'accouchement dans les hospices. — (Voyez ci-dessus *Chirurgiens.*)

TABLE ALPHABÉTIQUE
Du classement des diverses espèces de commerce, industries, arts et professions.

(Le tarif annexé à la loi du 1.er brumaire an VII est divisé en sept classes. Chacune d'elles indique nominativement les différens genres de commerce, profession et industrie assujettis aux droits de patente ; et quoique, par ce tarif, on soit entré dans de grands détails à cet égard, l'art. 35 de la loi a prévu le cas d'omission. Il veut que les commerces, professions et industries qui ne seront pas désignés dans le tarif, n'en soient pas moins assujettis à la patente, d'après l'analogie des opérations ou des objets de commerce.

La table alphabétique qui suit, a pour objet de faciliter l'application du tarif, et de faire connaître différentes espèces de professions analogues à celles portées au tarif. Cette table a été approuvée par le ministre des finances le 30 fructidor an XI, et transmise aux préfets par sa lettre circulaire du quatrième jour complémentaire de ladite année. Dans les notes que nous y avons ajoutées, nous avons voulu faire connaître les motifs de la classification de plusieurs professions qui ne se trouvent pas nominativement portées dans le tarif de la loi; enfin quelques changemens dans cette table ont été nécessités par des dispositions postérieures à sa publication; les professions auxquelles elles se réfèrent, sont imprimées en caractères italiques.

Sauf les changemens que nous avons indiqués, les droits de patente se règlent toujours d'après le tarif annexé à la loi du 1.er brumaire an VII, les lois annuellement rendues sur le budjet de l'État et indiquées à la page 239 et 240 ayant toujours maintenu les patentes d'après ce même pied.)

ÉTATS ET PROFESSIONS.	Classes.	ÉTATS ET PROFESSIONS.	Classes.
A.		Ambulance. *Voyez* Vendeur en ambulance . . .	
Accouchement (professeurs d') dans les hospices, non sujets à patente (1).		Amidonnier	3
Accoucheur. Comme officier de santé	4	Amusemens publics. *Voyez* Directeurs de Spectacles.	
Acier (Marchand d') { en gros . . . { en détail . .	1 4	Animaux. (Citoyens traitant les maladies des) . .	6
Agence ou bureau d'affaires. Directeur	1	Apothicaire	2
Agent de change	1	Appareilleur de bâtimens.	6
Allumettes (Marchand d') (2).	7	Apprêteur d'étoffes. . . .	4
		Apprêteur de bas.	6
		Architecte	2

(1) Décret du 25 thermidor an XIII. *Voyez* Exemptions, page 268.
(2) Comme charbonnier.

ÉTATS ET PROFESSIONS.	Classes.
Ardoises (Marchand d'). .	5
Argenteur	6
Armateur.	1
Armurier	4
Arpenteur	6
Arpenteur — Architecte (1)	2
Artificier.	5
Artisan. *Voyez Ouvrier*.	
Artistes vétérinaires, autres que ceux nommés par le Gouvernement (2) . .	4
Associé. Chaque associé d'une même maison de banque, de commerce ou de toute autre profession, est tenu d'avoir une patente (3).	

ÉTATS ET PROFESSIONS.	Classes.
Associé en commandite, non sujet à patente.	
Aubergiste	3
Avoué, non sujet à patente.	
B.	
Bacs sur les fleuves et rivières. Détenteur, fermier ou entrepreneur	3
Bains publics.	4
Balancier	7
Balais (Marchand de) . .	7
Ban ou étaux. *V.* Vendeur en ambulance. Exempt.	
Bandagiste	5
Banquier, sans égard à la population, 500 francs.	
Baraques. *V.* Vendeur en ambulance. Exempt.	

(1) Si un arpenteur se mêlait des opérations des architectes, soit en entreprenant des constructions, soit en réglant des mémoires d'ouvrages, il serait de la deuxième classe.

(2) Comme étant des officiers de santé pour les bestiaux.

(3) Loi du 1.er brumaire an VII, art. 25. On entend par associés, non ceux proprement dits en commandite ou actionnaires, c'est-à-dire, ceux qui ont placé dans une maison de commerce des fonds dont ils reçoivent l'intérêt à un taux fixe, ou à raison d'une certaine proportion dans les bénéfices, sans avoir le droit de gérer la société, mais bien ceux qui, en participant à toutes les chances du commerce, ont le droit ou de gérer, ou d'inspecter la gestion.

ÉTATS ET PROFESSIONS.	Classes.
Baromètre (Marchand de)	5
Barques. Constructeur de bateaux et batelets . . .	5
Bas (Fouleur de) (1). . .	4
Bas (Marchand de)	4
Bas. Fabricant sans ouvriers	6
Bas. Fabricant qui emploie jusqu'à cinq métiers. . .	5
Bas. Fabricant qui emploie plus de cinq métiers . .	3
Bateaux (Constructeur de)	5
Bateaux de blanchisseuses. Propriétaire ou locataire.	5
Batelier qui traverse la rivière avec un batelet pour donner passage . .	7
Batteur d'or et tireur . .	5
Batimens (Entrepreneur de)	2
Batonnier, qui fait des manches de brosses et de balais	7
Bêtes de somme (Marchand de)	3
Bestiaux à quatre pieds, bœufs, veaux, vaches, moutons, cochons, etc. (Marchand de)	3
Beurre (Vendeur de). Voyez Fruitier	5

ÉTATS ET PROFESSIONS.	Classes.
Bière en détail (Marchand de)	7
Bijoutier	2
Billard (Maître de). . .	3
Bimbelotier ou marchand de jouets d'enfans. . . .	7
Blanchisseur d'étoffes ouvragées	6
Blanchisseur d'étoffes non ouvragées	4
Blanchisseur qui met en blanc des toiles en pièces.	4
Blanchisseuse. Exempte de patente.	
Blatier	5
Bois de marine et de construction (Marchand de).	1
Bois en chantier (Marchand de)	1
Bois en détail, sans chantier ni magasin (Marchand de).	4
Bois des Indes en chantier et magasin	1
Bois des Indes en détail sans chantier ni magasin . . .	4
Boisselier	6
Bonnetier	4
Bottier en boutique . . .	3
Bottier en chambre. . . .	7

(1) Comme entrant dans la classe des apprêteurs d'étoffes.

ÉTATS ET PROFESSIONS.	Classes.	ÉTATS ET PROFESSIONS.	Classes.
Boucher (1)	3	Brossier	5
Bouchonnier	5	Bucheron. *Voyez* Scieur de long	
Boulanger	5	Bureaux d'affaires (Directeur de)	1
Bouquiniste	6	Bureaux d'indication (Directeur de)	1
Bourrelier	5		
Boursier	6	**C.**	
Boutons (Marchand et fabricant de)	4	Cabaretier	5
Boutons. Fabricant sans ouvriers et ne vendant que le bouton de sa fabrique	6	Cabotage (Propriétaires des bâtimens faisant le)	3
Bouvier pour le transport des marchandises	7	Cages et souricières, en boutique	7
Bouvier, qui achète des bestiaux pour les engraisser et les revendre	3	Cages et souricières, en ambulance ne doit que la moitié du droit fixe de l'article précédent.	
Boyaudier	5	Cannes (Marchand de)	5
Brasseur	2	Cardeur de laine et de coton, exempt.	
Brioleur, qui transporte sur des bêtes de somme des bois appartenant à d'autres particuliers	7	Carossier	3
Briques (Marchand de)	5	Carreleur	6
Briques (Fabricant de)	4	Carrière. Propriétaire ou fermier de carrières	6
Brocanteur, sans magasin ni boutique	6	Cartes de géographie (Marchand de)	5
Brocanteur, tenant magasin ou boutique	1	Cartier (Marchand)	3
		Cartonnier (Marchand)	3
Brodeur	7	Ceinturonnier	7

(1) Comme marchands de comestibles.

ÉTATS ET PROFESSIONS.	Classes.
CENDRES (Laveur de)...	6
CHARCUTIER........	3
CHANDELIER (1)......	3
CHANDELIER en gros (2)..	1
CHANGE. *Voyez* Agent et Courtier........	1
CHANVRE (Mar-{en gros..	1
chand de) {en détail.	5
CHANVRIER. Fabricant de chanvre, non sujet à patente.	
CHAPEAUX vieux (Marchand de).......	6
CHAPELIER.........	4
CHARBON de terre en gros.	1
CHARBONNIER. Marchand de toute espèce de charbon en détail......	7
CHARPENTIER, ayant des compagnons......	5
CHARPENTIER, travaillant seul pour son compte..	6
CHARRON........	5
CHAUDRONNIER......	6
CHAUDRONNIER ambulant, moitié du précédent.	

ÉTATS ET PROFESSIONS.	Classes.
CHAUFOURNIER (3) qui fabrique la chaux et la vend..........	6
CHAUSSÉES et routes (Entrepreneur de).....	5
CHAUX (Marchand de)..	5
CHEVAUX et autres bêtes de somme (Marchand de).	3
CHEVAUX (Loueur de)...	4
CHEVEUX (Marchand de).	4
CHIRURGIEN........	4
CHIRURGIEN, employé près les hôpitaux civils et militaires, ou au service des pauvres, par nomination de Sa Majesté, ou des autorités administratives, non sujet à patente (4).	
CHIFFONIER en gros....	1
CHIFFONS. Marchand sous-échoppe.........	6
CHOCOLAT (Marchand de).	5
CIDRE (Mar-{en gros...	1
chand de) {en détail..	7

(1) Les chandeliers qui étaient portés dans la troisième classe du tarif annexé à la loi du 6 fructidor an IV, doivent y être maintenus; s'ils (2) vendent en gros, ils appartiennent à la première classe.

(3) Comme assimilés aux plâtriers.

(4) Décret du 25 thermidor an XIII. *Voyez Exemptions*, page 268.

ÉTATS et PROFESSIONS.	Classes.	ÉTATS et PROFESSIONS.	Classes.
CIRE (Marchand de) (1). .	3	COMMISSIONNAIRES de mar-chandises.	1
CIRIER	3	COMMISSIONNAIRE de farine.	1
CISELEUR	6	CONDUCTEUR de voiture pour le transport des voyageurs	7
CLAINCAILLERIE. *Voyez* Quincaillerie.		CONFISEUR	2
CLOUTIER.	7	CONSTRUCTEUR de barques, bateaux et batelets . . .	5
COCHONS (Marchand de). .	3	CONSTRUCTEUR de navires.	2
COEFFEUR de femme. . . .	4	COQUETIER (2), qui vend des œufs { en gros .	1
COFFRETIER, malletier . .	6	{ en détail.	6
COLLE (Fabricant de) . . .	6	CORDES et cordages (Mar-chand de)	5
COLPORTEUR avec balle, soit qu'il ait domicile ou non, sans égard à la popula-tion, 20 fr.		CORDIER	6
COLPORTEUR avec chevaux ou autres bêtes de som-me, sans égard à la population, 30 fr.		CORDONNIER Marchand . .	3
		CORDONNIER à façon. . . .	7
COMESTIBLES (Marchand de)	3	CORROYEUR.	3
COMESTIBLES, menus comes-tibles. *Voir* Fruitier et vendeur en ambulance de menus comestibles.		COTON (Mar-chand de) { en gros . .	1
		{ en détail .	3
COMMIS à gages, non-sujet à patente.		COTON cardé (Marchand de)	6
		COULEURS (Marchand de) .	4

(1) Les marchands de cire sont des ciriers compris en la troisième classe.

(2) Les coquetiers, s'ils sont marchands d'œufs, doivent être rangés dans la sixième classe, pour la vente en détail, comme les fruitiers et marchands de volailles et gibiers. Ceux qui vendent des œufs en gros sont, comme tous les autres marchands en gros, de la première classe.

ÉTATS ET PROFESSIONS.	Classes.	ÉTATS ET PROFESSIONS.	Classes.
Courtier de change . . .	1	culotte, comme tailleur d'habits	7
Couteaux (Repasseur de).	7	Cultivateur, exempt de patente pour la vente des fruits provenant de son exploitation et pour le bétail qu'il élève.	
Couteaux (Marchand ambulant de, moitié du suivant.			
Coutelier, marchand de couteaux.	4	Curiosité (Marchand de).	4
Couturière (1).	7		
Couverture de soie, coton ou laine (Fabricant de).	4		
Couvreur, s'il a des compagnons	4	Déchireur de bateaux. . .	5
Couvreur, travaillant seul pour son compte	6	Décorateur	6
Cremier	6	Dégraisseur	6
Crins (Marchand de) en gros . .	1	Dentelles (Marchand de) en gros.	1
en détail. .	3	en détail.	3
Cristaux et porcelaines (Marchand de).	4	Dentiste.	4
Cuirs et peaux (Marchand de) en gros.	1	Directeur d'agence et bureaux d'affaires	1
en détail	4	Directeur des cabinets littéraires	4
Culottier qui vend des culottes, comme marchand tailleur.	3	Directeur d'établissemens de vente à l'encan . . .	1
Culottier qui façonne la			

D.

(1) Les couturières portées à la septième classe sont celles qui travaillent en linge, en robe, ou autres vêtemens ; celles qui travaillent chez d'autres couturières sont seules exemptes. Celles qui s'occupent pour leur compte personnel, chez elles ou chez leurs pratiques, même sans employer d'ouvrières, y sont assujetties.

ÉTATS et PROFESSIONS.	Classes.
DIRECTEUR de spectacles et d'amusemens publics, une représentation complète établie d'après le nombre et le prix de chaque place que la salle peut contenir, sans déduction des entrées gratuites.	
DIRECTEUR de spectacle d'animaux dans un local fixe et non en ambulance, une représentation.	
DISTILLATEUR.	2
DISTILLATEUR d'eau forte.	6
DOREUR.	6
DRAPIER { en gros	1
{ en détail	2
DROGUERIES (Marchand de) { en gros	1
{ en détail	3

E.

ÉTATS et PROFESSIONS.	Classes.
EAU-DE-VIE (Fabricant d').	3
EAU-DE-VIE (Vendeur d') { en gros	1
{ en détail	7
EAU-FORTE (Marchand d').	6
EAUX-MINÉRALES (Marchand d')	6
ÉBÉNISTE.	4
ÉCHOPPES. Voyez Vendeurs en ambulance.	
ECORCES (Marchand d').	4

ÉTATS et PROFESSIONS.	Classes.
EMAILLEUR	6
ENTREPRENEUR de bacs	3
— — de bâtimens	2
— — de pavés.	5
— — de la république	1
— — de roulage. Voyez Roulage. 200 fr.	
— — de voitures publiques, par terre, par eau. Voyez Voitures publiques. 200 fr.	
— — de vidanges	5
ÉPERONNIER	4
ÉPICIER { en gros	1
{ en détail	4
ÉPINGLIER	7
ESTAMPES en boutique.	4
ESTAMPES sous échoppe, moitié du droit fixe de l'article précédent.	
ÉTALAGE. Voyez Vendeurs en ambulance.	
ÉTAPIER, entrepreneur pour son compte personnel	1
ÉTAPIER, régisseur pour la République, non sujet à patente.	
ÉTAUX. Voyez Vendeurs en ambulance.	
ÉTOFFES (Apprêteur d').	4
ÉTOFFES de coton (Marchand d') { en gros.	1
{ en détail	2

ÉTATS ET PROFESSIONS.	Classes.
ÉTOFFES de soie (Marchand d') { en gros.	1
{ en détail	2
ÉVENTAILLISTE	5

F.

ÉTATS ET PROFESSIONS.	Classes.
FABRICANT de fontaines de grès et fourneaux. . . .	6
FABRICANT à métier pour son compte.	6
FABRICANT qui n'occupe pas plus de cinq métiers. . .	5
FABRICANT de colle.	6
FABRICANT de porte-feuilles	7
FACTEURS d'instrumens. Voir Instrumens. . . .	5
FAISEUR et monteur de boîtes, ne fournissant que la main-d'œuvre	6
FAISEUR et monteur de boîtes, fournissant la matière.	2
FARINES (Mar- { en gros . .	3
chand de) { en détail .	6
FAYENCE en ambulance ou sous échoppe, moitié du droit de marchand en boutique.	
FAYENCIER. Marchand de faïence en boutique . . .	4
FER (Marchand { en gros . .	1
de) { en détail .	4
FERRAILLEUR	7

ÉTATS ET PROFESSIONS.	Classes.
FERRAILLEUR sous échoppe, moitié de l'article précédent.	
FERBLANTIER.	5
FERMIER. Voyez Cultivateur.	
FERMIER de bac. Voyez Bac.	3
FILASSE, chanvre et lin (Marchand de).	5
FILETS à pêcher (Marchand de)	5
FILEUR de laine et coton, exempt de patente.	
FILS (Marchand { en gros . .	1
de) { en détail.	3
FLEURS artificielles.	4
FONCTIONNAIRE public, exempt en ce qui concerne ses fonctions.	
FONDEUR.	6
FONDEUR de suifs.	6
FONTENIER.	7
FORAIN. Voyez Marchand.	
FORGES (Maître de) . . .	3
FORMIER, ouvrier qui fait des formes de soulier . .	7
FOULEUR de bas	4
FOULONNIER qui foule les draps par le moyen de moulin à bras ou à eau. .	4
FOURBISSEUR	6

ÉTATS ET PROFESSIONS.	Classes.
FOURNIER (1), celui qui met le pain dans le four à lui appartenant	5
FOURNISSEUR de la République	1
FOURRAGES (Marchand de)	6
FOURREUR (Marchand)	3
FRANGIER	5
FRIPIER	4
FRISEUR de laine	6
FROMAGES (Marchand de) en boutique	6
FRUITIER en boutique	6
FRUITIER, vendeur de fruits en ambulance dans les rues, lieux de passages et marchés, exempt de patente.	
FUMISTE	5

G.

ÉTATS ET PROFESSIONS.	Classes.
GAINIER	7
GALOCHIER	7
GALONNIER	5
GANTIER	4
GARGOTTIER	6
GAUFRIER en boutique. V. Comestibles.	3

ÉTATS ET PROFESSIONS.	Classes.
GAZE (Marchand de) { en gros	1
{ en détail.	3
GIBIER et volaille (Marchand de).	6
GLACES (Marchand de)	6
GLANTS (Marchand de)	6
GRAINIER	6
GRAINS (Marchand de), autres que ceux de sa récolte.	3
GRAISSIER	3
GRAVEUR, ne vendant que le produit de son art, exempt de patente.	
GRAVEUR sur métaux	7
GRAVURES (Marchand de).	5
GREFFIER, exempt (2).	
GUILLOCHEUR	6

H.

ÉTATS ET PROFESSIONS.	Classes.
HABITS vieux en ambulance.	6
HARNAIS de luxe (Fabricant de), comme Sellier	4
HARNAIS de labour (Fabricant de), comme Bourrelier	5
HERBAGER qui engraisse des bestiaux pour les vendre ensuite (3).	3

---

(1) Comme assimilé au boulanger.

(2) Loi du 1.er brumaire an VII, art. 29, n.° 1.

(3) Comme assimilés aux marchands de vaches.

ÉTATS et PROFESSIONS.	Classes.	ÉTATS et PROFESSIONS.	Classes.
Herboriste.	6	Imprimeur d'indienne. . .	6
Hongreur qui, en même tems, est maréchal-ferrant	6	Imprimeur en taille-douce.	6
Hongroyeur.	3	Ingénieur des ponts et chaussées, s'il ne travaille que pour le Gouvernement, exempt de patente.	
Horloger	2		
Horloger en bois (1). . .	7	Intéressé dans une société. *Voyez* Associé.	
Hôtels garnis (Maître d') et pour droit proportionnel, le 40.e du prix total de la location.	3	Instrumens de physique, astronomie et mathématique (Facteur d'). . .	5
Huilier (Fabricant et Marchand d'huile) (2). . . .	3	**J.**	
Huissier	3	Jardinier. *Voyez* Cultivateur.	
Huissier-Priseur.	3	Jaugeur, peseur de liqueur	3
Huitres (Marchand d'). .	7	Joaillier	2
I.		Jouets d'enfans. *Voyez* Bimbelotier	7
Images (Marchand d') en boutique.	4	**L.**	
Images (Marchand d') . .	4	Laboureur. *Voyez* Cultivateur. Exempt.	
Imprimeur.	2	Laine (Marchand en gros de) . . . . . . en détail	1 / 3
Imprimeur de lettres et avis, s'il n'a qu'une presse et s'il ne fait d'autres impressions.	6		

(1) Comme les tourneurs en bois.

(2) Les propriétaires de moulins à huile, qui les font exploiter par des gens de journée, étaient portés à la troisième classe du tarif de la loi du 6 fructidor an IV : c'est par un défaut de rédaction qu'ils ont été omis dans celui de la loi du 1.er brumaire an VII ; ils doivent continuer d'être placés à cette troisième classe.

ÉTATS ET PROFESSIONS.	Classes.	ÉTATS ET PROFESSIONS.	Classes.
Lamier,	6	Lunetier	5
Laneur qui frise les étoffes.	6	Luthier.	5
Lapidaire	2		
Lattes (Marchand de)	5	**M.**	
Laveur de cendre.	6	Macaronis et autres pâtes de même nature (Marchand de)	5
Layetier.	5		
Levures (Marchand de).	5		
Libraire.	4	Machiniste.	4
Limonadier.	3	Maçon, s'il a des compagnons, comme entrepreneur de bâtimens	2
Lin, chanvre et filasse.	5		
Linge sous échoppe	6		
Lingère (Marchande) (1).	5	Maçon, travaillant seul pour son compte.	6
Linons (Marchand de) en gros	1		
en détail.	3	Maitre à danser, donnant bal (Une recette de bal).	
Liqueurs (Marchand de) en gros	1	— — à danser ne donnant point bal est exempt de patente, comme instituteur.	
en détail.	3		
Livres (Marchand de) sous échoppes, s'ils ne sont bouquinistes, outre le droit proportionnel, moitié du droit de la quatrième classe.		— — de ports, exempt.	
		Malletier, coffretier	6
		Manchonnier.	3
		Maquignon ou courtier de chevaux	6
Locataire (Principal). *Voyez* Propriétaire.		Marbrier	6
Logeur	6	Marchand de chevaux et bêtes de somme. *Voyez* Chevaux.	3
— — de chevaux et voitures suspendues	4		

(1) Les marchandes lingères sujettes au droit de cinquième classe, sont celles qui tiennent en boutique ou magasin des ouvrages de lingerie. Les ouvrières en linge qui travaillent chez elles, ne doivent que celui de la septième classe, comme couturières.

ÉTATS et PROFESSIONS.	Classes.
MARCHAND en gros de toute espèce de marchandises, excepté des grains et des farines (1).	1
MARCHAND forain avec voiture, sans égard à la population, 40 fr.	
MARCHANDE à la toilette.	6
MARÉCHAL ferrant ou expert.	6
MARINIER, qui achète et transporte par eau des marchandises qu'il revend en gros.	1
— — en chef	5
MARI et femme non séparés de biens ne doivent qu'une patente, en prenant celle de la classe supérieure, s'ils font plusieurs états.	
MARRONS (Marchand de) en boutique	6

ÉTATS et PROFESSIONS.	Classes.
MATELASSIER (2), qui s'occupe seul à faire des matelas.	7
MATÉRIAUX (Marchand de)	5
MÉDECIN	4
MÉDECINS (3) employés près des hôpitaux civils et militaires, ou au service des pauvres, par nomination de Sa Majesté ou des autorités administratives, *soit qu'ils exercent ou non leur art chez des particuliers*, non sujets à la patente.	
MÉGISSIER	5
MENUISIER	5
MERCERIES sous échoppe, moitié de celui en boutique.	
MERCIER Marchand { en gros	1
en détail	3

(1) C'est la nature du commerce habituel et journalier qui distingue le marchand en gros de celui en détail : le marchand en gros est celui qui vend habituellement en magasin par barique ou balle sous corde ; le marchand en détail est celui qui vend habituellement à boutique ouverte et par partie plus ou moins considérable ; quelques ventes extraordinaires par barique ou balle à un autre marchand en détail ne peuvent pas le faire considérer comme marchand en gros.

(2) Comme couturières.

(3) Décret du 25 thermidor an XIII. Voyez *Exemptions*, page 269.

ÉTATS ET PROFESSIONS.	Classes.	ÉTATS ET PROFESSIONS.	Classes.
MESUREUR de grains	4	MOUTARDIER	6
— — — de grains, payé par la police ou fermier du droit de mesurage, exempt de patente.		MUNITIONNAIRE de la république. *Voyez* Entrepreneur	1
— — — de sel	4	MUSIQUE et cartes de géographie	5
— — — d'étoffes	4	MUSQUINIER, qui fabrique des toiles fines avec du lin	7
— — — de toile	4		
MÉTAUX. *Voyez* { en gros	1		
Fer. { en détail.	4	**N.**	
METTEUR en œuvre	6	NATTIER	6
MEUBLES (Marchand de)	4	NATURALISTE Marchand	4
— — vieux en étalage	6	NAVIRES (Marchand de)	3
MEUNIER	5	— — (Constructeur de)	2
et pour droit proportionnel, le 30.ᵉ de la valeur locative.		NAVIRES (Courtier de), sans égard à la population, 200 fr.	
MINES (l'exploitation des) non sujette à patente (1).		NÉGOCIANT.	1
MINEUR, ouvrier, exempt.		NOTAIRE, exempt (2).	
MIROITIER	5	NOURRISSEUR de bestiaux. *Voyez* Cultivateur, Herbager.	
MODES (Marchand de)	4	**O.**	
MOULINIER. *Voyez* Ouvrier		OBJETS de curiosité. *Voyez* Curiosités	4
MOUSSELINES { en gros	1		
(Marchand de) { en détail.	2	OCULISTE, comme officier de santé	4
— — — sous échoppe, moitié du droit précédent.			

---

(1) Loi du 21 avril 1810, art. 32. Voyez *Exemptions*, page 269.

(2) Loi du 25 ventôse an XI, art. 33. Voyez *Exemptions*, page 270.

ÉTATS ET PROFESSIONS.	Classes.	ÉTATS ET PROFESSIONS.	Classes.
OFFICIER de santé.	4	PAIN d'épice, Marchand en boutique.	7
OFFICIERS de santé attachés aux armées, aux hôpitaux, au service des pauvres par nomination du Gouvernement ou des autorités administratives, non sujets à patente (1).		PANTOUFFLES (Marchande de) ne vendant point de souliers en boutique . .	3
		PAPIER (Marchand de) . .	3
ŒUFS. *Voyez* Fruitier et Vendeur en ambulance.		— — peint (Marchand de)	3
OISELEUR. *Voyez* Volaille.	6	PARASOLS (Marchand de).	4
OPTICIEN.	5	— — — — Marchand ambulant, moitié du précédent.	
ORANGES (Marchand d') en boutique.	6	PARCHEMINIER	6
En ambulance ou échoppe, moitié du précédent.		PARFUMEUR.	4
ORFÉVRE.	2	PASSEMENTIER.	7
OUVRIERS travaillant chez autrui et pour le compte de ceux qui les emploient, non sujets à patente.		PASSETALONNIER	7
		PATACHIER, constructeur de pataches.	7
— — — travaillant chez eux pour autrui, doivent être pourvus de la patente de la sixième classe, ou de celle de leur profession, désignée au tarif.		PATINIER (2), marchand de patins	3
		— — — (3), ouvrier. .	7
		PATES de toute nature (Marchand de).	5
P.		PATISSIER	3
PAILLES teintes (Marchand de)	6	PAUMIER . . . . et pour le droit proportionnel, le 20.e du prix total de sa location.	3

(1) Loi du 9 brumaire au VIII. *Voyez Exemptions*, page 270.

(2) Comme marchand cordonnier.

(3) Comme cordonnier.

ÉTATS ET PROFESSIONS.	Classes.
Peaux (Marchand de) { en gros.	1
{ en détail	4
— — pour l'armement et l'habillement (Marchand de)	6
Pêcheur, exempt de patente.	
Peignes (1) (fabricant de) qui emploie des ouvriers.	4
— — (2) (Ouvrier qui fabrique des)	6
Peintre, comme artiste non sujet à patente.	
— — en bâtimens. . . .	7
Pelles (Marchand de). . .	7
Perruquier	7
— — — Coëffeur de femmes	4
Peseur-Juré	3
Pharmacien	2
Pharmaciens (3) employés près des hôpitaux civils et militaires, ou au service des pauvres, par nomination de Sa Majesté, ou des autorités administratives, non sujets à patente.	

ÉTATS ET PROFESSIONS.	Classes.
Piquonnier, qui revend des laines de rebut après la fabrication.	6
Planeur.	6
Plâtre (Marchand de) . .	5
Platrier.	6
Plombier.	4
Plumassier. Plumes peintes.	4
Plumes (Marchand de) en boutique.	3
Poêlier	5
Poissons frais et salés (Marchand de).	7
Poix (4) (Grande fabrique de)	4
Poix (5) (Fabricant de) pour son compte	6
Polisseur	6
Pompier	7
Porcelaines (Marchand de)	4
Porteur de contraintes, exempt.	
Poste aux chevaux (Maître de la), non sujet à patente.	
Potasse	6

(1) Comme appartenant à une classe supérieure à celle des tabletiers qui sont de la cinquième.

(2) Comme fabricant à métier pour son compte.

(3) Décret du 25 therm. an XIII. Voyez *Exemptions*, page 271.

(4) Comme fabriques.

(5) Comme ouvrier à son compte.

ÉTATS et PROFESSIONS.	Classes.
POTERIES en ambulance, moitié du droit du marchand en boutique.	
POTIER de terre, qui est en même tems fayencier	4
-- -- de terre, vendeur ou fabricant	6
-- -- d'étain	6
POUDRE à tirer (Marchand de)	5
PRÊTEUR sur gages	1
PRÉSURIER. Marchand de présure pour cailler le lait.	6
PROPRIÉTAIRE ou principal locataire, ne doit le droit proportionnel qu'à raison de la valeur des biens qu'il occupe.	
-- -- -- de bâtimens faisant cabotage. *Voyez* Cabotage.	3

Q.

ÉTATS et PROFESSIONS.	Classes.
QUINCAILLERIE { en gros.	1
{ en détail.	4

R.

ÉTATS et PROFESSIONS.	Classes.
RAFFINEUR de sucre.	1
RELIEUR	7
REPASSEUSE. *V.* Blanchisseuse, exempte.	

ÉTATS et PROFESSIONS.	Classes.
RÉSINE (Marchand de)	5
RESTAURATEUR, Traiteur.	2
REVENDEUR.	6
RÉVERBÈRES. Entrepreneur de l'illumination d'une ville.	1
-- -- -- Entrepreneur pour le compte des villes.	5
ROTIERS. Fabricant de petits instrumens en bois.	7
RÔTISSEUR.	3
ROUGE (Marchand de)	4
ROULAGE (Commissionnaire ou Entrepreneur de), 200 francs, sans égard à la population.	
ROUTES. *Voyez* Chaussées.	5
RUBANIER	6
RUBANS (Marchand de)	3

S.

ÉTATS et PROFESSIONS.	Classes.
SABOTIER (Marchand).	7
SABOTS (Fabricant de).	6
SACS (Loueur de).	6
SAGE-FEMME, non sujette à patente.	
SALINES. Propriétaire, fermier ou entrepreneur, exempts de patente (1).	
SALINS et potasse (Marchand de)	6

(1) Avis du conseil d'état du 25 floréal an VIII. Voyez *Exemptions*; page 269.

ÉTATS ET PROFESSIONS.	Classes.
SALPÊTRIER. Fabricant de salpêtre	5
— — — Préposé de la régie des poudres et salpêtres, non sujet à patente.	
SAVETIER, non sujet à patente.	
SCULPTEUR. Comme artiste, ne vendant que le produit de son art , non sujet à patente.	
SCULPTURES (Marchand de)	5
SEL (Marchand de) { en gros, en bateau ou magasin . .	1
{ en détail	7
— — (Mesureur de). . . .	4
SELLIER.	4
SÉMOUILLES (Marchand de)	5
SERRURIER	4
— — — mécanicien. . .	4
SOIRIES (Marchand de) { en gros .	1
{ en détail.	2
SPECTACLES (Voyez Directeur de).	
SUIFS (Marchand de) . . .	3
T.	
TABAC (Marchand de) { en gros . .	1
{ en détail. .	6

ÉTATS ET PROFESSIONS.	Classes.
TABAC (Marchand de), ayant magasin, fabriques ou moulins	5
TABLEAUX et gravures, en boutique (Marchand de)	5
— — (Restaurateur de)	6
TABLETIER	5
TAILLANDIER	4
TAILLEUR (Marchand). . .	3
— — d'habits	7
— — de pierre	7
TAMIS (Marchand de) . . .	5
TAN (Marchand de) . . .	4
TANNEUR , qui fait en gros le commerce de cuirs qu'il n'a point tannés.	1
— — — qui tanne le cuir qu'on lui apporte .	3
TAPISSIER	3
TEINTURE (1) (Marchand de).	3
TEINTURIER (2).	6
TIREUR d'or.	5
TISSERAND	7
TOILES sous échoppe . . .	3
— — et autres étoffes (Mesureur de)	4

(1) Comme détaillant.

(2) C'est-à-dire qui se borne à teindre les fils, cotons, étoffes et autres objets qui lui sont apportés à cet effet.

ÉTATS ET PROFESSIONS.	Classes.
TOILIER (Marchand) { en gros . .	1
{ en détail .	2
TOISEUR.	6
— — qui mesure pour autrui.	6
TONDEUR, friseur de laine.	6
TONNELIER	6
TOURBE (Marchand de) . .	4
— — (Extracteur de) .	1
TOURNEUR en bois	7
— — — de métaux et au métier	5
TRAÇONS (Maître de). *Voy.* Mesureur de sel	4
TRAITEUR, restaurateur. .	2
TREILLAGEUR, boisselier .	6
TRIPIER, non sujet à patente.	
TUILES (Marchand de) . .	5
TUILIER qui fabrique des tuiles	4

V.

ÉTATS ET PROFESSIONS.	Classes.
VACHES, bœufs, veaux, moutons et cochons (Marchand de)	3
VANNIER	6
VENDEUR en ambulance dans les rues, dans les lieux de passage et dans les marchés, de fruits, légumes, beurre, œufs, fromage et autres menus comestibles, exempt de patente.	
VENDEUR en ambulance, échoppe ou étalage d'autres objets que ceux désignés dans l'article précédent, doit moitié des droits fixes et proportionnels que paient ceux qui vendent en boutique.	
VÉRIFICATEUR de bâtimens.	6
VERMICELS. *Voyez* Pâtes .	5
VERRE et verroterie (Marchand de)	4
— — et verroterie en ambulance, étalage et sous échoppe, moitié du précédent.	
VÉTÉRINAIRE (Artiste) . .	4
VIDANGEUR	5
VIN et vinaigre { en gros. .	1
(Marchand de) { en détail.	3
VITRIER	7
VOILIER	6
VOITURES publiques par terre et par eau, sans égard à la population, 200 francs.	
— — — suspendues (Loueur de)	4
VOITURIER pour le transport des marchandises et du voyageur	7
VOLAILLE et gibier (Marchand de)	6

Les contrôleurs des contributions directes sont chargés de former, chacun dans son arrondissement, les tableaux des citoyens assujettis à la patente (voyez page 55 et 56).

A mesure que les travaux des contrôleurs, relatifs aux contributions foncière et personnelle, sont terminés, le directeur leur donne l'ordre de se transporter successivement dans chacune des communes de leur arrondissement, pour y rédiger le tableau des citoyens assujettis à la patente, sur les états imprimés que le directeur leur remet. En arrivant dans une commune, le contrôleur se rend auprès du maire et de l'adjoint, et leur demande de lui faire connaître les noms, les demeures et les professions des habitans de la commune qui sont dans le cas de prendre une patente. Le contrôleur doit mettre le plus grand soin à constater la véritable valeur du loyer, tant des maisons d'habitations que des usines, ateliers, boutiques et magasins, et à indiquer les professions. Si un citoyen réunit plusieurs professions, le contrôleur indique la plus imposable; en cas de doute, il les énonce toutes.

Pour faciliter et accélérer ce travail, le contrôleur a recours à la matrice du rôle de la contribution personnelle, qui indique les professions, les demeures et le montant des loyers.

Le contrôleur, d'après les renseignemens qui lui sont donnés par le maire et par l'adjoint, et ceux qu'il a pu se procurer par lui-même, rédige le tableau; il le présente au maire, qui l'arrête, après avoir consigné ses observations sur les articles qui lui en paraissent susceptibles. Le contrôleur l'adresse ensuite au sous-préfet, qui le fait passer au préfet, en ajoutant de même les observations qu'il croit devoir faire dans la colonne à ce destinée; le préfet remet le tout au directeur des contributions directes; ce dernier fixe le montant de chaque patente.

Cette fixation de la part du directeur consiste à faire une juste application de la loi et du tarif à chaque article du tableau : il est indispensable dès-lors qu'il ait une connaissance approfondie du tarif et des lois, décrets et décisions concernant les patentes.

Quant au prix de la patente, il se compose de deux droits, le *droit fixe* et le *droit proportionnel*.

Le *droit fixe* varie, 1.º à raison de la population de la commune; 2.º à raison de la profession ou du commerce de l'individu. La première chose à faire est de constater la population de toutes les communes du département.

Il est une espèce de *droit fixe* qui ne varie point à raison de la population; il n'y a que sept professions qui en soient susceptibles.

Le *droit fixe* varie encore à raison de la profession; enfin, le *droit fixe* est réduit à moitié pour les marchands *ambulans* et les marchands en échoppes ou étalages. Ceux qui sont dans ce cas, ne payent que la moitié du droit fixe, et la moitié du droit proportionnel qu'ils payeraient, si, au lieu d'être en ambulance ou en échoppe, ils étaient en boutique.

Les marchands en ambulance ou échoppes, de fruits, légumes, beurre, œufs, fromages et autres menus comestibles, sont exempts de patente.

L'article 30 de la loi du 1.er brumaire an VII définit ce que la loi entend par *marchand en gros*; ce sont, quel que soit leur commerce, tous ceux qui font des reventes sous les enveloppes usitées pour les premières entrées dans le commerce, des objets commerçables. C'est la nature du commerce habituel et journalier qui distingue le marchand en gros de celui en détail. Le marchand en gros est celui qui vend habituellement en magasin, par barrique ou balle sous corde. Le marchand en détail est celui qui vend habituellement à boutique ouverte, et par parties plus ou moins considérables. Il peut arriver quelquefois qu'il vende par barrique ou balle à un autre marchand en détail; mais il n'est toujours que marchand détaillant, parce que la vente en détail est la vraie profession et le genre de commerce qu'il a adopté.

Les citoyens qui auraient été portés sur le rôle comme marchands en gros ou comme associés en commerce, sont admis à prouver, par la représentation de leurs registres et actes de société, qu'ils ne sont que marchands en détail ou commis.

On voit, par la table alphabétique, que les *fabricans* d'un objet quelconque doivent être placés à une classe au-dessus de celle où se trouve le marchand du même objet : il y a pourtant des exceptions. Le cordonnier marchand, le tailleur marchand sont de la troisième classe ; le cordonnier et le tailleur qui font les souliers ou habits, sont de la septième.

Les fabricans qui travaillent par eux-mêmes sans employer d'ouvriers, et qui, n'ayant ni boutique ni magasin, vendent à mesure le produit de leurs travaux, ne sont que de la sixième classe.

Enfin on ne doit considérer comme fabricant que les manufacturiers à métiers, qui ne vendent qu'en gros aux marchands en détail. Ceux-là seulement doivent être mis dans la classe au-dessus de celle où se trouve le marchand qui vend les objets que le premier fabrique.

Encore les fabricans qui n'occupent ou n'entretiennent pas plus de cinq métiers, soit chez eux, soit hors de leur domicile, sont tous de la cinquième classe.

La loi exempte de patente les ouvriers, mais ceux seulement qui travaillent pour autrui, dans les maisons, ateliers ou boutiques de ceux qui les emploient. Ainsi, un ouvrier qui travaillerait pour une personne quelconque, laquelle ne serait pas du même état, doit être considéré comme entrepreneur, et n'est plus dans le cas de l'exemption : il doit la patente de la classe où se trouve sa profession. — (Instruction du ministre des finances du 30 fructidor an XI.)

Quant au droit proportionnel, nous renvoyons à ce qui a été dit à la page 261. Voici maintenant la forme des tableaux, à dresser par les contrôleurs, et qui doivent être communiqués aux maires et sous-préfets, avant que le directeur des contributions directes fixe le montant de chaque patente.

Numéro des Articles.	NOMS et PRÉNOMS des citoyens assujettis à la patente.	Numéro de leurs maisons.	ÉTAT commerce, industrie ou profession les plus imposables.	Loyers des habitations, usines, magasins, boutiques, ateliers, etc.				
				D'après des baux authentiques.	A défaut de baux, d'après la déclaration des patentables.	A défaut de baux et de déclaration suffisante de la part des patentables,		
						D'après l'évaluation faite par le Contrôleur.	D'après l'évaluation faite par le Maire.	D'après la fixation faite par le Sous-préfet, en cas de partage dans les 2 évaluations ci-contre.
1	2	3	4	5	6	7	8	9

OBSERVATIONS du MAIRE.	OBSERVATIONS du CONTRÔLEUR sur celles du Maire.	OBSERVATIONS du SOUS-PRÉFET.	MONTANT de chaque patente fixé d'après les lois par le Directeur des contributions.		
			Droits fixes.	Droits proportionnels.	TOTAL.
10	11	12	13	14	15

Ces tableaux devenant la matrice, sur laquelle le rôle devra être expédié, les contrôleurs ne peuvent donner trop de soin à toutes les parties de ce travail; et l'on est en droit d'attendre d'eux qu'ils sauront tout-à-la-fois suivre les principes de la justice administrative, qui n'admet aucune faveur, et cependant éviter tout esprit d'extension. Voici la forme d'un rôle des droits de patentes.

DÉPARTEMENT
de
RHIN-ET-MOSELLE.

Arrondissement communal
d

MAIRIE
d

PATENTES.

RÔLE des droits de patentes dus pour l'an   dans la Mairie d

EMARGEMENS.	NUMÉRO		Noms et Prénoms des Citoyens assujettis à la patente.	PROFESSION.	Montant des droits de patentes.				TOTAL général.
	des Articles.	des Maisons.			Droits fixes.	Droits proportionnels.	Total.	5 centimes pour fonds de dégrivement et de non-valeurs.	

RÉCAPITULATION.

NOMS des Communes.	NOMBRE des patentables.	MONTANT des droits de patentes.				TOTAL général.
		Droits fixes.	Droits proportion-nels.	TOTAL	5 centimes pour fonds de dégrèvement et de non-valeurs.	
TOTAL . . .						

*VU le rôle des patentes de la mairie d   pour l'an   ;
après avoir procédé à sa vérification, en avons arrêté le montant à la
somme totale de   en droits fixes, droits proportionnels,
et cinq centimes des droits fixes et proportionnels réunis, pour le recouvrement du présent rôle être fait par le percepteur.*

*Enjoignons à tous les citoyens cotisés au présent rôle d'acquitter les
sommes y contenues entre les mains du percepteur, dans les termes prescrits, sous peine d'y être contraints.*

Fait et arrêté à Coblentz, le   an

Le PRÉFET du Département,

Le percepteur remet, aux parties intéressées, la formule de patente qui sera signée par le maire (voyez page 56 et 57). Voici comment cette formule est conçue :

DÉPARTEMENT
d

PATENTE d

ARRONDISSEMENT
d

COMMUNE d   dont la population
est de   âmes.

COMMUNE
d

BON POUR L'AN

Les Patentes doivent être délivrées sur papier du timbre de 75 centimes.

LE Maire de la commune d   sur la déclaration à lui faite par le S.r   ayant son principal domicile dans cette commune, qu'il entend exercer   et sur la présentation de la quittance à lui délivrée le   par le S.r   Percepteur des contributions directes, de laquelle il résulte qu'il a payé le douzième échu du droit de Patente ;

Lui a en conséquence délivré la présente Patente, au moyen de laquelle il pourra exercer pendant l'an   1   sans trouble ni empêchement, en se conformant aux lois et aux règlemens de police.

Et a ledit Sieur   signé sur la présente.

FAIT à   le

Sceau de la commune.

Le Maire de la commune
d

(*Signature du Requérant.*)

§. 28.

Au §. 21, page 40, il était question de la confection des rôles pour servir au recouvrement des contributions directes; les directeurs des contributions directes sont chargés, comme nous l'avons dit, de faire faire les recensemens et autres opérations y relatives : mais comme ces rôles doivent comprendre toutes les impositions autorisées par des lois ou décrets particuliers, il nous reste à parler de ces impositions, qui sont levées avec les contributions directes par la voie de *centimes additionnels*.

Ces impositions sont d'abord *pour la contribution foncière, et les contributions personnelle et mobilière*, 1.° les centimes additionnels du fonds de non-valeur (voyez §. 16); 2.° les centimes additionnels des dépenses départémentales, fixes et variables, administratives et judiciaires (1); 3.° les quatre centimes,

(1) La loi du 20 avril 1810, qui fixe les contributions de 1811, a déterminé (art. 5) pour tous les départemens de l'Empire, le nombre de ces centimes à dix-sept; partie en est destinée au paiement des dépenses fixes, et partie au paiement des dépenses variables, administratives et judiciaires. La répartition et l'application du produit de ces dix-sept centimes, au paiement des dépenses auxquelles il est destiné, sont faites par le gouvernement. C'est la loi du 15 frimaire an VI, relative au

d'après l'autorisation de l'art. 68 de la loi relative au budjet de l'État du 24 avril 1806, soit pour réparations, entretien de bâtimens, et supplément de frais de culte, soit pour construction de canaux, chemins ou établissemens publics (1); enfin et 4.º les centimes additionnels pour les dépenses municipales et communales (2).

5.º Pour les frais de confection des parcellaires pour le cadastre (voyez §. 20, page 25),

---

mode d'imposition et de paiement des dépenses, qui a désigné les dépenses départémentales, et d'après cette loi (art. 3) les *dépenses fixes* sont celles pour les préfets, les secrétaires généraux, les membres des conseils de préfecture, les sous-préfets, l'instruction publique, les tribunaux de première instance, d'appel, criminels, de commerce, spéciaux, de paix, de police, les traitemens et remises des receveurs généraux et particuliers; et les *dépenses variables*, celles pour frais d'administration des préfectures et sous-préfectures, pour l'instruction publique, les enfans trouvés, les prisons et réparations extraordinaires, les menues dépenses des tribunaux et les dépenses imprévues.

(1) Cette imposition est désignée dans les budjets départémentaux sous la dénomination de *centimes facultatifs*; les centimes dont était question sous n.º 2, y étant portés sous celle de *centimes ordinaires*.

(2) Conformément à la loi du 15 frimaire an VI, art. 12, les centimes additionnels pour les dépenses municipales et communales ne peuvent, pour chaque commune, excéder cinq centimes pour franc du principal des deux contributions foncière et personnelle.

il est imposé un trentième du principal de la contribution foncière seulement (1); et 6.° un décret impérial du 23 fructidor an XIII porte que, dans toutes les communes où le salaire des gardes-champêtres ne pourra être acquitté sur les revenus communaux, et lorsque les habitans ne consentiront pas à former le traitement ou le complément de traitement de ces gardes, par une souscription volontaire, la somme qui manquera, sera, en conformité de l'art. 3, section VII de la loi du 6 octobre 1791, concernant les biens et usages ruraux et la police rurale, répartie sur les propriétaires ou exploitans de fonds non enclos, au centime le franc de la contribution foncière de chacun d'eux.

7.° La loi du 22 mars 1806, relative au mode de paiement des gardes des bois des communes qui n'ont pas de revenus, porte que le montant des salaires des gardes des bois des communes qui n'auront ni revenus ni affouage suffisans pour l'acquitter, sera ajouté aux centimes additionnels des contributions de ces communes; et que l'imposition additionnelle ne pourra avoir

---

(1) Lois des 25 novembre 1808, art. 7, 15 janvier 1810, art. 15, et 20 avril 1810, art. 5.

lieu que sur l'autorisation du gouvernement, par décret d'administration publique.

8.º La loi du 14 février 1810, relative aux revenus des fabriques des églises, autorise, lorsque, dans une paroisse, les revenus de la fabrique, ni, à leur défaut, les revenus communaux ne seront pas suffisans pour les dépenses annuelles de la célébration du culte, la répartition entre les habitans, au marc le franc de la contribution personnelle et mobilière, de ces dépenses (1).

Le décret impérial du 30 septembre 1807, qui a mis à la charge du trésor public les succursales, autorise, dans les paroisses ou succursales trop étendues, l'établissement des chapelles et des annexes, à charge par les habitans de fournir le traitement du chapelain ou du vicaire, et règle le mode de répartition et de recouvrement de cette somme (2).

9.º S'il y a lieu, la loi annuelle sur le budjet de l'Etat autorise les conseils généraux à déterminer le nombre de centimes à imposer pour

(1) Voyez le texte de cette loi, au tome I.er, page 348 et suivantes.

(2) Voyez le titre II du décret impérial du 30 sept. 1807, inséré au bulletin des lois, 4.e série, tome VII, page 297 et suivantes. B. 165, n.º 2810.

acquitter des dépenses départémentales extraordinaires (1).

10.° Un décret impérial du 5 juillet 1808
porte que la mendicité sera défendue dans tout
le territoire de l'Empire, et que les mendians
de chaque département seront arrêtés et tra-
duits dans le dépôt de mendicité dudit département, aussitôt que ledit dépôt sera établi.
Les dépenses de l'établissement des dépôts de
mendicité sont faites concurremment par le trésor
public, les départemens et les villes. Les départemens peuvent demander à être autorisés à s'imposer extraordinairement, par une addition au
principal des contributions, pour fournir leurs
portions contributives (2).

11.° Suivans les besoins, les communes sont

---

(1) C'est ainsi que, par l'art. 7 de la loi du 20 avril 1810, les
préfets des départemens qui ont concouru à la défense des côtes
en 1809, ont été chargés de remettre le compte des dépenses
extraordinaires qui ont eu lieu dans cette circonstance, aux
conseils généraux, lesquels étaient autorisés à déterminer le nombre de centimes qui a dû être imposé, en une ou deux années,
pour y subvenir.

(2) Lettres de création du dépôt de mendicité du départe-
ment des Hautes-Alpes, du 9 octobre 1810, art. 3, n.° 1. —
Lettres de création du dépôt de mendicité du département des
Alpes-Maritimes, du 16 octobre 1810, art. 8.

autorisées par des lois spéciales, à faire des impositions extraordinaires sur elles-mêmes en centimes additionnels aux contributions directes, pour subvenir à des dépenses communes (1).

12.º Les routes sont en général de trois classes ; le gouvernement pourvoit à l'entretien de celles de première et de deuxième classe ; celles de troisième ne doivent être entièrement à sa charge, puisqu'elles intéressent plus particulièrement les contrées qu'elles traversent, et que les habitans en retirent des avantages positifs. Les centimes, que les conseils généraux et d'arrondissement votent pour cette nature de dépenses, sont perçus sur les contributions foncière, mobilière, personnelle, des portes et fenêtres et patentes (2).

13.º Quant aux centimes additionnels à la contribution des portes et fenêtres, et à celle des patentes, pour fonds de dégrèvement et de

____

(1) Loi du 7 septembre 1807, tit. V. — Loi du 8 sept. 1807, tit. V. — Loi du 10 sept. 1807, tit. V. — Voyez aussi le §. 164 du tome I.ᵉʳ

(2) Lois des 16 septembre 1807, 27 décembre 1809, et 12 avril 1810.

non-valeurs, nous renvoyons aux §§. 26 et 27, page 51 et 54.

§. 29.

La réduction d'une cote en principal entraîne toujours la réduction proportionnelle des centimes additionnels (1). A l'égard des impositions extraordinaires pour la confection des routes et canaux, nous remarquons que toutes les contestations relatives à ces contributions sont également jugées par les conseils de préfecture, sauf le recours au conseil d'état, et nous renvoyons à leur égard à la section qui traite des travaux publics.

§. 30.

Les contributions directes devant être acquittées en numéraire (2), une notice du système monétaire de France, et la notion des décrets de Sa Majesté qui fixent la valeur des monnaies étrangères, nous a paru entrer dans le but de notre ouvrage. Les §§. qui suivent ont pour objet de présenter ces renseignemens.

---

(1) Art. 13 de l'arrêté des consuls du 24 floréal an VIII, inséré ci-dessus, page 193 et suivantes.

(2) Loi relative à la contribution foncière, du 3 frimaire an VII, art. 2.

§. 31.

L'unité monétaire sous le nom de *franc* a été établie en l'an III (1); cinq grammes d'argent, au titre de neuf dixièmes de fin, constituent cette unité (2). L'ancienne livre tournois, plus trois deniers, équivalent le franc (3). L'ancienne livre tournois n'était qu'une monnaie de compte non réalisée; le *franc* qui lui est substitué comme unité monétaire, est réalisé par cinq grammes d'argent au titre de neuf dixièmes de fin, contre un dixième d'alliage: heureuse innovation qui fait concorder avec le système général des poids et mesures le système monétaire.

Par l'application du calcul décimal à l'évaluation du titre, la science monétaire est de-

---

(1) Loi du 28 thermidor an III, art. 1.

(2) Loi du 7 germinal an XI.

(3) Loi du 17 floréal an VII, art. 4. — Car 20 sols et 3 deniers sont le cinquième de 5 livres 1 sols 3 deniers, à laquelle valeur les pièces de 5 francs furent fixées par la loi du 25 germinal an IV. La quantité d'argent pur qui compose le franc, est à celle qui compose la livre tournois comme 20 sols et 3 deniers sont à 20 sols, ou, en réduisant tout en deniers, comme 243 est à 240, ou enfin divisant par 3, comme 81 à 80. On peut donc convertir les livres en francs, en retranchant un quatre-vingt-unième ($\frac{1}{81}$) de chaque somme de livres.

venue une connaissance en quelque façon po-
pulaire. La loi décidant que le titre des matières d'or et d'argent s'évaluerait par la quantité de dixièmes, a supprimé toutes les difficultés qui résultaient des dénominations embarras-
santes de *deniers*, *grains*, *carats*, *trente-
deuxièmes*, etc. Maintenant un lingot qui contient neuf dixièmes d'or ou d'argent pur, et un
dixième d'alliage, est au titre de neuf dixièmes
ou de quatre-vingt-dix centièmes ou de neuf
cent millièmes, expression parfaitement syno-
nyme. En supposant toute masse d'or ou d'argent divisible en 1000 parties, la millième partie
de cette masse donne toute la précision où peut
atteindre l'art des essayeurs. Autrefois le terme
le plus bas où ils pouvaient atteindre était pour
l'argent la 288.ᵉ partie, et la 768.ᵉ pour l'or.

Le franc est divisé en dix *décimes*, et le décime en dix *centimes* (1).

A compter du 1.ᵉʳ vendémiaire an VIII, toutes
stipulations et comptes de valeurs monétaires
pour le service public ont dû être énoncés en
francs et fractions décimales de francs, et à partir

---

(1) Loi du 28 thermidor an III, art. 2.

de la même époque, les traitemens des fonctionnaires publics, et les impositions de toute nature,
ont été calculés et payés en ces valeurs (1).

§. 32.

Les pièces de monnaie d'argent sont d'un
quart de franc, d'un demi-franc, de trois quarts
de franc, d'un franc, de deux francs et de cinq
francs. Leur titre est fixé à neuf dixièmes de
fin, et un dixième d'alliage.

Le poids de la pièce d'un quart de franc est d'un
gramme vingt-cinq centigrammes; celui de la
pièce d'un demi-franc, de deux grammes cinq
décigrammes; celui de la pièce de trois quarts
de franc, de trois grammes soixante-quinze centigrammes; celui de la pièce d'un franc, de cinq
grammes; celui de la pièce de deux francs, de dix
grammes; et celui de la pièce de cinq francs, de
vingt-cinq grammes.

La tolérance (2) du titre est, pour la monnaie d'argent, de trois millièmes en dehors,
autant en dedans.

______

(1) Loi du 17 floréal an VII, art. 1.

(2) L'impossibilité physique d'arriver avec certitude au
degré mathématique énoncé dans les lois, a déterminé le
législateur à accorder aux fabricateurs de monnaie une petite
latitude qu'on nomme tolérance. Mais pour que la tolérance

La tolérance de poids est, pour les pièces
d'un quart de franc, de dix millièmes en de-

accordée à l'imperfection des moyens monétaires ne devienne
pas le profit des fabricateurs, il faut la réduire en proportion
de ce que ces moyens se sont perfectionnés ; ils sont tels
aujourd'hui qu'on a cru devoir borner la tolérance à trois
millièmes au-dessous du titre pour l'argent, et à trois millièmes
en-dessus ; à deux millièmes en-dessus et autant en-dessous,
pour l'or : c'est-à-dire, que les espèces d'argent qui auront trois
millièmes, soit en moins soit en plus du titre de 900 millièmes,
seront légales ; de même de celles d'or, dans le rapport de deux
millièmes seulement. Une fabrication est donc réputée bonne
quand elle est renfermée dans ces limites, quoiqu'elle ne soit
pas exactement conforme au vœu de la loi ni pour le titre, ni
pour le poids ; mais les fabrications qui sortent des limites sont
réputées mauvaises, et la loi condamne les directeurs des monnaies à les refondre à leurs frais. — La faculté accordée de
s'écarter du titre légal, se nomme *tolérance de titre*, et la
faculté de s'écarter du poids, *tolérance de poids*. Les *toléran-
ces* que l'on appelait autrefois remèdes de poids et de loi, étaient
uniquement en dedans, ce qui faisait que la fabrication ten-
dait toujours au titre le plus bas. Maintenant, par une heureuse
innovation, on l'a divisée moitié en-dessus et moitié en-dessous ;
de manière que les essayeurs déclarent que le titre et le poids
sont bons, lorsqu'il est ni plus petit que 897 millièmes, ni plus
grand que 903 ; c'est ainsi que, dans une grande fabrication, et
lorsqu'on a beaucoup de pièces de différentes fontes, le titre
moyen de ces pièces se rapproche infiniment du titre de
900 millièmes fixé par la loi. — Depuis que l'on a adopté
l'usage de la monnaie de compte, on a employé, pour la réaliser
en espèces, les métaux précieux de préférence à toute autre
valeur. Leur dureté, leur inaltérabilité, leur rareté qui en
maintient le prix, enfin leur extrême divisibilité, qui permet
à en fractionner la masse d'une manière pour ainsi dire indéfi-

hors, autant en dedans; pour les pièces d'un demi-franc et de trois quarts de franc, de sept millièmes en dehors, autant en dedans; pour les pièces d'un franc et de deux francs, de cinq millièmes en dehors, autant en dedans; et pour les pièces de cinq francs, de trois millièmes en dehors, autant en dedans (1).

§. 33.

Les pièces d'or sont, de vingt francs et de quarante francs. Leur titre est fixé à neuf

---

nie, les ont à juste titre fait préférer pour cet emploi; leur grande valeur, sous un petit volume, en rend l'usage très-commode; enfin, quoique les métaux précieux soient sujets, ainsi que tout ce qui se vend et s'achète, à éprouver des variations dans leur prix, leur rareté rend ces variations lentes, presqu'insensibles et uniformes sur tous les grands marchés de l'Europe. On ne peut pas réaliser l'échelle monétaire avec les métaux précieux dans toute leur pureté pour deux raisons : la première, parce qu'il est reconnu par des expériences décisives, qu'ils n'ont alors ni assez de solidité, ni assez de dureté pour recevoir et conserver sans altération l'empreinte du monnayage; la seconde, parce que les métaux qui sont dans le commerce étant plus ou moins alliés, les frais d'affinage pour les ramener au dernier degré de pureté, seraient beaucoup plus considérables que ceux qui résultent de l'alliage à une proportion déterminée et invariable; mais il a fallu une législation pour déterminer cette proportion, car si le poids et la quantité du métal variaient dans les monnaies, le prix des choses vénales éprouverait une variation proportionnelle, et l'ordre des transactions sociales serait troublé.

(1) Loi du 7 germinal an XI, art. 1, 2, 3, 4 et 5.

dixièmes de fin, et un dixième d'alliage. Les pièces de vingt francs sont à la taille de cent cinquante-cinq pièces au kilogramme, et les pièces de quarante francs à celle de soixante-dix-sept et demie. La tolérance du titre de la monnaie d'or est fixée à deux millièmes en dehors, autant en dedans. La tolérance de poids est fixée à deux millièmes en dehors, autant en dedans (1).

§. 34.

Les pièces de cuivre sont, de deux centièmes, de trois centièmes et de cinq centièmes de franc. Le poids des pièces de deux centièmes **est de** quatre grammes; celui des pièces de trois centièmes, de six grammes; et celui des pièces de cinq centièmes, de dix grammes. La tolérance de poids est, pour les pièces de cuivre, d'un cinquantième en dehors (2).

La monnaie de cuivre et de billon ne peut être employée dans les paiemens, si ce n'est de gré à gré, que pour l'appoint de la pièce de cinq francs (3).

La pièce de dix centimes, dont la fabrication

---

(1) Loi du 7 germinal an XI, art. 7, 8, 9 et 10.
(2) *Ibid.* art. 13, 14 et 15.
(3) Décret impérial du 18 août 1810, art. 2.

a été ordonnée par la loi du 15 septembre 1807, n'est donnée et reçue qu'à découvert, et seulement pour les appoints d'un franc et au-dessous (1).

§. 35.

Le type des pièces de monnaie est celui qui suit :

Sur une des surfaces des pièces d'or, d'argent et de cuivre, la tête du premier consul, avec la légende : *Bonaparte, premier Consul;*

Sur le revers, deux branches d'olivier, au milieu desquelles est placée la valeur de la pièce, et en dehors la légende : *République française*, avec l'année de la fabrication.

Sur les pièces d'or et de cuivre, la tête regarde la gauche du spectateur; et sur les pièces d'argent, elle regarde la droite.

La tranche des pièces de cinq francs porte cette légende : *Dieu protège la France* (2).

En l'an XII, la légende des monnaies portant ces mots : *Bonaparte, premier Consul,* a été remplacée par celle : *Napoléon, Em-*

____

(1) Décret impérial du 21 février 1808.
(2) Loi du 7 germinal an XI, art. 16.

pereur (1); et les monnaies qui sont fabriquées à compter du 1.er janvier 1809, portent pour légende, sur le revers de la pièce, les mots : *Empire français*, au lieu de ceux *République française* (2).

§. 36.

Les monnaies d'or et d'argent fabriquées à l'effigie de l'Empereur dans les hôtels des monnaies du royaume d'Italie, avec le titre et le poids prescrits par le décret du 21 mars 1806, ont cours, pour leur valeur nominale, en France (3).

§. 37.

Un décret impérial du 12 septembre 1810 a réglé la valeur réduite en francs des pièces d'or de 48 livres et de 24 livres tournois, des pièces d'argent de 6 et de 3 livres tournois, ainsi qu'il suit ; savoir :

	fr.	c.
La pièce de 48 livres tournois à.....	47	20
La pièce de 24 livres tournois à.....	23	55
La pièce de 6 ivres tournois à......	5	80
La pièce de 3 livres tournois à.......	2	75

Lesdites pièces sont admises à ce taux dans

---

(1) Décret impérial du 7 messidor an XII.

(2) Décret impérial du 22 octobre 1808.

(3) Décret impérial du 24 janvier 1807.

les caisses publiques, et dans les paiemens entre particuliers.

Les pièces dites de 3o sous et de 15 sous circulent pour la valeur d'un franc cinquante centimes et de soixante-quinze centimes; mais elles ne peuvent entrer dans les paiemens que pour les appoints au-dessous de cinq francs.

D'après le décret impérial du 18 août 1810, les pièces de six, douze et vingt-quatre sous, qui ont conservé quelque trace de leur empreinte, sont admises en paiement pour vingt-cinq centimes, cinquante centimes et un franc.

Les pièces d'or de vingt-quatre et de quarante-huit livres tournois, rognées ou altérées, ne sont admissibles dans les paiemens qu'au poids. Il en est de même des pièces de six livres tournois rognées (1).

§. 38.

La valeur des monnaies étrangères dans les départemens réunis de la ci-devant Belgique et de la rive gauche du Rhin (2), se trouve fixée

---

(1) Loi du 14 germinal an XI.

(2) Ces départemens sont ceux de la Roër, de la Sarre, de Rhin-et-Moselle, du Mont-Tonnerre, de la Dyle, de l'Escaut, des Forêts, de Jemmape, de la Lys, de la Meuse-Inférieure, des Deux-Nèthes, de l'Ourte et de Sambre-et-Meuse.

par un décret impérial du 18 août 1810, ainsi qu'il suit :

Monnaies de Brabant.

Or.

	Fr.	C.
Double Souverain	33	80
Souverain.	16	90
Un demi-souverain	8	45
Ducat	11	42

Argent.

	Fr.	C.
Ducaton	6	30
Un demi idem	3	15
Un quart idem	1	57
Un huitième id.	0	78
Couronne	5	56
Une demi id..	2	77
Un quart id..	1	38
Un huitième id..	0	64
Pièce de 17 sous 6 den.	1	50
Double escalin	1	20
Escalin	0	60

Monnaies de Liége et de Maëstricht.

Or.

	Fr.	C.
Ducat	10	34
Florin d'or	6	08

Argent.

	Fr.	C.
Double escalin	1	20
Escalin neuf	0	56
Escalin vieux.	0	39
Demi-escalin ou plaquette neuve. .	0	28
Vieille plaquette de Liége . . .	0	12
Kopstuck	0	75
Demi-kopstuck	0	37

Monnaies de l'Empire.

Or.	Fr.	.
Ducat impérial	11	42
Carolin ou pistole d'or au soleil . .	23	70
Pistole d'or	19	04
Maximilien-Joseph.	14	98
Un demi idem	7	48
Florin d'or	6	08

Argent.		
Ecu de convention	5	04
Un demi-écu.	2	50
Un quart ou demi-florin	1	25
Un demi-florin de Bavière . . .	0	98
Un demi-florin de Wurtemberg. .	0	90
Kopfstuck vieux	0	70
Pièce de 24 kr. ou 6 batz . . .	0	75

Monnaies de Prusse.

Or.		
Frédéric ou pistole.	19	50

Argent.		
Rixdaller	3	50
Demi idem	1	75
Un tiers idem	1	15
Un sixième idem	0	54

Monnaies de Hollande.

Or.		
Ruyder	28	44
Demi idem	14	22
Double ducat	22	84
Ducat simple	11	42

Argent.	Fr.	C.
Pièce de trois florins	6	09
Pièce de deux florins	4	06
Rixdaller	5	28
Florin	2	03
Pièce de 30 stubers	3	04
Rixdaller de Zélande.	5	16

ADDITIONS AU TOME PREMIER.

§. 23, page 26. A ajouter aux parties d'administration dans le ministère de l'intérieur, qui ont été instituées pour être dirigées par un conseiller d'état, ce qui suit : 3.º un décret de Sa Majesté, du 29 novembre 1810, charge un conseiller d'état, sous les ordres du ministre de l'intérieur, de la direction de la comptabilité des communes et des hospices. (Lettre de Son Exc. le ministre de l'intérieur aux préfets, du 19 décembre 1810.)

§. 2, page 4 et 5. La ville d'Amsterdam est la troisième ville de l'Empire. (Décret impérial portant réunion de la Hollande à l'Empire, etc., du 9 juillet 1810, art. 2.) (1).

Les villes d'Amsterdam et de Rotterdam sont

---

(1) La ville de Rome est la seconde ville de l'Empire. Voyez les additions à la suite du tome I.er à la page 421.

comprises au nombre des bonnes villes. (Décret impérial du 18 août 1810, art. 1.) Les villes d'Amsterdam, Rotterdam, Hambourg, Brême et Lubeck, sont comprises parmi les bonnes villes dont les maires sont présens au serment de l'Empereur à son avénement. (Sén. cons. org. du 13 décembre 1810, art. 9.)

§. 76, page 72. Par la réunion de la Hollande, des villes anséatiques, du Lauembourg, etc., et du Valais au territoire de l'Empire, le nombre des membres du corps législatif a été porté à 388.

Le tableau inséré au tome Ier, page 74–76, en porte le nombre à . . . . . **Députés.** 345

A ajouter, 1.º le nombre des députés des deux départemens formés des états de Rome, savoir :

Rome 7

Trasimène (1). 4

2.º Celui des dix départemens formés de la Hollande, des villes anséatiques, du Lauembourg, etc. (2) savoir :

Zuyderzée . . . 5

____

(1) Voyez les additions à la suite du tome Ier, à la page 422.
(2) Sén.-cons. org. du 13 décembre 1810, art. 3.

	Députés.
Bouches-de-la-Meuse	4
Issel-Supérieur.	3
Bouches-de-l'Issel	2
Frise	2
Ems-Occidental	2
Ems-Oriental	2
Ems-Supérieur.	4
Bouches-du-Weser	3
et Bouches-de-l'Elbe	4

enfin et 3.º le département formé du Valais sous le nom du Simplon (1) avec .... ı

388

§. 77, page 77 et 78. A ajouter au tableau des départemens de l'Empire, divisés en cinq séries, savoir :

A la première série :

Rome (2). Bouches – de – la – Meuse (3). Ems-Occidental (4).

---

(1) Sén.-cons. org. du 13 décembre 1810, art. 3.

(2) Voyez les additions à la suite du tome I.er, à la page 422.

(3) Sén.-cons. org. du 13 décembre 1810, art. 5.

(4) *Ibidem.*

A la seconde série:

Trasimène (1). Frise (2). Ems-Supérieur (3).

A la troisième série:

Zuyderzée (4). Ems-Oriental (5).

A la quatrième série:

Bouches-de-l'Issel (6). Bouches-de-l'Elbe (7). Simplon (8).

A la cinquième série:

Issel-Supérieur (9). Bouches-du-Weser (10).

§. 112, page 137. A ajouter au tableau les départemens ci-après:

NOMS des DÉPARTEMENS.	CHEFS-LIEUX de PRÉFECTURE.	NOMBRE des membres dont est composé le conseil de préfecture.
Rome	Rome	4
Trasimène	Spoleto	3
Simplon	Sion	3
Zuyderzée	Amsterdam	5
Bouches-de-la-Meuse	La Haye	5

(1) Voyez les additions à la suite du tome I.er à la page 422.
(2) Sén.-cons. org. du 13 décembre 1810, art. 5.
(3) *Ibidem.*
(4) *Ibid.*
(5) *Ibid.*
(6) *Ibid.*
(7) *Ibid.*
(8) Sén.-cons. org. du 13 décembre 1810, art. 3.
(9) *Ibid.* art 5.
(10) *Ibid.*

NOMS des DÉPARTEMENS.	CHEFS-LIEUX de PRÉFECTURE.	NOMBRE des membres dont est composé le conseil de préfecture.
Bouches-de-l'Issel	Zwool	4
Issel-Supérieur	Arnheim	5
Frise	Leuwarden	4
Ems-Occidental	Groningue	4
Ems-Oriental	Aurich	4
Ems-Supérieur		
Bouches-du-Weser		
Bouches-de-l'Elbe		

Dans le département du Simplon les fonctions de conseillers de préfecture sont remplies par trois membres du tribunal civil, nommés à cet effet. (Décret impérial sur l'organisation du Valais, du 26 décembre 1810, art. 4.)

Dans les sept départemens formés de la Hollande, savoir: du Zuyderzée, des Bouches-de-la-Meuse, de l'Issel-Supérieur, des Bouches-de-l'Issel, de Frise, de l'Ems-Occidental et de l'Ems-Oriental, il y a près de chaque conseil de préfecture un avocat fiscal, chargé de faire les fonctions de commissaire impérial, toutes les fois qu'il s'agira de contributions publiques. (Décret impérial contenant règlement général pour l'organisation des départemens de la Hollande, du 18 octobre 1810, art. 32.)

§. 127, page 172, à ajouter :

Mines. — La loi concernant les mines, les minières et les carrières, du 21 avril 1810, porte, art. 23 : — Les propriétaires des mines sont tenus de payer à l'Etat une redevance fixe, et une redevance proportionnée au produit de l'extraction. — Art. 37. — La redevance proportionnelle sera imposée et perçue comme la contribution foncière. Les réclamations à fin de dégrèvement ou de rappel à l'égalité proportionnelle, seront jugées par les *conseils de préfecture*. — Art. 46. — Toutes les questions d'indemnités à payer par les propriétaires de mines, à raison des recherches ou travaux antérieures à l'acte de concession, seront décidées *conformément à l'art. 4 de la loi du 28 pluviôse an VIII.*

Manufactures et ateliers qui répandent une odeur insalubre ou incommode. — Le décret impérial du 15 octobre 1810, porte, art. 3 : — La permission pour les manufactures et fabriques de première classe ne sera accordée qu'avec les formalités suivantes : la demande en autorisation sera présentée au préfet, et affichée par son ordre dans toutes les communes, à 5 kilomètres de rayon ; dans ce délai, tout particulier sera admis à présenter ses moyens d'opposition. Les maires des communes auront la même faculté. — Art. 4. — S'il y a des oppositions, le *conseil de préfecture* donnera son avis, sauf la décision au conseil d'état. — Art. 7. — L'autorisation de former des manufactures et ateliers compris dans la seconde classe, ne sera accordée qu'après que les formalités suivantes auront été remplies. L'entrepreneur àdressera . . . . S'il y a opposition, il y sera statué par le *conseil de préfecture*, sauf le recours au conseil d'état. — Art. 8. — Les manufactures et ateliers ou établissemens portés dans la troisième classe, ne pourront se former que sur la permission du préfet de police à Paris, et sur celle du maire dans les autres villes. S'il s'élève des réclamations contre la décision prise par le préfet de police ou les maires, sur une demande en formation de manufacture ou d'atelier compris dans la troisième classe, elles seront jugées au *conseil de préfecture*.

§. 139, page 180-182. Les articles 28 et 30 de l'acte des constitutions du 16 thermidor an X; les articles 84, 85, 86, 87 et 88 du règlement du 19 fructidor an X; l'acte des constitutions du 22 fructidor an XIII, qui a remis le calendrier grégorien en vigueur, et celui du 22 février 1806, qui a fixé les époques de chaque renouvellement quinquennal des députations des départemens au corps législatif, indiquent:

1.° Que c'est en 1805 qu'est censée avoir été faite, par la voie du sort, la désignation du 1.er tiers qui a dû sortir de chaque conseil; il était de six membres pour le conseil de département, et de trois pour chaque conseil d'arrondissement, à ce premier tirage ont dû concourir tous les membres dont chaque conseil était alors composé; les successeurs des membres sortans sont censés être entrés en fonctions le 1.er janvier 1806, pour y rester jusqu'au 1.er janvier 1821.

2.° C'est en 1810 que sera censée avoir été faite, par la voie du sort, la désignation du second tiers : il aura dû être de 5 membres pour le conseil de département, et de 4 pour chaque conseil d'arrondissement. Les successeurs sont censés être entrés en fonctions le 1.er janv. 1811, pour y rester jusqu'au 1.er janvier 1826.

3.° A compter de 1815, il ne sera plus question de tirage au sort ; ceux des membres de chaque conseil qui n'appartiendront point à l'un des deux tiers dont est parlé ci-dessus, seront censés finir leurs fonctions le 31 décembre 1815 ; leur nombre sera de 5 pour le conseil de département, et de 4 pour chaque conseil d'arrondissement. Leurs successeurs seront censés entrer en exercice le 1.er janvier 1816, pour y rester jusqu'au 1.er janvier 1831 exclusivement.

Après ces trois premiers renouvellemens, sans aucun tirage, chaque tiers sera renouvelé pour la seconde fois ; le 1.er tiers en 1821, le second en 1826, et le troisième en 1831, et ainsi de suite de 15 ans en 15 ans ; de manière que chaque tiers pris en masse, ait ses 15 années d'exercice, et qu'il y ait tous les cinq ans un renouvellement par tiers dans chaque conseil. (Lettre de Son Excellence le ministre de l'intérieur du 26 avril 1810, relative aux renouvellemens successifs des conseils municipaux, d'arrondissement et de département.)

Titre II, Division I.ʳᵉ, Section I.ʳᵉ, §. 146-151, page 190-198. Les bureaux des finances ayant été supprimés par la loi du 7 septembre 1790, les causes domaniales se sont placées tout naturellement sous la jurisdiction des tribunaux ordinaires qui ont remplacé les bailliages.

De-là, l'art. 27 de la loi du 14 ventôse an VII, lequel porte que si, dans le mois qui suivra la signification des titres tendant à établir qu'un bien est domanial, « le détenteur les soutient inapplicables ou insuffisans, ou s'il prétend être placé dans les exceptions de la présente, ou si, de toute autre manière, il s'élève des débats sur la propriété, il y sera prononcé par les tribunaux ».

Remarquez cependant que, si une question de propriété s'élevait relativement à un bien domanial aliéné administrativement, en vertu d'une loi, la connaissance n'en appartiendrait pas aux tribunaux, et que l'autorité administrative serait seule compétente pour la juger.

Remarquez encore que, si, incidemment à une contestation portée devant les tribunaux sur la propriété d'un domaine national, un particulier réclamait des indemnités, des remboursemens ou une créance quelconque sur l'État, les tribunaux ne pourraient pas prononcer sur ces réclamations, et qu'ils devraient, en jugeant la question de propriété, renvoyer pour le surplus devant l'autorité administrative (art. 28 de la loi du 14 ventôse an VII). (Voyez le texte de cette loi à la suite de la section qui traite du contentieux des domaines.)

1.° A qui appartient-il d'intenter et de soutenir les causes domaniales? Tant qu'a subsisté l'organisation administrative que l'assemblée constituante avait établie par la loi du 22 décembre 1789, les actions domaniales étaient intentées et soutenues par les procureurs-généraux-syndics des départemens, poursuite et diligence des procureurs-syndics des districts. (Voyez la loi des 23 octobre-5 novembre 1790, tit. 3, art. 13, 14 et 15; et la loi du 15 mars 1791, art. 13 et 14.

Sous la constitution de l'an III, elles étaient intentées et soutenues par les commissaires du directoire exécutif près les administrations dé-partémentales. (Voyez la loi du 19 niv. an IV.)

Aujourd'hui, elles le sont par les préfets, d'après la disposition de l'art. 1 de la loi du 28 pluviôse an VIII, qui leur attribue toutes les fonctions précédemment exercées par les commissaires du directoire exécutif près les administrations centrales comme la loi du 21 fructidor an III avait attribué à ceux-ci toutes les fonctions précédemment exercées par les procureurs-généraux-syndics.

2.º Comment ces causes doivent-elles être introduites devant les tribunaux ? La seconde question est claire-ment résolue par les articles ci-dessus cités des lois des 23 oct. 1790 et 15 mars 1791, combinés avec l'art. 1 de la loi du 28 pluviôse an VIII. S'agit-il d'une action dans laquelle le préfet est demandeur? elle ne peut être intentée par lui qu'en vertu d'une délibération du conseil de préfecture. — S'agit-il d'une action dans laquelle le préfet est défendeur? elle ne peut être intentée contre lui qu'après que le demandeur a remis au sous-préfet un mémoire expositif de ses prétentions et de ses moyens, et qu'il s'est écoulé un mois sans que le conseil de préfecture ait statué sur ce mémoire. Du reste, c'est au préfet lui-même, lorsqu'il est défendeur, que l'assignation doit être donnée; et une procédure qui serait faite contre l'État, par suite d'une assignation donnée au préfet dans la personne du sous-préfet, serait radicalement nulle. C'est ce qui résulte, par analogie, d'un arrêt de la cour de cassation du 8 pluviôse an XIII, qui est ainsi conçu :

» Le procureur général impérial expose qu'il se croit obligé, pour l'intérêt de la loi, d'appeler la censure de la cour sur un arrêt de la cour d'appel de Dijon, du 21 messidor an X. Voici les faits.

» Le 16 juin 1793, délibération du conseil général de la commune d'Hortes, qui autorise ses officiers municipaux à se pourvoir contre le procureur-général-syndic du département de la Haute-Marne, en revendication de plusieurs cantons de bois dont cette commune a été anciennement dépouillée par un arrêt du parlement de Paris du 1.er avril 1629, qui les a adjugés par droit de triage à Sébastien Zamet, évêque de Langres, aux droits duquel la nation est subrogée par la loi du 2 novembre 1789.

» Le 27 du même mois, cette délibération est remise au secrétariat du district de Langres, comme pétition tendant à obtenir de l'administration du département, l'autorisation de faire assigner le procureur-général-syndic.

» Le 2 juillet suivant, arrêté de l'administration départementale qui accorde cette autorisation.

» En conséquence la commune fait citer le procureur-général-syndic du département, dans la personne du procureur-syndic du district de Langres, à comparaître devant le juge de paix du canton d'Hortes, pour nommer des arbitres conformément à la loi du 10 juin 1793.

» Ni le procureur-général-syndic, ni le procureur-syndic ne comparaissent; mais celui-ci adresse au juge de paix une lettre qu'il prie de remettre à une personne de confiance, laquelle se présenterait en son nom, et nommerait pour arbitres les sieurs Humblot et Besaucenet, hommes de loi à Langres.

» Le 8 septembre de la même année, le particulier à qui le juge de paix avait remis cette lettre, se présente en effet à l'audience de ce juge, et nomme les arbitres qui lui sont désignés par le procureur-syndic. — La commune, de son côté, choisit pour ses arbitres les sieurs Drevon et Lebrun. — Et le juge de paix ordonne qu'au tribunal arbitral ainsi composé, seront remis, l'autorisation, les pièces et son procès-verbal.

» Le 19 prairial an II, les quatre arbitres réunis rendent une sentence par laquelle, statuant entre la commune d'Hortes et *l'agent national du district de Langres, représentant le ci-devant procureur-général-syndic du département de la Haute-Marne*, ils condamnent la république à délaisser à la commune les cantons de bois réclamés par celle-ci, sauf le bois dit Bonnal, dans lequel la commune ne pourra rentrer qu'à l'expiration du bail emphythéotique de 99 ans, qui en a été accordé, par l'un des ci-devant évêques de Langres, le 26 avril 1700, à différens particuliers, jusqu'auquel tems elle se contentera d'en recevoir la redevance annuelle, conformément aux articles 3 et 4 de la loi du 28 août 1792.

» Le 1.er messidor suivant, signification de cette sentence à l'administration du département, dans la personne de l'agent national du district de Langres.

» Après la publication de la loi du 28 brumaire an VII, le préfet du département de la Haute-Marne appelle de cette sentence; et conclue à ce qu'elle soit déclarée nulle, et à ce que la république soit déchargée des condamnations prononcées en faveur de la commune d'Hortes. — Il fonde ces conclusions, 1.º sur le fait prétendu qu'au moment où les arbitres ont prononcé, il n'existait point de demande formée judiciairement par la commune contre la république; 2.º sur le défaut de pouvoir du procureur-syndic du district de Langres pour représenter le procureur-général-syndic du département dans le procès-verbal de nomination des arbitres du 8 septembre 1793.

» Le 21 messidor an X, arrêt de la cour d'appel de Dijon, qui, sans avoir égard aux moyens de nullité proposés par le préfet contre le jugement arbitral du 19 prairial an II, non plus qu'à l'appellation par lui interjetée dudit jugement, ordonne que le susdit jugement sortira son plein et entier effet.

» Le 28 du même mois, ce jugement est signifié au préfet. Celui-ci se pourvoit en cassation; mais sa requête n'est déposée au greffe de la cour que le 22 vendémiaire an XII, près d'un an après l'expiration du délai fatal. En conséquence, par arrêt rendu à la section des requêtes le 12 nivôse présent mois, il est déclaré non-recevable dans sa demande en cassation.

» Et de-là le devoir que, pour son propre intérêt, la loi fait à l'exposant de requérir d'office l'annullation que le préfet a malheureusement provoquée trop tard.

» On ne peut douter, en effet, que le recours du préfet n'eût été accueilli, s'il eût été formé à tems.

» La commune d'Hortes, en obtenant de l'administration départémentale l'autorisation de faire assigner le procureur-général-syndic, avait sans doute rempli le préliminaire que lui prescrivait l'art. 15 du tit. 3 de la loi du 5 novembre 1790. Jusques-là rien que de régulier.

» Mais la commune avait-elle procédé avec la même régularité, en ne faisant citer le procureur-général-syndic du département que dans la personne du procureur-syndic du district de Langres ? Et avait-on pu, sur cette seule citation, mettre le procureur-général-syndic dans les qualités de l'instance ?

» Pour répondre à ces questions, il faut se rappeler ce qu'étaient les procureurs-syndics de districts dans l'organisation administrative qui était alors en activité. Ils étaient les organes, les instrumens locaux dont se servaient les procureurs-généraux-syndics pour les diverses fonctions que la loi confiait à ceux-ci.

Ainsi, dans les procès que les procureurs-généraux-syndics avaient à soutenir pour l'intérêt de la république, c'étaient les procureurs-syndics des districts qui faisaient, sur les lieux, les poursuites et les diligences propres à conduire les affaires à leur but. *Toutes actions*, portait l'art. 13 de la loi du 5 novembre 1790, *qui seront intentées par les corps administratifs, le seront au nom du procureur-général-syndic du département, poursuite et diligence du procureur-syndic du district; et ceux qui voudront en intenter contre ces corps, seront tenus de les diriger contre ledit procureur-général-syndic.* — Ainsi, quand le procureur-général-syndic était demandeur, il devait charger le procureur-syndic du district de le représenter dans les tribunaux: *la poursuite, la diligence* étaient déléguées au procureur-syndic du district; mais l'action résidait essentiellement dans la main du procureur-général-syndic du département : lui seul pouvait l'intenter ; et encore ne le pouvait-il, aux termes de l'art. 14 de la même loi, *qu'ensuite d'un arrêté du directoire du departement.* — Mais lorsqu'il s'agissait de faire plaider le procureur-général-syndic comme défendeur, qui devait-on assigner ? Lui-même : *ceux qui voudront en intenter* (des actions) *contre ces corps, seront tenus de les diriger contre ledit procureur-géneral-syndic.* — Et que devait faire le procureur-général-syndic, quand il était assigné par une partie, en conséquence de l'arrêté par lequel l'administration avait, conformément à l'art. 15, autorisé cette partie à se pourvoir contre lui ? Pouvait-il, de sa propre autorité, transmettre l'assignation au procureur-syndic du district, et charger celui-ci d'y défendre en son nom ? Nullement : il ne pouvait le faire qu'après y avoir été lui-même autorisé par l'administration départémentale. La loi du 5 novembre 1790 ne contient, à la vérité, là-dessus aucune disposition ; mais c'est une lacune qui a été sagement remplie par la loi des 15-27 mars 1791. *Les actions* (y est-il dit, art. 13) *relatives aux domaines nationaux ou propriétés publiques, ne pourront être intentées ou soutenues par un directoire du district, qu'avec l'autorisation du directoire de département. Ces actions* (continue l'art. 14) *seront intentees ou soutenues au nom du procureur-géneral-syndic du departement, et à la diligence du procureur-syndic de la situation des biens.*

» Ainsi, la commune d'Hortes n'a pas pu, sans violer l'art. 13 de la loi du 5 novembre 1790, assigner le procureur-général du département de la Haute-Marne dans la personne du procureur-syndic du district de Langres ; et le procureur-syndic du district de Langres n'a pas pu, sans excès de pouvoirs et contravention à l'art. 13 de la loi du 27 mars 1791, se présenter sur cette assignation et procéder en conséquence à une nomination d'arbitres. — Les arbitres nommés par ce procureur-syndic, n'ont donc pas reçu de lui un caractère légal ; le jugement auquel ils ont concouru, est donc nul ; l'arrêté qui l'a jugé valable, doit être cassé.

« Ce considéré, il plaise à la cour, vu l'art. 88 de la loi du 27 ventôse an VIII et les autres lois ci-dessus citées, casser et annuller, pour l'intérêt de la loi, l'arrêt de la cour d'appel de Dijon du 21 messidor an X, confirmatif de la sentence arbitrale rendue le 19 prairial an II, au profit de la commune d'Hortes et au désavantage de la république ; et ordonner qu'à la diligence de l'exposant, l'arrêt de cassation à intervenir sera imprimé et transcrit sur les registres de ladite cour d'appel.

Fait au Parquet, le 20 nivôse an XIII, signé MERLIN.

» Ouï le rapport de M. Gandon, juge . . . .

» Vu l'art. 13 du tit. 3 de la loi des 23 et 28 octobre 1790, sanctionnée le 5 novembre ; l'art. 14 de la même loi ; l'art. 13 de la loi du 15 mars 1791, sanctionnée le 27, et l'art. 14 de cette loi ;

Considérant que le procureur-général-syndic du département de la Haute-Marne n'avait point été valablement assigné dans la personne du procureur-syndic du district de Langres ; que ce procureur-syndic était sans pouvoir et sans qualité pour représenter le procureur-général-syndic du département, lorsque celui-ci n'était pas autorisé par l'administration du département, à défendre à l'action intentée par la commune d'Hortes, action que cette administration ignorait même avoir été exercée ; qu'ainsi tout ce qui a été fait par le procureur-syndic du district de

Langres, et par les arbitres qu'il s'était ingéré de nommer de son chef, était nul;

La cour casse et annulle, dans l'intérêt de la loi, l'arrêt de la cour d'appel de Dijon du 21 messidor an X . . . . . ».

Le droit exclusif qui appartient au préfet, d'intenter et de soutenir les actions domaniales, ne s'étend pas jusqu'aux actions qui ne tendent qu'à de simples recouvremens de fermages: la poursuite de celles-ci est confiée, par la loi du 19 août 1791, à l'administration de l'enregistrement et des domaines.

Lorsque, pour défense à une demande en paiement de fermages formée par l'administration de l'enregistrement et des domaines, la partie assignée met en dénégation la domanialité du bien dont les fermages sont réclamés, le préfet doit intervenir, après s'y être fait autoriser par le conseil de préfecture; et si le tribunal statuait sans son intervention ainsi autorisée, le jugement sera nul. (Voyez *Répertoire universel et raisonné de jurisprudence* par M. Merlin, aux mots: *domaine public*, *main garnie*, *compulsoire*, et *acte administratif*; et *Questions de droit* par M. Merlin, tome 6, page 310 et 353, et tome 1.er, page 185.)

L'État doit-il, en matière d'expropriation for-

Jurisprudence de la cour de cassation. — L'un des moyens proposés par le

cée, être appelé dans la forme établie par la loi du 5 novembre 1790, dans le cas où il est créancier inscrit ? S.ʳ Bonnal, à l'appui de son pourvoi en cassation contre l'arrêt de la cour d'appel d'Agen, rendu au profit de la dame veuve Gardavène, consistait à dire que la république, qui était au nombre de ses créanciers inscrits, n'avait pu être appelée que conformément à l'art. 13 du tit. 3 de la loi du 5 novembre 1790. Ce moyen a été rejeté.

Arrêt de la cour de cassation du 28 ventôse an XIII. — « Attendu que, si les formes établies par cet article, relativement aux actions dirigées contre la république, n'avaient pas été observées, ce moyen de nullité ne pourrait être opposé que par la république; — qu'au surplus, la loi du 11 brumaire an VII n'exige du poursuivant l'expropriation, d'autre formalité à l'égard des créanciers inscrits, que de leur notifier l'affiche au domicile élu par leur inscription; sans distinguer à cet égard, entre la république et les particuliers, — et que la notification de cette affiche a été faite à la république dans la personne et au domicile élu par son agent dans son inscription. « La cour rejete, etc. »

(Journal des audiences de la cour de cassation, par Dénevers. An XIII, au supplément, page 111.)

Section II. *Du contentieux des communes.* — A ajouter à la page 233, où il s'agit du mode d'emploi des capitaux en rentes sur l'État, le décret impérial qui suit :

Décret impérial qui règle le mode d'autorisation pour l'emploi du produit des remboursemens faits aux communes, aux hospices et aux fabriques.

Du 16 juillet 1810. (B. 302, n.° 5733.)

NAPOLÉON, *Empereur des Français, etc.*;

Sur le rapport de notre ministre de l'intérieur;

Vu l'avis de notre conseil d'état en date du 22 novembre 1808, approuvé par nous le 21 décembre de la même année, et relatif tant aux remboursemens des capitaux à des hospices, à des communes, à des fabriques, qu'à l'emploi du produit de ces remboursemens;

Notre conseil d'état entendu;

Nous *avons décrété* et *décrétons* ce qui suit:

ART. I.er Les communes, les hospices et les fabriques pourront, sur l'autorisation des préfets, effectuer le remploi en rentes, soit sur l'État, soit sur particuliers, du produit des capitaux qui leur seront remboursés, toutes les fois que ces capitaux n'excéderont pas cinq cents francs.

II. L'emploi du produit de ces remboursemens, quand ils s'élèveront au-dessus de cinq cents francs, et jusqu'à deux mille francs, sera soumis à l'approbation de notre ministre de l'intérieur, pour le même genre de placement.

III. Quant au placement des sommes au-delà de deux mille francs, provenant de la même source, il ne pourra avoir lieu qu'en vertu de notre décision spéciale, rendue en notre conseil d'état.

IV. Le placement en biens-fonds, quelque soit le montant de la somme, ne pourra s'effectuer sans autorisation donnée par nous en notre conseil d'état.

V. Notre Ministre de l'intérieur est chargé de l'exécution de notre présent décret, qui sera inséré au bulletin des lois. *Signé* NAPOLÉON. Par l'Empereur: *Le ministre secrétaire d'état. Signé* H. B. DUC DE BASSANO.

§. 163, page 213. Par le décret impérial du 21 août 1810 (B. 310, n.° 5881.) les communes des neuf départemens de la Belgique, des quatre départemens de la rive gauche du Rhin, et des neuf départemens au-delà des Alpes, se trouvent déchargées des dettes, qu'elles auraient contractées envers les hospices, fabriques, établissemens d'instruction publique, et autres établissemens de bienfaisance, situés dans l'étendue, soit hors de la commune débitrice. Par les mots: *Produit de l'octroi*, qui terminent l'art. 8, on doit entendre *revenus communaux*. (Lettre du ministre de l'intérieur du 18 septembre 1810, transmissive du décret du 21 août.) Voici la teneur de l'art. 8 de ce décret:

« Art. 8. Nous déchargeons les communes de toutes les dettes qu'elles ont contractées, soit envers notre domaine, soit envers les corps et communautés, corporations religieuses supprimées, ou autres établissemens de bienfaisance, aux dépenses desquelles les communes pourvoient sur les produits de leur octroi. »

Page 242-276. A ajouter aux lois sur la suppression des droits féodaux, et à l'avis du conseil d'état, du 14 mars 1808, inséré au tome 1.ᵉʳ, page 428-430, l'avis du conseil d'état (1) dont la teneur suit :

Avis du conseil d'état sur les rentes créées à titre d'emphytéose perpétuelle dans le territoire du ci-devant évêché de Bâle, et dans le ci-devant pays de Porentruy. (Séance du 15 septembre 1810.)

Le conseil d'état qui, d'après le renvoi ordonné par Sa Majesté, a entendu le rapport de la section des finances sur celui du ministre de ce département, duquel il résulte qu'un avis du conseil d'état, approuvé par sa Majesté le 13 avril 1809, a décidé que les rentes créées à titre d'emphytéose perpétuelle dans le territoire du ci-devant évêché de Bâle et dans le ci-devant pays de Porentruy, étaient comprises dans l'abolition des droits seigneuriaux, comme entachées de féodalité ;

---

(1) B. 317, n.° 5985.

Qu'antérieurement à cette décision, l'administration des domaines avait transféré une partie de ces rentes, et qu'elle avait reçu les arrérages et même le remboursement des capitaux de plusieurs;

Que des demandes en restitution sont formées, et qu'il s'en prépare d'autres;

Que dans l'état actuel il importe de décider,

1.° Si l'emphytéote qui a racheté la rente par un transfert direct, peut en exiger le remplacement;

2.° Si celui qui a acheté, par la cession que le porteur originaire du transfert lui en a faite, peut prétendre à un remplacement, ou exercer son recours contre le cédant;

3.° Si celui qui a payé des arrérages ou remboursé le capital au porteur de transfert, ou qui a seulement payé des arrérages au préposé de l'administration, soit volontairement, soit pour faire cesser des poursuites, peut en exiger la restitution;

4.° Si l'emphytéote qui a souscrit des obligations de payer, soit envers le porteur de transfert, soit envers l'administration, est tenu d'exécuter son engagement;

5.° Si, lorsque dans les actes de rachat de rentes, le porteur de transfert a stipulé la garantie de droit, cette garantie donne un droit particulier à la restitution;

6.° Enfin, si les emphytéotes qui ont été condam

22 *

nés à payer les rentes par des jugemens passés en force de chose jugée, peuvent exciper de la décision du 13 avril 1809 pour être libérés;

Vu l'avis susdaté;

Vu l'avis du conseil d'état, approuvé par sa Majesté le 25 fructidor an XI, lequel a décidé que les demandes en restitution d'arrérages payés à la caisse du domaine antérieurement à l'avis du conseil d'état du 30 pluviôse an XI, ne devaient pas être accueillies;

Motivé, 1.º «sur ce que la plupart des rentes et » prestations mélangées de cens, dont les débiteurs » ont fait le service à leurs créanciers antérieure- » ment à la publication de l'avis du 30 pluviôse » an XI, n'ont été payées et reçues qu'avec la con- » science de leur légitimité; et que revenir sur ces » paiemens, ce serait troubler la tranquillité des fa- » milles;

2.º « Sur ce que le service de plusieurs de ces » rentes ayant eu lieu en vertu de jugemens en der- » nier ressort, ou passés en force de chose jugée, » il n'existe aucun moyen légal de détruire l'effet » de ces jugemens;

3.º » Et sur ce qu'enfin la non-restitution, non » seulement des arrérages, mais encore des capi- » taux remboursés, est dans l'intention de l'avis » dont il s'agit; »

Vu pareillement les observations de l'administration de l'enregistrement et des domaines,

Est d'avis,

D'après les motifs énoncés en l'avis du conseil d'état, approuvé par sa Majesté le 25 fructidor an XI, et conformément à l'opinion du ministre des finances,

1.º Que tous paiemens faits, avant la promulgation de l'avis du conseil d'état, approuvé par sa Majesté le 13 avril 1809, par les emphytéotes du ci-devant évêché de Bâle et du pays de Porentruy, soit à l'administration des domaines, soit aux porteurs de transferts, tant pour l'extinction ou le rachat des rentes qui se trouveraient entachées de féodalité, aux termes de cet avis, que pour les arrérages échus, doivent être considérés comme définitivement acquis, et qu'il n'y a lieu ni à restitution, ni à remplacement des rentes par de nouveaux transferts;

2.º Que les stipulations de garantie qui pourraient avoir été souscrites par des porteurs de transferts envers les emphytéotes desquels ils ont reçu des paiemens, ne donnent pas droit à une action particulière de la part des emphytéotes, et que l'administration doit être autorisée à intervenir dans les instances qui auraient lieu à ce sujet, afin d'en faire cesser l'effet;

3.º Que toutes soumissions ou obligations de payer, soit les capitaux, soit les arrérages, sous-crites par les emphytéotes, doivent être regardées comme nulles et non avenues; sauf aux porteurs de transferts envers lesquels il aurait été souscrit de semblables soumissions ou obligations, à de-mander des remplacemens, dans le cas où lesdites obligations n'auraient pas été acquittées avant la promulgation du présent avis, et après que les de-mandes auront été examinées par le ministre des finances;

4.º Que dans tous les cas où il a été passé entre les débiteurs et les créanciers, des transactions sur procès, au sujet desdites rentes, ces transactions doivent recevoir leur pleine et entière exécution;

5.º Relativement aux jugemens passés en force de chose jugée, qui ont condamné des emphytéotes à servir les redevances dont il s'agit, que l'État doit renoncer, pour ce qui le concerne, au bénéfice des-dits jugemens;

Qu'à l'égard des porteurs de transferts qui en auraient obtenu contre les emphytéotes, il ne doit y être donné suite qu'autant que lesdits jugemens auraient décidé que les redevances n'étaient pas entachées de féodalité;

Et dans le cas où les jugemens obtenus par les porteurs de transferts, n'auraient pas statué posi-tivement sur la question de féodalité, qu'il ne doit y être donné aucune suite, sauf aux porteurs de transferts à demander des remplacemens, en adressant à cet effet leurs réclamations au ministre des finances;

6.° Que le présent avis soit inséré au Bulletin des lois.

Pour extrait conforme: *le secrétaire général du conseil d'état*, signé J. B. LOCRÉ.

APPROUVÉ, au palais des Tuileries, le 23 sept. 1810.

Signé NAPOLÉON.

Par l'Empereur:

Le ministre secrétaire d'état,

Signé H. B. DUC DE BASSANO.

Un décret impérial du 30 décembre 1809, inséré au bulletin des lois n.° 303, et n.° d'ordre 5777, contient le règlement définitif pour l'administration des biens et revenus des fabriques des églises. D'après ce décret, chaque fabrique est composée d'un conseil, et d'un bureau de marguilliers. A la délibération du conseil sont soumis les procès à entreprendre ou à soutenir, et les marguilliers ne peuvent entreprendre aucun procès, ni en défendre, sans une autorisation du conseil de préfecture: les procès sont soutenus au nom de la fabrique et les diligences faites à la requête du trésorier, et toutes les contestations relatives à la propriété des biens, et toutes poursuites à fin de recouvrement des revenus, sont portées devant les juges ordinaires.

(Suit le décret impérial du 30 décembre 1809.)

Décret impérial concernant les fabriques. (B. 303, n.° 5777.

Au palais des Tuileries, le 30 décembre 1809.

NAPOLÉON, Empereur des Français, Roi d'Italie, Protecteur de la Confédération du Rhin, Médiateur de la Confédération suisse, etc. etc.

Vu l'article 76 de la loi du 18 germinal an X;

Sur le rapport de nos ministres de l'intérieur et des cultes;

Notre Conseil d'état entendu,

Nous *avons décrété* et *décrétons* ce qui suit:

CHAPITRE I.er

De l'Administration des Fabriques.

ART. I.er Les fabriques dont l'article 76 de la loi du 18 germinal an X a ordonné l'établissement, sont chargées de veiller à l'entretien et à la conservation des temples; d'administrer les aumônes et les biens, rentes et perceptions autorisées par les lois et règlemens, les sommes supplémentaires fournies par les communes, et généralement tous les fonds qui sont affectés à l'exercice du culte; enfin, d'assurer cet exercice, et le maintien de sa dignité, dans les églises auxquelles elles sont attachées, soit en réglant les dépenses qui y sont nécessaires, soit en assurant les moyens d'y pourvoir.

II. Chaque fabrique sera composée d'un conseil, et d'un bureau de marguilliers.

SECTION Ire
DU CONSEIL.

§. Ier
De la composition du conseil.

III. Dans les paroisses où la population sera de cinq mille âmes ou au-dessus, le conseil sera composé de neuf conseillers de fabrique; dans toutes les autres paroisses, il devra l'être de cinq: ils seront pris parmi les notables; ils devront être catholiques et domiciliés dans la paroisse.

IV. De plus, seront de droit membres du conseil,

1.° Le curé ou desservant, qui y aura la première place, et pourra s'y faire remplacer par un de ses vicaires;

2.° Le maire de la commune du chef-lieu de la cure ou succursale; il pourra s'y faire remplacer par l'un de ses adjoints: si le maire n'est pas catholique, il doit se substituer un adjoint qui le soit, ou, à défaut, un membre du conseil municipal, catholique. Le maire sera placé à la gauche, et le curé ou desservant à la droite du président.

V. Dans les villes où il y aura plusieurs paroisses ou succursales, le maire sera de droit membre du conseil de chaque fabrique ; il pourra s'y faire remplacer comme il est dit dans l'article précédent.

VI. Dans les paroisses ou succursales dans lesquelles le conseil de fabrique sera composé de neuf membres, non compris les membres de droit, cinq des conseillers seront, pour la première fois, à la nomination de l'évêque, et quatre à celle du préfet : dans celles où il ne sera composé que de cinq membres, l'évêque en nommera trois, et le préfet deux. Ils entreront en fonctions le premier dimanche du mois d'avril prochain.

7. Le conseil de fabrique se renouvellera partiellement tous les trois ans, savoir, à l'expiration des trois premières années dans les paroisses où il est composé de neuf membres, sans y comprendre les membres de droit, par la sortie de cinq membres qui, pour la première fois, seront désignés par le sort, et des quatre plus anciens après les six ans révolus ; pour les fabriques dont le conseil est composé de cinq membres, non compris les membres de droit, par la sortie de trois membres désignés par la voie du sort, après les trois premières an-

nées, et de deux autres après les six ans révolus. Dans la suite, ce seront toujours les plus anciens en exercice qui devront sortir.

VIII. Les conseillers qui devront remplacer les membres sortans seront élus par les membres restans.

Lorsque le remplacement ne sera pas fait à l'époque fixée, l'évêque ordonnera qu'il y soit procédé dans le délai d'un mois; passé lequel délai, il y nommera lui-même, et pour cette fois seulement.

Les membres sortans pourront être réélus.

IX. Le conseil nommera au scrutin son secrétaire et son président: ils seront renouvelés le premier dimanche d'avril de chaque année, et pourront être réélus. Le président aura, en cas de partage, voix prépondérante.

Le conseil ne pourra délibérer que lorsqu'il y aura plus de la moitié des membres présens à l'assemblée; et tous les membres présens signeront la délibération, qui sera arrêtée à la pluralité des voix.

§. II.

Des séances du conseil.

X. Le conseil s'assemblera le premier dimanche du mois d'avril, de juillet, d'octobre et de janvier, à l'issue de la grand'messe ou des vêpres, dans l'église, dans un lieu attenant à l'église ou dans le presbytère.

L'avertissement de chacune de ses séances sera publié, le dimanche précédent, au prône de la grand'messe.

Le conseil pourra de plus s'assembler extraordinairement, sur l'autorisation de l'évêque ou du préfet, lorsque l'urgence des affaires ou de quelques dépenses imprévues l'exigera.

§. III.

Des Fonctions du conseil.

XI. Aussitôt que le conseil aura été formé, il choisira au scrutin, parmi ses membres, ceux qui, comme marguilliers, entreront dans la composition du bureau; et, à l'avenir, dans celle de ses sessions qui répondra à l'expiration du tems fixé par le présent règlement pour l'exercice des fonctions de marguilliers, il fera également, au scrutin, élection de celui de ses membres qui remplacera le marguillier sortant.

XII. Seront soumis à la délibération du conseil,

1.º Le budget de la fabrique;

2.º Le compte annuel de son trésorier;

3.º L'emploi des fonds excédant les dépenses, du montant des legs et donations, et le remploi des capitaux remboursés;

4.º Toutes les dépenses extraordinaires au-delà

de cinquante francs dans les paroisses au-dessous de mille âmes, et de cent francs dans les paroisses d'une plus grande population;

5.° Les procès à entreprendre ou à soutenir, les baux emphytéotiques ou à longues années, les aliénations ou échanges, et généralement tous les objets excédant les bornes de l'administration ordinaire des biens des mineurs.

SECTION II.
DU BUREAU DES MARGUILLIERS.

§. I.er

De la composition du bureau des Marguilliers.

XIII. Le bureau des marguilliers se composera,

1.° Du curé ou desservant de la paroisse ou succursale, qui en sera membre perpétuel et de droit;

2.° De trois membres du conseil de fabrique.

Le curé ou desservant aura la première place, et pourra se faire remplacer par un de ses vicaires.

XIV. Ne pourront être en même tems membres du bureau les parens ou alliés, jusques et compris le degré d'oncle et de neveu.

XV. Au premier dimanche d'avril de chaque année, l'un des marguilliers cessera d'être membre du bureau, et sera remplacé.

XVI. Des trois marguilliers qui seront pour la première fois nommés par le conseil, deux sortiront successivement par la voie du sort, à la fin de la première et de la seconde année, et le troisième sortira de droit la troisième année révolue.

XVII. Dans la suite; ce seront toujours les marguilliers les plus anciens en exercice qui devront sortir.

XVIII. Lorsque l'élection ne sera pas faite à l'époque fixée, il y sera pourvu par l'évêque.

XIX. Ils nommeront entr'eux un président, un secrétaire et un trésorier.

XX. Les membres du bureau ne pourront délibérer s'ils ne sont au moins au nombre de trois.

En cas de partage, le président aura voix prépondérante.

Toutes les délibérations seront signées par les membres présens.

XXI. Dans les paroisses où il y avait ordinairement des marguilliers d'honneur, il pourra en être choisi deux par le conseil parmi les principaux fonctionnaires publics domiciliés dans la paroisse. Ces marguilliers, et tous les membres du conseil, auront une place distinguée dans l'église; ce sera *le banc de l'œuvre :* il sera placé devant la chaire autant que faire se pourra. Le curé ou desservant aura, dans ce banc, la première place, toutes les fois qu'il s'y trouvera pendant la prédication.

§. II.

Des séances du bureau des Marguilliers.

XXII. Le bureau s'assemblera tous les mois, à l'issue de la messe paroissiale, au lieu indiqué pour la tenue des séances du conseil.

XXIII. Dans les cas extraordinaires, le bureau sera convoqué, soit d'office par le président, soit sur la demande du curé ou desservant.

§. III.

Fonctions du Bureau.

XXIV. Le bureau des marguilliers dressera le budget de la fabrique, et préparera les affaires qui doivent être portées au conseil; il sera chargé de l'exécution des délibérations du conseil, et de l'administration journalière du temporel de la paroisse.

XXV. Le trésorier est chargé de la rentrée de toutes les sommes dues à la fabrique, soit comme faisant partie de son revenu annuel, soit à tout autre titre.

XXVI. Les marguilliers sont chargés de veiller à ce que toutes fondations soient fidèlement acquittées et exécutées suivant l'intention des fondateurs, sans que les sommes puissent être employées à d'autres charges.

Un extrait du sommier des titres contenant les fondations qui doivent être desservies pendant le ours d'une trimestre, sera affiché dans la sacristie, au commencement de chaque trimestre, avec les noms du fondateur et de l'ecclésiastique qui acquittera chaque fondation.

Il sera aussi rendu compte à la fin de chaque trimestre, par le curé ou desservant, au bureau des marguilliers, des fondations acquittées pendant le cours du trimestre.

XXVII. Les marguilliers fourniront l'huile, le pain, le vin, l'encens, la cire, et généralement tous les objets de consommation nécessaires à l'exercice du culte; ils pourvoiront également aux réparations et achats des ornemens, meubles et ustensiles de l'église et de la sacristie.

XXVIII. Tous les marchés seront arrêtés par le bureau des marguilliers, et signés, par le président, ainsi que les mandats.

XXIX. Le curé ou desservant se conformera aux règlemens de l'évêque pour tout ce qui concerne le service divin, les prières et les instructions, et l'acquittement des charges pieuses imposées par les bienfaiteurs, sauf les réductions qui seraient faites par l'évêque, conformément aux règles canoniques, lorsque le défaut de proportion des libéralités et des charges qui en sont la condition l'exigera.

XXX. Le curé ou desservant agréera les prêtres habitués, et leur assignera leurs fonctions.

Dans les paroisses où il en sera établi, il désignera le sacristain-prêtre, le chantre-prêtre et les enfans de chœur.

Le placement des bancs ou chaises dans l'église ne pourra être fait que du consentement du curé ou desservant, sauf le recours à l'évêque.

XXXI. Les annuels auxquels les fondateurs ont attaché des honoraires, et généralement tous les annuels emportant une rétribution quelconque, seront donnés de préférence aux vicaires, et ne pourront être acquittés qu'à leur défaut par les prêtres habitués ou autres ecclésiastiques, à moins qu'il n'en ait été autrement ordonné par les fondateurs.

XXXII. Les prédicateurs seront nommés par les marguilliers, à la pluralité des suffrages, sur la présentation faite par le curé ou desservant, et à la charge par lesdits prédicateurs d'obtenir l'autorisation de l'ordinaire.

XXXIII. La nomination et la révocation de l'organiste, des sonneurs, des bedeaux, suisses ou autres serviteurs de l'église, appartiennent aux marguilliers, sur la proposition du curé ou desservant.

XXXIV. Sera tenu le trésorier de présenter, tous les trois mois, au bureau des marguilliers, un bordereau signé de lui, et certifié véritable, de la situation active et passive de la fabrique pendant les trois mois précédens : ces bordereaux seront signés de ceux qui auront assisté à l'assemblée, et déposés dans la caisse ou armoire de la fabrique, pour être représentés lors de la reddition du compte annuel.

Le bureau déterminera, dans la même séance, la somme nécessaire pour les dépenses du trimestre suivant.

XXXV. Toute la dépense de l'église et les frais de sacristie seront faits par le trésorier ; et en conséquence il ne sera rien fourni par aucun marchand ou artisan sans un mandat du trésorier, au pied duquel le sacristain, ou toute autre personne apte à recevoir la livraison, certifiera que le contenu dudit mandat a été rempli.

CHAPITRE II.

DES REVENUS, DES CHARGES, DU BUDGET DE LA FABRIQUE.

SECTION 1.re
Des Revenus de la Fabrique.

XXXVI. Les revenus de chaque fabrique se forment,

1.º Du produit des biens et rentes restitués aux fabriques, des biens des confréries, et généralement de ceux qui auroient été affectés aux fabriques par nos divers décrets ;

2.º Du produit des biens, rentes et fondations qu'elles ont été ou pourront être par nous autorisées à accepter ;

3.º Du produit de biens et rentes celés au domaine, dont nous les avons autorisées, ou dont nous
les autoriserions à se mettre en possession;

4.º Du produit spontané des terrains servant de
cimetières;

5.º Du prix de la location des chaises;

6.º De la concession des bancs placés dans l'é-
glise;

7.º Des quêtes faites pour les frais du culte;

8.º De ce qui sera trouvé dans les troncs placés
pour le même objet;

9.º Des oblations faites à la fabrique;

10.º Des droits que, suivant les règlemens épiscopaux approuvés par nous, les fabriques perçoi-
vent, et de celui qui leur revient sur le produit des
frais d'inhumation;

11.º Du supplément donné par la commune, le
cas échéant.

SECTION II.
Des Charges de la Fabrique.

---

§. Ier

Des Charges en général.

XXXVII. Les charges de la fabrique sont,

1.º De fournir aux frais nécessaires du culte; savoir, les ornemens, les vases sacrés, le linge, le
luminaire, le pain, le vin, l'encens, le paiement des
vicaires, des sacristains, chantres, organistes, son-

neurs, suisses, bedeaux et autres employés au service de l'église, selon la convenance et les besoins des lieux;

2.º De payer l'honoraire des prédicateurs de l'Avent, du Carême et autres solennités;

3.º De pourvoir à la décoration et aux dépenses relatives à l'embellissement intérieur de l'église;

4.º De veiller à l'entretien des églises, presbytères et cimetières; et, en cas d'insuffisance des revenus de la fabrique, de faire toutes diligences nécessaires pour qu'il soit pourvu aux réparations et reconstructions, ainsi que le tout est réglé au paragraphe III.

§. II.

De l'Établissement et du Paiement des Vicaires.

XXXVIII. Le nombre de prêtres et de vicaires habitués à chaque église sera fixé par l'évêque, après que les marguilliers en auront délibéré, et que le conseil municipal de la commune aura donné son avis.

XXXIX. Si, dans le cas de la nécessité d'un vicaire, reconnue par l'évêque, la fabrique n'est pas en état de payer le traitement, la décision épiscopale devra être adressée au préfet; et il sera procédé ainsi qu'il est expliqué à l'article 49, concernant les autres dépenses de la célébration du culte, pour lesquelles les communes suppléent à l'insuffisance des revenus des fabriques.

XL. Le traitement des vicaires sera de cinq cents francs au plus, et de trois cents francs au moins.

§. III.

Des Réparations.

XLI. Les marguilliers et spécialement le trésorier seront tenus de veiller à ce que toutes les réparations soient bien et promptement faites. Ils auront soin de visiter les bâtimens avec des gens de l'art, au commencement du printems et de l'automne.

Ils pourvoiront sur-le-champ, et par économie, aux réparations locatives ou autres qui n'excéderont pas la proportion indiquée en l'article 12, et sans préjudice toutefois des dépenses réglées pour le culte.

XLII. Lorsque les réparations excéderont la somme ci-dessus indiquée, le bureau sera tenu d'en faire rapport au conseil, qui pourra ordonner toutes les réparations qui ne s'élèveraient pas à plus de cent francs dans les communes au-dessous de mille ames, et de deux cents francs dans celles d'une plus grande population.

Néanmoins ledit conseil ne pourra, même sur le revenu libre de la fabrique, ordonner les réparations qui excéderaient la quotité ci-dessus énoncée, qu'en chargeant le bureau de faire dresser un devis estimatif, et de procéder à l'adjudication au rabais ou par soumission, après trois affiches renouvelées de huitaine en huitaine.

XLIII. Si la dépense ordinaire, arrêtée par le budget, ne laisse pas de fonds disponibles ou n'en laisse pas de suffisans pour les réparations, le bureau en fera son rapport au conseil, et celui-ci prendra une délibération tendant à ce qu'il y soit pourvu dans les formes prescrites au chapitre IV du présent règlement : cette délibération sera envoyée par le président au préfet.

XLIV. Lors de la prise de possession de chaque curé ou desservant, il sera dressé, aux frais de la commune, et à la diligence du maire, un état de situation du presbytère et de ses dépendances. Le curé ou desservant ne sera tenu que des simples réparations locatives, et des dégradations survenues par sa faute. Le curé ou desservant sortant, ou ses héritiers ou ayant-cause, seront tenus desdites réparations locatives et dégradations.

SECTION III.

Du Budget de la Fabrique.

XLV. Il sera présenté chaque année au bureau, par le curé ou desservant, un état par aperçu des dépenses nécessaires à l'exercice du culte, soit pour les objets de consommation, soit pour réparations et entretien d'ornemens, meubles et ustensiles d'église.

Cet état, après avoir été, article par article, approuvé par le bureau, sera porté en bloc, sous la désignation de *dépenses intérieures*, dans le projet du budget général : le détail de ces dépenses sera annexé audit projet.

XLVI. Ce budget établira la recette et la dépense de l'église. Les articles de dépense seront classés dans l'ordre suivant :

1.º Les frais ordinaires de la célébration du culte ;

2.º Les frais de réparation des ornemens, meubles et ustensiles d'église ;

3.º Les gages des officiers et serviteurs de l'église ;

4.º Les frais de réparations locatives.

La portion de revenus qui restera après cette dépense acquittée, servira au traitement des vicaires légitimement établis ; et l'excédant, s'il y en a, sera affecté aux grosses réparations des édifices affectés au service du culte.

XLVII. Le budget sera soumis au conseil de la fabrique, dans la séance du mois d'avril de chaque année ; il sera envoyé, avec l'état des dépenses de la célébration du culte, à l'évêque diocésain, pour avoir sur le tout son approbation.

XLVIII. Dans le cas où les revenus de la fabrique couvriraient les dépenses portées au budget, le budget pourra, sans autres formalités, recevoir sa pleine et entière exécution.

XLIX. Si les revenus sont insuffisans pour acquitter, soit les frais indispensables du culte, soit les dépenses nécessaires pour le maintien de sa dignité,

soit les gages des officiers et des serviteurs de l'é-
glise, soit les réparations des bâtimens, ou pour
fournir à la subsistance de ceux des ministres que
l'État ne salarie pas, le budget contiendra l'aperçu
des fonds qui devront être demandés aux paroissiens
pour y pourvoir, ainsi qu'il est réglé dans le chapitre IV.

CHAPITRE III.

SECTION I.re

De la Régie des Biens de la Fabrique.

L. Chaque fabrique aura une caisse ou armoire
fermant à trois clefs, dont une restera dans les mains
du trésorier, l'autre dans celles du curé ou desservant, et la troisième dans celles du président du
bureau.

LI. Seront déposés dans cette caisse tous les deniers appartenant à la fabrique, ainsi que les clefs
des troncs des églises.

LII. Nulle somme ne pourra être extraite de la
caisse sans autorisation du bureau, et sans un récé-
pisse qui y restera déposé.

LIII. Si le trésorier n'a pas dans les mains la somme
fixée à chaque trimestre, par le bureau, pour la dépense courante, ce qui manquera sera extrait de la
caisse ; comme aussi ce qu'il se trouverait avoir
d'excédant sera versé dans cette caisse.

LIV. Seront aussi déposés dans une caisse ou armoire les papiers, titres et documens concernant les revenus et affaires de la fabrique, et notamment les comptes avec les pièces justificatives, les registres de délibérations, autres que le registre courant, le sommier des titres et les inventaires ou récolemens dont il est mention aux deux articles qui suivent.

LV. Il sera fait incessamment, et sans frais, deux inventaires, l'un des ornemens, linges, vases sacrés, argenterie, ustensiles, et en général de tout le mobilier de l'église; l'autre des titres, papiers et renseignemens, avec mention des biens contenus dans chaque titre, du revenu qu'ils produisent, de la fondation à la charge de laquelle les biens ont été donnés à la fabrique. Un double inventaire du mobilier sera remis au curé ou desservant.

Il sera fait, tous les ans, un récolement desdits inventaires, afin d'y porter les additions, réformes ou autres changemens : ces inventaires et récolemens seront signés par le curé ou desservant, et par le président du bureau.

LVI. Le secrétaire du bureau transcrira, par suite de numéros et par ordre de dates, sur un registre sommier,

1.º Les actes de fondation, et généralement tous les titres de propriété;

2.º Les baux à ferme ou loyer.

La transcription sera entre deux marges, qui serviront pour y porter, dans l'une, les revenus, et dans l'autre, les charges.

Chaque pièce sera signée et certifiée conforme à l'original par le curé ou desservant, et par le président du bureau.

LVII. Nul titre ni pièce ne pourra être extrait de la caisse sans un récépissé qui fera mention de la pièce retirée, de la délibération du bureau par laquelle cette extraction aura été autorisée, de la qualité de celui qui s'en chargera et signera le récépissé, de la raison pour laquelle elle aura été tirée de ladite caisse ou armoire; et, si c'est pour un procès, le tribunal et le nom de l'avoué seront désignés.

Ce récépissé, ainsi que la décharge au tems de la remise, seront inscrits sur le sommier ou registre des titres.

LVIII. Tout notaire devant lequel il aura été passé un acte contenant donation entre-vifs ou disposition testamentaire au profit d'une fabrique, sera tenu d'en donner avis au curé ou desservant.

LIX. Tout acte contenant des dons ou legs à une fabrique, sera remis au trésorier, qui en fera son rapport à la prochaine séance du bureau. Cet acte sera ensuite adressé par le trésorier, avec les observations du bureau, à l'archevêque ou évêque diocésain, pour que celui-ci donne sa délibération s'il convient ou non d'accepter.

Le tout sera envoyé au ministre des cultes, sur le

rapport duquel la fabrique sera, s'il y a lieu, autorisée à accepter: l'acte d'acceptation, dans lequel il sera fait mention de l'autorisation, sera signé par le trésorier au nom de la fabrique.

LX. Les maisons et biens ruraux appartenant à la fabrique seront affermés, régis et administrés par le bureau des marguilliers, dans la forme déterminée pour les biens communaux.

LXI. Aucun des membres du bureau des marguilliers ne peut se porter, soit pour adjudicataire, soit même pour associé de l'adjudicataire, des ventes, marchés de réparations, constructions, reconstructions ou baux des biens de lla fabrique.

LXII. Ne pourront les biens immeubles de l'église être vendus, aliénés, échangés, ni même loués pour un terme plus long que neuf ans, sans une délibération du conseil, l'avis de l'évêque diocésain, et notre autorisation.

LXIII. Les deniers provenant de donations ou legs, dont l'emploi ne serait pas déterminé par la fondation, les remboursemens de rentes, le prix de ventes ou soultes d'échanges, les revenus excédant l'acquit des charges ordinaires, seront employés dans les formes déterminées par l'avis du Conseil d'état, approuvé par nous le 21 décembre 1808 (1).

----

(1) Voyez cet avis au tome I.er, page 232, et le décret impérial du 16 juillet 1810, inséré dans ce tome II, page 336.

Dans le cas où la somme serait insuffisante, elle restera en caisse, si on prévoit que dans les six mois suivans il rentrera des fonds disponibles, afin de compléter la somme nécessaire pour cette espèce d'emploi : sinon, le conseil délibérera sur l'emploi à faire, et le préfet ordonnera celui qui paraîtra le plus avantageux.

LXIV. Le prix des chaises sera réglé, pour les différens offices, par délibération du bureau, approuvée par le conseil : cette délibération sera affichée dans l'église.

LXV. Il est expressément défendu de rien percevoir pour l'entrée de l'église, ni de percevoir, dans l'église, plus que le prix des chaises, sous quelque prétexte que ce soit.

Il sera même réservé dans toutes les églises une place où les fidèles qui ne louent pas de chaises ni de bancs, puissent commodément assister au service divin, et entendre les instructions.

LXVI. Le bureau des marguilliers pourra être autorisé par le conseil, soit à régir la location des bancs et chaises, soit à la mettre en ferme.

LXVII. Quand la location des chaises sera mise en ferme, l'adjudication aura lieu après trois affiches de huitaine en huitaine : les enchères seront reçues au bureau de la fabrique par soumission, et l'adjudication sera faite au plus offrant, en présence des marguilliers ; de tout quoi il sera fait mention dans le bail, auquel sera annexée la délibération qui aura fixé le prix des chaises.

LXVIII. Aucune concession de bancs ou de places dans l'église ne pourra être faite, soit par bail pour une prestation annuelle, soit au prix d'un capital ou d'un immeuble, soit pour un tems plus long que la vie de ceux qui l'auront obtenue, sauf l'exception ci-après.

LXIX. La demande de concession sera présentée au bureau, qui préalablement la fera publier par trois dimanches, et afficher à la porte de l'église pendant un mois, afin que chacun puisse obtenir la préférence par une offre plus avantageuse.

S'il s'agit d'une concession pour un immeuble, le bureau le fera évaluer en capital et en revenu, pour être, cette évaluation, comprise dans les affiches et publications.

LXX. Après ces formalités remplies, le bureau fera son rapport au conseil.

S'il s'agit d'une concession par bail pour une prestation annuelle, et que le conseil soit d'avis de faire cette concession, sa délibération sera un titre suffisant.

LXXI. S'il s'agit d'une concession pour un immeuble, il faudra, sur la délibération du conseil, obtenir notre autorisation dans la même forme que pour les dons et legs. Dans le cas où il s'agirait d'une valeur mobilière, notre autorisation sera nécessaire, lorsqu'elle s'élevera à la même quotité pour laquelle les communes et les hospices sont obligés de l'obtenir.

LXXII. Celui qui aurait entièrement bâti une église, pourra retenir la propriété d'un banc ou d'une chapelle pour lui et sa famille, tant qu'elle existera.

Tout donateur ou bienfaiteur d'une église pourra obtenir la même concession, sur l'avis du conseil de fabrique, approuvé par l'évêque et par le ministre des cultes.

LXXIII. Nul cénotaphe, nulles inscriptions, nuls monumens funèbres ou autres, de quelque genre que ce soit, ne pourront être placés dans les églises que sur la proposition de l'évêque diocésain et la permission de notre ministre des cultes.

LXXIV. Le montant des fonds perçus pour le compte de la fabrique, à quelque titre que ce soit, sera, à fur et mesure de la rentrée, inscrit avec la date du jour et du mois, sur un registre coté et paraphé, qui demeurera entre les mains du trésorier.

LXXV. Tout ce qui concerne les quêtes dans les églises sera réglé par l'évêque, sur le rapport des marguilliers, sans préjudice des quêtes pour les pauvres, lesquelles devront toujours avoir lieu dans les églises, toutes les fois que les bureaux de bienfaisance le jugeront convenable.

LXXVI. Le trésorier portera parmi les recettes en nature, les cierges offerts sur les pains bénis, ou délivrés pour les annuels, et ceux qui, dans les enterrèmens et services funèbres, appartiennent à la fabrique.

LXXVII. Ne pourront les marguilliers entreprendre aucun procès, ni y défendre, sans une autorisation du conseil de préfecture, auquel sera adressé la délibération qui devra être prise à ce sujet par le conseil et le bureau-réunis,

LXXVIII. Toutefois le trésorier sera tenu de faire tous actes conservatoires pour le maintien des droits de la fabrique, et toutes diligences nécessaires pour le recouvrement de ses revenus.

LXXIX. Les procès seront soutenus au nom de la fabrique, et les diligences faites à la requête du trésorier, qui donnera connaissance de ces procédures au bureau.

LXXX. Toutes contestations relatives à la propriété des biens, et toutes poursuites à fin de recouvrement des revenus, seront portées devant les juges ordinaires.

LXXXI. Les registres des fabriques seront sur papier non timbré. Les dons et legs qui leur seraient faits, ne supporteront que le droit fixe d'un franc.

SECTION II.

Des Comptes.

LXXXII. Le compte à rendre chaque année, par le trésorier, sera divisé en deux chapitres ; l'un de recette, et l'autre de dépense.

Le chapitre de recette sera divisé en trois sections ; la première, pour la recette ordinaire ; la deuxième, pour la recette extraordinaire ; et la troisième, pour la partie des recouvremens ordinaires ou extraordinaires qui n'auraient pas encore été faits.

Le reliquat d'un compte formera toujours le premier article du compte suivant. Le chapitre de dépense sera aussi divisé en dépenses ordinaires, dépenses extraordinaires, et dépenses tant ordinaires qu'extraordinaires non encore acquittées.

LXXXIII. A chacun des articles de recette, soit des rentes, soit des loyers ou autres revenus, il sera fait mention des débiteurs, fermiers ou locataires, des noms et situation de la maison et héritages, de la qualité de la rente foncière ou constituée, de la date du dernier titre nouvel ou du dernier bail, et des notaires qui les auront reçus ; ensemble de la fondation à laquelle la rente est affectée, si elle est connue.

LXXXIV. Lorsque, soit par le décès du débiteur, soit par le partage de la maison ou de l'héritage qui est grevé d'une rente, cette rente se trouve due par plusieurs débiteurs, il ne sera néanmoins porté qu'un seul article de recette, dans lequel il sera fait mention de tous les débiteurs, et sauf l'exercice de l'action solidaire, s'il y a lieu.

LXXXV. Le trésorier sera tenu de présenter son compte annuel au bureau des marguilliers, dans la séance du premier dimanche du mois de mars.

Le compte, avec les pièces justificatives, leur sera communiqué, sur le récépissé de l'un d'eux. Ils feront au conseil, dans la séance du premier dimanche du mois d'avril, le rapport du compte: il sera examiné, clos et arrêté dans cette séance, qui sera, pour cet effet, prorogée au dimanche suivant, si besoin est.

LXXXVI. S'il arrive quelques débats sur un ou plusieurs articles du compte, le compte n'en sera pas moins clos, sous la réserve des articles contestés.

LXXXVII. L'évêque pourra nommer un commissaire pour assister, en son nom, au compte annuel; mais si ce commissaire est un autre qu'un grand-vicaire, il ne pourra rien ordonner sur le compte, mais seulement dresser procès-verbal sur l'état de la fabrique et sur les fournitures et réparations à faire à l'église.

Dans tous les cas, les archevêques et évêques en cours de visite, ou leurs vicaires généraux, pourront se faire représenter tous comptes, registres et inventaires, et vérifier l'état de la caisse.

LXXXVIII. Lorsque le compte sera arrêté, le reliquat sera remis au trésorier en exercice, qui sera tenu de s'en charger en recette. Il lui sera en même tems remis un état de ce que la fabrique a à recevoir par baux à ferme, une copie du tarif des droits casuels, un tableau par approximation des dépenses, celui des reprises à faire, celui des charges et fournitures non acquittées.

Il sera, dans la même séance, dressé sur le registre des délibérations, acte de ces remises; et copie en sera délivrée, en bonne forme, au trésorier sortant, pour lui servir de décharge.

LXXXIX. Le compte annuel sera en double copie, dont l'une sera déposée dans la caisse ou armoire à trois clefs; l'autre à la mairie.

XC. Faute par le trésorier de présenter son compte à l'époque fixée, et d'en payer le reliquat, celui qui lui succédera sera tenu de faire, dans le mois au plus tard, les diligences nécessaires pour l'y contraindre; et, à son défaut, le procureur impérial, soit d'office, soit sur l'avis qui lui en sera donné par l'un des membres du bureau ou du conseil, soit sur l'ordonnance rendue par l'évêque en cours de visite, sera tenu de poursuivre le comptable devant le tribunal de première instance, et le fera condamner à payer le reliquat, à faire régler les articles débattus, ou à rendre son compte, s'il ne l'a été, le tout dans un délai qui sera fixé; sinon, et ledit tems passé, à payer provisoirement, au profit de la fabrique, la somme égale à la moitié de la recette ordinaire de l'année précédente, sauf les poursuites ultérieures.

XCI. Il sera pourvu, dans chaque paroisse, à ce que les comptes qui n'ont pas été rendus le soient dans la forme prescrite par le présent règlement, et six mois au plus tard après la publication.

CHAPITRE IV.

DES CHARGES DES COMMUNES RELATIVEMENT AU CULTE.

XCII. Les charges des communes relativement au culte, sont,

1.º De suppléer à l'insuffisance des revenus de la fabrique, pour les charges portées en l'article 37;

2.º De fournir au curé ou desservant un presbytère, où, à défaut de presbytère, un logement, ou, à défaut de presbytère et de logement, une indemnité pécuniaire;

3.º De fournir aux grosses réparations des édifices consacrés au culte.

XCIII. Dans le cas où les communes sont obligées de suppléer à l'insuffisance des revenus des fabriques pour ces deux premiers chefs, le budget de la fabrique sera porté au conseil municipal dûment convoqué à cet effet, pour y être délibéré ce qu'il appartiendra. La délibération du conseil municipal devra être adressé au préfet, qui la communiquera à l'évêque diocésain, pour avoir son avis. Dans le cas où l'évêque et le préfet seraient d'avis différens, il pourra en être référé, soit par l'un, soit par l'autre, à notre ministre des cultes.

XCIV. S'il s'agit de réparations des bâtimens, de quelque nature qu'elles soient, et que la dépense ordinaire arrêtée par le budget ne laisse pas de fonds disponibles, ou n'en laisse pas de suffisans pour ces réparations, le bureau en fera son rapport au conseil, et celui-ci prendra une délibération tendant à ce qu'il y soit pourvu par la commune : cette délibération sera envoyée par le trésorier au préfet.

XCV. Le préfet nommera les gens de l'art par lesquels, en présence de l'un des membres du conseil municipal et de l'un des marguilliers, il sera dressé, le plus promptement qu'il sera possible, un devis estimatif des réparations. Le préfet soumettra ce devis au conseil municipal, et, sur son avis, ordonnera, s'il y a lieu, que ces réparations soient faites aux frais de la commune, et en conséquence qu'il soit procédé par le conseil municipal, en la forme accoutumée, à l'adjudication au rabais.

XCVI. Si le conseil municipal est d'avis de demander une réduction sur quelques articles de dépense de la célébration du culte, et dans le cas où il ne reconnaîtrait pas la nécessité de l'établissement d'un vicaire, sa délibération en portera les motifs.

Toutes les pièces seront adressées à l'évêque, qui prononcera.

XCVII. Dans le cas où l'évêque prononcerait contre l'avis du conseil municipal, ce conseil pourra s'adresser au préfet ; et celui-ci enverra, s'il y a lieu, toutes les pièces au ministre des cultes, pour être par nous, sur son rapport, statué en notre conseil d'état ce qu'il appartiendra.

XCVIII. S'il s'agit de dépenses pour réparations ou reconstructions qui auront été constatées, conformément à l'article 95, le préfet ordonnera que ces réparations soient payées sur les revenus communaux, et en conséquence qu'il soit procédé par le conseil municipal, en la forme accoutumée, à l'adjudication au rabais.

XCIX. Si les revenus communaux sont insuffisans, le conseil délibérera sur les moyens de subvenir à cette dépense, selon les règles prescrites par la loi.

C. Néanmoins, dans le cas où il serait reconnu que les habitans d'une paroisse sont dans l'impuissance de fournir aux réparations, même par levée extraordinaire, on se pourvoira devant nos ministres de l'intérieur et des cultes, sur le rapport desquels il sera fourni à cette paroisse tel secours qui sera par eux déterminé, et qui sera pris sur le fond commun établi par la loi du 15 septembre 1807, relative au budget de l'état.

CI. Dans tous les cas où il y aura lieu au recours d'une fabrique sur une commune, le préfet fera un nouvel examen du budget de la commune, et décidera si la dépense demandée pour le culte peut être prise sur les revenus de la commune, ou jusqu'à concurrence de quelle somme, sauf notre approbation pour les communes dont les revenus excèdent vingt mille francs.

CII. Dans le cas où il y a lieu à la convocation du conseil municipal, si le territoire de la paroisse comprend plusieurs communes, le conseil de chaque commune sera convoqué, et délibérera séparément.

CIII. Aucune imposition extraordinaire sur les communes ne pourra être levée pour les frais du culte, qu'après l'accomplissement préalable des formalités prescrites par la loi.

CHAPITRE V.

DES ÉGLISES CATHÉDRALES, DES MAISONS ÉPISCOPALES ET DES SEMINAIRES.

CIV. Les fabriques des églises métropolitaines et cathédrales continueront à être composées et administrées conformément aux règlemens épiscopaux qui ont été réglés par nous.

CV. Toutes les dispositions concernant les fabriques paroissiales sont applicables, en tant qu'elles concernent leur administration intérieure, aux fabriques des cathédrales.

CVI. Les départemens compris dans un diocèse sont tenus envers la fabrique de la cathédrale, aux mêmes obligations que les communes envers leurs fabriques paroissiales.

CVII. Lorsqu'il surviendra de grosses réparations ou des reconstructions à faire aux églises cathédrales, aux palais épiscopaux et aux séminaires diocésains, l'évêque en donnera l'avis officiel au préfet du département dans lequel est le chef-lieu de l'évêché; il donnera en même tems un état sommaire des revenus et des dépenses de sa fabrique, en faisant sa déclaration des revenus qui restent libres après les dépenses ordinaires de la célébration du culte.

CVIII. Le préfet ordonnera que, suivant les formes établies pour les travaux publics, en présence d'une personne à ce commise par l'évêque, il soit dressé un devis estimatif des ouvrages à faire.

CIX. Ce rapport sera communiqué à l'évêque, qui l'enverra au préfet avec ses observations.

Ces pièces seront ensuite transmises par le préfet, avec son avis, à notre ministre de l'intérieur; il en donnera connaissance à notre ministre des cultes.

CX. Si les réparations sont à-la-fois nécessaires et urgentes, notre ministre de l'intérieur ordonnera qu'elles soient provisoirement faites sur les premiers deniers dont les préfets pourront disposer, sauf le remboursement avec les fonds qui seront faits pour cet objet par le conseil général du département, auquel il sera donné communication du budget de la fabrique de la cathédrale, et qui pourra user de la faculté accordé aux conseils municipaux par l'article 96.

CXI. S'il y a dans le même évêché plusieurs départemens, la répartition entre eux se fera dans les proportions ordinaires, si ce n'est que le département où sera le chef-lieu du diocèse paiera un dixième de plus.

CXII. Dans les départemens où les cathédrales

ont des fabriques ayant des revenus dont une partie est assignée à les réparer, cette assignation continuera d'avoir lieu; et seront, au surplus, les réparations faites conformément à ce qui est prescrit ci-dessus.

CXIII. Les fondations, donations ou legs faits aux églises cathédrales, seront acceptés, ainsi que ceux faits aux séminaires, par l'évêque diocésain; sauf notre autorisation donnée en conseil d'état, sur le rapport de notre ministre des cultes.

CXIV. Nos ministres de l'intérieur et des cultes sont chargés, chacun en ce qui le concerne, de l'exécution du présent décret.

Signé NAPOLÉON. Par l'empereur: *le ministre secrétaire d'état*, signé H. B. Duc de Bassano.

A ajouter aux décrets et décisions mentionnés dans le §. 169 du tome I.er, page 334 et suivantes, les décrets ci-après:

Décret impérial, du 30 mai 1806.

Napoléon, *Empereur des Français et Roi d'Italie;*

Sur le rapport du ministre de l'intérieur;

Le conseil d'état entendu,

Décrète ce qui suit:

Art. I.er Les églises et presbytères qui, par suite de l'organisation ecclésiastique, seront supprimés, font partie des biens restitués aux fabriques, et sont réunis à celles des cures et succursales, dans l'arrondissement desquelles ils seront situés. Ils pourront être échangés, loués ou aliénés au profit des églises et des presbytères des chefs-lieux.

II. Ces échanges ou aliénations n'auront lieu qu'en vertu de nos décrets.

III. Les baux à loyer devront être approuvés par les préfets.

IV. Le produit des locations ou aliénations des églises, et les revenus des biens pris en échange, seront employés, soit à l'acquisition des presbytères, ou de toute autre manière, aux dépenses du logement des curés et desservans dans les chefs-lieux de cure ou succursale où il n'existe pas de presbytère.

V. Les réparations à faire aux églises et aux presbytères seront constatées par des devis estimatifs ordonnés par les préfets, à la diligence des marguilliers nommés en vertu de l'arrêté du 7 thermidor an XI.

VI. Les préfets enverront à nos ministres de l'intérieur et des cultes l'état estimatif des églises et presbytères supprimés dans chaque arrondissement de cure ou succurale, en même tems que l'état des réparations à faire aux églises et presbytères conservés.

VII. Nos ministres de l'intérieur, des finances et des cultes sont chargés, chacun en ce qui le concerne, de l'exécution du présent décret.

Signé NAPOLÉON. Par l'empereur : *le secrétaire d'état*, signé HUGUES B. MARET. Pour am-

pliation : *le ministre de l'intérieur*, signe Cham-
pagny.

Décret impérial, du 17 mars 1809.

Napoléon, *Empereur des Français, Roi d'Italie
et Protecteur de la Confédération du Rhin;*

Sur le rapport de notre ministre des cultes ;

Vu les articles LXXII et LXXV de la loi du
18 germinal an X, ainsi conçus :

Art. LXXII. « Les presbytères et les jardins at-
» tenans, non aliénés, seront rendus aux curés et
» aux desservans des succursales.

LXXV. « Les édifices anciennement destinés au
» culte catholique, actuellement dans les mains de
» la nation, à raison d'un édifice par cure et par
» succursale, seront mis à la disposition des évê-
» ques, par arrêtés des préfets ; »

Vu l'article premier de notre décret impérial, du
30 mai 1806 ;

Notre conseil d'état entendu,

Nous avons décrété et décrétons ce qui suit :

Art. I.er Les dispositions des articles ci-dessus
de la loi du 18 germinal an X, sont applicables aux
églises et aux presbytères qui, ayant été aliénés,
sont rentrés dans la main du domaine pour cause
de déchéance.

II. Néanmoins, dans le cas de cédules souscrites
par les acquéreurs déchus, à raison du prix de leur

adjudication, le remboursement du montant de ces cédules sera à la charge de la paroisse à laquelle l'église et le presbytère seront rendus.

Comme aussi dans le cas où les acquéreurs déchus auraient commis des dégradations par l'enlèvement de quelques matériaux, ils seront tenus de verser la valeur de ces dégradations dans la caisse de la commune, qui, à cet effet, est mise aux lieu et place du domaine.

III. Les dispositions du décret du 30 mai 1806 pourront être appliquées aux chapelles de congrégations et aux églises des monastères non aliénés, ni concédés pour un service public, et actuellement disponibles, sur le rapport qui sera fait pour chaque commune, par notre ministre des cultes, sur l'avis de nos ministres des finances et de l'intérieur.

IV. Nos ministres des cultes, des finances et de l'intérieur, sont respectivement chargés de l'exécution du présent décret.

Signe NAPOLÉON. Par l'empereur : *le ministre secrétaire d'état*, signé Hugues B. Maret. Pour expédition conforme : *le ministre des cultes, comte de l'empire*, signé Bigot de Préameneu.

Décret impérial, du 8 novembre 1810.

Napoléon, *Empereur des Français, Roi d'Italie, Protecteur de la Confédération du Rhin, Médiateur de la Confédération suisse, etc. etc. etc.;*

Sur le rapport de notre ministre de l'intérieur;

Vu la loi du 18 germinal an X ;

Vu les décrets des 30 mai 1806 et 17 mars 1809 ;

Notre conseil d'état entendu,

Nous avons décrété et décrétons ce qui suit :

Art. I.er Les dispositions des décrets des 30 mai 1806 et 17 mars 1809, sont applicables aux maisons vicariales non aliénées, ni concédées pour un service public, et actuellement disponibles. Ces maisons feront partie des biens restitués aux fabriques, et sont réunies à celles des cures et succursales dans l'arrondissement desquelles elles s·ront situées. Elles pourront être échangées, louées ou aliénées au profit des églises et des presbytères des chefs-lieux, en se conformant aux dispositions prescrites par le décret du 30 mai 1806.

Notre ministre de l'intérieur est chargé de l'exécution du présent décret.

Signé NAPOLÉON. Par l'Empereur : *le ministre secrétaire d'état*, signé H. B. Duc de Bassano. Pour ampliation : *le ministre de l'intérieur, comte de l'empire*, signé Montalivet.

Avis du conseil d'état du 21, et approuvé par Sa Majesté le 28 août 1810 (B. 312, n.° 5936).

Le conseil d'état, qui, d'après le renvoi ordonné par Sa Majesté, a entendu le rapport de la section de l'intérieur sur celui du ministre de ce département, tendant à autoriser le maire de Varèse, département des Appennins, à accepter l'offre faite par les confrères de l'oratoire de Saint-Roch, d'une somme de 250 francs de rente, pour une école dans ladite commune;

Vu le décret du 28 messidor an XIII;

Considérant qu'aux termes de ce décret, les biens des confréries appartiennent aux fabriques ; que, conséquemment les membres de ces confréries n'ont aucun droit de disposer des biens qui y étaient affectés,

Est d'avis, qu'il n'y a lieu d'autoriser ladite acceptation, et que les biens de la confrérie, dit de *l'oratoire*, doivent être réunis à ceux de la fabrique de l'église de Varèse, sauf aux marguilliers à en employer une partie, de l'avis du conseil municipal et avec l'autorisation du préfet, à l'établissement d'une école; et que le présent soit inséré au bulletin des lois.

Pour extrait conforme : *le secrétaire général du conseil d'état*, signé J. G. LOCRÉ. *Approuvé, au palais de Saint-Cloud, le 28 août* 1810. Signé NAPOLÉON. Par l'Empereur : *le ministre secrétaire d'état*, signé H. B. DUC DE BASSANO.

§. 178, page 343. — Nous croyons utile de communiquer, pour appuyer ce que nous avons dit dans ce paragraphe, les instructions émanées sur la matière du ministère des cultes, telles qu'elles se trouvent consignées dans la

Correspondance de Son Excellence le ministre des cultes avec le préfet du département de la Sarre, à la suite de laquelle ce préfet a pris le 17 avril 1806 un arrêté pour remettre aux consistoires locaux l'administration des biens et des revenus des fondations ecclésiastiques et scholastiques des églises protestantes de ce département. Cet arrêté a été sur le rapport du ministre des cultes confirmé par un décret impérial du 11 juin suivant.

(Suivant les instructions du ministre des cultes, l'arrêté du préfet de la Sarre du 17 avril, et le décret impérial du 11 juin 1806.)

Paris, le 3 mars an 1806.

Le ministre des cultes, grand-officier de la légion d'honneur, à monsieur le préfet du département de la Sarre.

Monsieur, vous m'avez écrit que vous étiez saisi de plusieurs demandes en paiement de créances sur des fabriques protestantes de votre département; que le silence des lois et des actes du gouvernement sur l'administration de ces établissemens vous aurait porté à les traiter à l'instar de ceux des églises catholiques, si une lettre de M.^{r} le conseiller d'état, liquidateur général des quatre nouveaux départemens, ne vous avait prévenu qu'il était émané de mon ministère des instructions, portant que tout ce qui est relatif aux biens des protestans et à leur gestion, est étranger à l'administration publique, et que les réclamations, sur ces sortes de fondations, doivent être vidées de la même manière que celles de particuliers à particuliers.

Vous me demandez, sur cet objet, de vous faire connaître ces instructions, ou de vous en donner toutes autres qui puissent guider vos décisions dans des affaires de cette nature.

Pour satisfaire vos désirs, monsieur, j'aurai l'honneur de vous faire observer que, selon le traité de paix de Westphalie, (article des biens ecclésiastiques, première règle) tous les biens ecclésiastiques et immédiats que les états protestans avaient possédés l'année et le jour décrétoires, c'est à dire, en l'année 1624, doivent leur rester à toute perpétuité; qu'il en est de même des biens médiats, d'après la seconde règle du même titre du traité.

C'est par une suite de ce traité que les églises protestantes ont conservé les propriétés dont elles jouissent.

Les traités de réunion des quatre départemens n'ont rien changé à ces dispositions.

Les biens de ces églises étaient administrés par des consistoires comme des propriétés particulières, puisque leur possession se prescrivait par trente ans; et c'est sur ces principes, monsieur, que la loi du 18 germinal an X a été basée.

En effet, l'article XX, section 2, du titre II, des églises reformées, dispose que les consistoires veilleront à l'administration des biens de l'église et à celle des deniers provenant des aumônes.

Les consistoires sont les corps administratifs des églises protestantes. C'est donc contre eux que les demandes en paiement des créances, sur leurs fabriques, doivent être dirigées, et l'administration publique n'est intéressée sous aucun rapport dans ces sortes de questions qui sont de la compétence des tribunaux judiciaires.

Lors donc, monsieur, qu'on vous présentera des réclamations de cette nature, vous pouvez renvoyer les parties à se pourvoir ainsi et par-devant qui il appartiendra.

J'ai l'honneur de vous saluer avec une considération distinguée.

Signé PORTALIS.

Pour copie conforme :

Le Secretaire général de la prefecture du departement
de la Sarre,

signé KARSCH.

Paris, le 17 mai 1806.

Le ministre des cultes, grand-officier de la legion d'honneur,
à M.^r le prefet du departement de la Sarre.

Monsieur, j'ai reçu en son tems, avec la lettre que vous me
fites l'honneur de m'écrire le 7 mars dernier, l'expédition que je
vous avais demandée de votre arrêté du 9 germinal an XIII, à
laquelle vous eutes l'honnêteté de joindre une copie de votre
lettre d'envoi à mon collègue le ministre de l'intérieur, et la copie de celle que le président du consistoire général de Mayence
vous avait écrite le 7 vendémiaire.

La matière de cet arrêté m'a déterminé à faire un mémoire
historique, pour établir les droits de propriété des églises protestantes de l'une ou l'autre communion dans les départemens
conquis ou réunis à l'empire français, et, tout à la fois, ceux
qu'ont les consistoires de les administrer.

D'après mon travail on s'est convaincu, dans le ministère de
l'intérieur, que tout ce qui était relatif aux biens des églises protestantes, aux fondations ecclésiastiques et scholastiques, aux
fabriques, accadémies, écoles etc., était étranger à l'administration publique.

En effet, j'ai établi dans ce mémoire que tous les biens ecclésiastiques dont les protestans de la commune luthérienne ou
calviniste des quatre départemens réunis étaient en possession

en l'année normale 1624, leur appartenaient à toute perpétuité ; que cette propriété avait été reconnue et garantie jusqu'aujourd'hui non-seulement par les traités, les capitulations, les lois de l'assemblée constituante, la loi du 18 germinal an X, mais encore par les décrets que S. Majesté a rendus sur ces matières.

Sans remonter aux traités, je me bornerai à vous observer que, par une loi du 17 août, fondée sur le traité de paix de Westphalie, et d'après la règle de l'année normale 1624, que je vous ai fait connaître par ma lettre du 3 mars dernier, il fut dit que les protestans continueraient de jouir des mêmes droits dont ils avaient eu droit de jouir, et que les atteintes qui pourraient y avoir été portées, seraient considérées comme nulles et non avenues.

Cette loi n'était alors applicable qu'à la ci-devant Alsace ; mais depuis la réunion des quatre départemens à l'empire français, réunion qui n'a produit aucune innovation à cet égard aux anciens traités, ces quatre départemens ont été rangés dans la même cathégorie.

La loi du 18 germinal an X, basée sur les traités et sur la loi du 17 août 1790, dispose, article XX, que les consistoires veilleront à l'administration des biens des églises et à celle des deniers provenant des aumônes.

Or, par biens d'église, il faut entendre, d'après les traités, les monastères, fondations, académies, colléges, écoles, hôpitaux, rentes, droits de patronage et autres choses semblables, toutes garanties de la manière la plus authentique par la France et autres puissances contractantes.

Conformément à ces principes, S. M. I. R. a rendu, dans sa justice, divers décrets, dont les uns sont conservatoires de ces droits, et dont les autres ont annullé divers arrêtés qui y portaient atteinte.

Par un décret du 23 floréal an XI, S. M. a établi l'académie protestante à Strasbourg, à laquelle est attaché un gymnase ou école de première instruction.

Les professeurs de cette académie et de ce gymnase sont dotés du produit de fondations faites en faveur des églises protestantes, fondations qui ont été conservées, confirmées et respectées depuis la paix, dite de religion de 1555.

Par un autre décret, le conseil d'état entendu, S. M. a cassé un arrêté, rendu le 22 brumaire an XIII par le conseiller d'état préfet du Bas-Rhin, et a maintenu le consistoire de Brumath, dans la jouissance *des revenus des fabriques, aumônes, bourses ou écoles de l'église protestante.*

En effet, les écoles des protestans sont des établissemens purement religieux, absolument relatifs à l'instruction évangélique, et les aumônes ne sont proprement chez eux, que ce que les fabriques sont chez les catholiques; elles sont moins destinées à des actes de charité, qu'aux frais du culte, etc.

Ces objets, comme vous voyez, monsieur, sont donc hors des règles relatives à l'instruction publique, et n'ont aucun rapport à son administration; ce sont des propriétés qui appartiennent aux églises protestantes, et dont l'administration est exclusivement attribuée aux consistoires par l'art. XX, sect. 2, tit. II de la loi du 18 germinal an X.

J'ai cru, monsieur, devoir vous transmettre ces instructions, pour satisfaire au désir que vous avez manifesté au ministre de l'intérieur par votre lettre du 30 vendémiaire, et pour qu'à l'avenir vous en puissiez faire l'application aux matières qui intéressent le culte protestant de l'une et l'autre communion, dans les affaires qui pourraient être soumises à votre autorité.

Puisque les biens et revenus provenant de la fondation ecclésiastique et scholastique, établie à Arnoval, à Meissenheim et autres, doivent être administrés par les consistoires des églises protestantes, il suffira de considérer votre arrêté du 9 germinal comme non avenu, et d'ordonner que les consistoires prendront l'administration des biens des églises protestantes qui sont dans leur arrondissement, et que les commissions bénévoles leur rendront compte de la leur.

Vous voudrez bien, monsieur, me faire parvenir une expédition de l'arrêté que vous prendrez à ce sujet, pour que j'en puisse solliciter la confirmation de Sa Majesté.

Je crois devoir vous adresser une expédition du décret qu'elle a rendu sur les fabriques, bourses ou écoles de Brumath.

J'ai l'honneur de vous saluer avec une considération très-distinguée.

Signé PORTALIS. Pour copie conforme : *le secrétaire général de la préfecture*, signé KARSCH.

Extrait du registre des arrêtés du préfet du département de la Sarre.

Trèves, le 17 avril 1806.

Vu la lettre de Son Excellence le ministre des cultes du trois mars dernier, qui consacre les principes d'après lesquels les biens des protestans doivent être administrés ;

Vu la loi du 18 germinal an X,

Revu notre arrêté du 30 vendémiaire dernier, qui ordonne la remise aux consistoires locaux de l'administration des biens et revenus des fabriques des églises protestantes, et maintient provisoirement, et jusqu'à nouvelle instruction, les commissions bénévoles dans l'administration des biens et revenus des fondations ecclésiastiques et scholastiques, établies à Arnoval, Meissenheim, Coussel et Birckenfeld.

Le préfet du département de la Sarre, membre de la légion d'honneur ;

26 *

Considérant que, d'après le développement donné par la lettre citée de Son Excellence le ministre des cultes, il ne reste plus de doutes que l'administration des consistoires ne doive s'étendre aux biens et revenus des fondations protestantes sans distinction ;

ARRÈTE :

1.º A compter du 1.ᵉʳ mai prochain les commissions bénévoles, établies pour l'administration des biens et revenus des fondations ecclésiastiques et scholastiques d'Arnoval, Meissenheim, Coussel et Birckenfeld, cesseront leurs fonctions, et remettront aux consistoires locaux respectifs l'administration qui leur était confiée, sauf aux consistoires d'exiger de ces commissions compte de leur gestion, ainsi que de celle de leurs comptables, de la même manière que cela se pratique pour les propriétés particulières.

2.º Toutes les dispositions d'arrêtés antérieurs, contraires à celles ci-dessus, sont abrogées.

3.º Expédition du présent sera adressée aux sous-préfets des arrondissemens de Sarrebruck et Birckenfeld, pour son exécution.

Une pareille expédition sera également adressée à monsieur le président du consistoire général de la confession d'Augsbourg à Mayence.

Signé KEPPLER. Pour copie conforme : *le secrétaire général de la préfecture*, signé KARSCH.

MINISTÈRE DES CULTES.

Extrait des minutes de la secrétairerie d'état.

Au palais de Saint-Cloud, le 11 juin 1806.

NAPOLÉON, *Empereur des Français et Roi d'Italie*:
Sur le rapport de notre ministre des cultes,

Nous avons décrété et décrétons ce qui suit :

Art. Ier L'arrêté du préfet de la Sarre, du 17 avril 1806, relatif à l'administration des biens et des revenus des fondations ecclésiastiques et scholastiques des églises protestantes de ce département, est confirmé dans toutes ses dispositions, et sera exécuté suivant sa forme et teneur.

II. Notre ministre des cultes est chargé de l'exécution du présent décret.

Signé NAPOLÉON. Par l'Empereur : *le secrétaire d'état*, signé Hugues B. Maret. Pour expédition conforme : *le secrétaire général attaché au ministère*, signé Portalis, fils. Pour copie conforme : *le secrétaire général de la préfecture du département de la Sarre*, signé Karsch.

ADDITIONS A LA QUATRIÈME SECTION,
traitant du contentieux des pauvres (page 351 et suivantes).

Les baux des établissemens publics, passés aux enchères publiques, ne sont point susceptibles de résolution. Delà le décret impérial qui rejette la proposition de réduire le prix d'un bail passé aux enchères publiques pour les hospices d'Amiens, en date du 31 octobre 1810, dont voici la teneur (1) :

NAPOLÉON, *Empereur des Français, Roi d'Italie, Protecteur de la Confédération du Rhin, Médiateur de la Confédération suisse;*
Sur le rapport de notre ministre de l'intérieur;
Vu la délibération en date du 9 ventôse an XI

---

(1) B. 336, n.° 6247.

par laquelle les administrateurs des hospices d'A-
miens ont consenti la réduction à trois cents hectolitres de blé, du prix du bail passé au Sr *Blassier*,
de la ferme de Visigneux, moyennant une redevance
annuelle de quatre cents hectolitres de blé environ ;

Vu l'arrêté du préfet du département de la Somme,
en date du 3 juillet 1810, lequel propose l'approbation de la susdite délibération ;

Vu l'avis de notre conseil d'état, approuvé par
nous le 12 décembre 1806, lequel établit qu'il n'y a
pas lieu de délibérer sur une semblable proposition
faite par le ministre de l'intérieur ;

Considérant qu'ainsi qu'il est établi dans l'avis
précité, il est de la plus haute importance de maintenir l'exécution des baux passés aux enchères publiques ; qu'un contrat ainsi passé ne peut, sous
aucun prétexte, être susceptible de résolution ; que
c'est sur la foi de pareils contrats que reposent en
grande partie les revenus des établissemens publics ;

Notre conseil d'état entendu,

Nous avons décrété et décrétons ce qui suit :

ART. Ier La délibération de l'administration des
hospices d'Amiens, département de la Somme, en
date du 9 ventôse an XI, n'est point approuvée.

II. Le bail passé entre le Sr *Blassier* et l'hospice
de Saint-Charles d'Amiens, le 13 prairial an V, recevra sa pleine et entière exécution.

III. Notre ministre de l'intérieur est chargé de

l'exécution de notre présent décret, qui sera inséré au bulletin des lois.

Signé NAPOLÉON. Par l'empereur : *le ministre secrétaire d'état*, signé H. B. Duc de Bassano.

Avis du conseil d'état, portant qu'il n'y a lieu à statuer administrativement sur les contestations nées entre deux particuliers, au sujet d'un terrain acquis et vendu par l'hospice de Grenoble, non dûment autorisé à cet effet, du 12 et approuvé par S. Maj.' le 22 octobre 1810 (1).

Le conseil d'état, qui, d'après le renvoi ordonné par Sa Majesté, a entendu le rapport de la section de l'intérieur sur celui du ministre de ce département, duquel il résulte que, par décret du 21 octobre 1809, Sa Majesté a annullé l'acquisition faite par l'hospice de Grenoble, département de l'Isère, suivant un acte notarié du 18 nivôse an XIII, d'un terrain appartenant au S.ʳ *Grandpré*, comme n'ayant point été autorisée, suivant les formes voulues par les lois ; qu'elle a également annullé la vente faite de ce même terrain par les administrateurs de l'hospice au S.ʳ *Bouvier*, suivant acte sous seing-privé du 17 août 1808, et en conséquence a ordonné que le S.ʳ *Grandpré* reprendra sa propriété, en restituant à l'hospice les sommes qu'il en a reçues pour le prix

____

(1) B. 326, n.° 6098.

de la vente et les frais d'acte et autres faits par l'hospice ;

Que le Sr *Grandpré* prétend, en conséquence de ce décret, rentrer dans sa propriété, en remboursant seulement au Sr *Bouvier*, pour l'hospice, la somme qu'il a reçue lors de la vente, et sans tenir compte à ce dernier de la valeur des constructions assez nombreuses qu'il a fait faire sur le terrain en question, pendant qu'il en a joui ;

Que le Sr *Bouvier*, au contraire, demande que le décret soit rapporté, comme ayant été rendu sans qu'il ait été ouï, ou qu'il soit ordonné que le sieur *Grandpré* lui remboursera, à dire d'experts, les dépenses qu'il a faites de bonne foi ;

Que le Sr *Grandpré* s'y refuse, en prétendant que, dès le mois d'avril 1809, il a fait dénoncer au Sr *Bouvier* que son titre d'acquisition était nul de droit, et lui avait fait défenses de continuer de faire des fouilles, constructions, etc.; ce qui a, selon lui, constitué ledit Sr *Bouvier* en mauvaise foi ;

Sur quoi, le ministre propose, en maintenant les dispositions du décret du 21 octobre 1809, d'ordonner, par un article additionnel à ce décret, que, si mieux n'aime le Sr *Grandpré* accepter les offres à lui faites par le Sr *Bouvier*, il sera fait, par experts que nommeront les parties, estimation des matériaux employés par le Sr *Bouvier* sur le terrain dont il s'agit, ainsi que des frais de main-d'œuvre, pour le tout être remboursé au S.ʳ *Bouvier* par le S.ʳ *Grandpré*, et que subsidiairement, dans le cas de non-conciliation entre les deux experts, les parties seront renvoyées à se pourvoir devant les tribunaux, pour être statué sur leurs prétentions respectives;

Considérant que le décret du 21 octobre 1809 n'a été rendu dans l'intérêt ni du S.ʳ *Grandpré*, ni du S.ʳ *Bouvier*, ni même de l'hospice de Grenoble, mais seulement pour le maintien des lois qui rendent les établissemens de bienfaisance incapables et d'acquérir et d'aliéner sans une autorisation spéciale du Gouvernement;

Est d'avis,

Qu'il y a lieu à délaisser les S.ʳˢ *Grandpré* et *Bouvier* à se concilier, s'ils le peuvent; sinon, à se pourvoir devant les tribunaux compétens, pour faire statuer ce que de droit sur les contestations qui les divisent;

Que le présent avis soit inséré au bulletin des lois.

Pour extrait conforme : *le secrétaire général du conseil d'état*, signé J. G. LOCRÉ.

Approuvé, au palais de Fontainebleau, le 22 octobre 1810.

Signé NAPOLÉON. Par l'Empereur : *le ministre secrétaire d'état*, signé H. B. Duc de Bassano.

ADDITIONS A LA DEUXIÈME SECTION,

traitant du contentieux des communes (page 198 et suivantes).

Un maire qui plaide sans autorisation est, au cas d'insuccès, passible des dépens en nom personnel, encore qu'il apparaisse que le procès intéresse la commune. — L'autorisation doit être spéciale. Ainsi, une autorisation pour plaider sur une question de propriété, serait insuffisante pour plaider sur des voies de fait ultérieures.

Jurisprudence de la cour de cassation.

Arrêt du 21 *août* 1809.

« Vu les articles IV et XV de la loi du 28 pluviose an VIII ;

Et attendu que l'autorisation du 17 messidor an XIII, dont se prévaut Dupont, et sur laquelle s'appuie le jugement attaqué, n'est point applicable à l'espèce, puisqu'elle est uniquemment relative à une question de propriété, et qu'il s'agit ici de voies de fait, survenues même depuis cette autorisation ;

Et que, si Dupont avait demandé une autorisation, à l'effet de suivre, comme maire et au nom de sa commune, le procès intenté personnellement contre lui, pour la répression de ces voies de fait, il ne l'aurait pas évidemment obtenue, puisque la même autorité qui lui avait donné celle ci-dessus, avait déclaré depuis, et dans un arrêté du 7 juin 1806, qu'elle n'avait pu ni voulu lui donner, le 17 messidor, une autorisation à l'effet de commettre de pareilles entreprises (1) ;

---

(1) La demoiselle *Bonne Levaillant* faisait creuser des fossés autour d'un terrain qui lui appartenait, quand elle en fut empêchée violem-

Attendu que, de ce défaut d'autorisation, et surtout de la déclaration portée en ce dernier arrêté de 1806, il résulte que, soit lors des voies de fait dont il s'agit, soit lors du procès qui en a été la suite, Dupont n'aurait agi et plaidé que comme simple particulier, et non comme maire;

Et qu'ainsi il devait, en succombant, supporter, en son propre et privé nom, les dépens auxquels avait donné lieu ce procès;

D'où il suit qu'en le déchargeant, ainsi que Chrétien et Rousselin, de cette condamnation personnelle, comme s'il avait agi et plaidé en qualité de maire, encore bien qu'il ne fût aucunément autorisé, le jugement attaqué a violé les articles ci-dessus cités de la loi du 28 pluviose an VIII;

Par ces motifs, la cour casse et annulle le jugement rendu le 16 juillet 1807, par le tribunal de première instance de cour, etc. (1) (2). »

Les frais des procès suivis par les maires sans l'autorisation voulue par les lois pour plaider au nom d'une commune, restent à leur charge. Delà la disposition de l'article II du décret impérial du 17 mars 1811 (3), ainsi conçue:

Art. II. « La somme de 497 francs 16 centimes, » réglée pour les frais d'un procès relatif à cette

---

ment par Dupont, qui, assisté de Chrétien et Rousselin, expulsa ses ouvriers, et détruisit ces fossés.

(1) Ce jugement avait confirmé le jugement du juge de paix du 10 mai 1806, qui a condamné Dupont, ainsi que ses consorts, en leur nom personnel, à la réparation du dommage, en 3 francs de dommages et intérêts, et aux dépens.

(2) Journal par *Sirey* en 1810. 1.er cahier, page 285.

(3) B. 306, n.° 6613.

» refonte de cloche, est mise à la charge du S.r *Du-*
» *bort*, maire de la commune de *Saint-Didier-sur-*
» *Arroux*, et du S.r *Claude Dubois*, adjoint audit
» maire, qui n'ont pris aucune mesure pour que
» cette contestation, qui est du ressort de l'autorité
» administrative, ne fût pas portée devant les tri-
» bunaux, et qui n'ont ni obtenu ni sollicité l'au-
» torisation voulue par les lois pour plaider au nom
» de ladite commune. »

APPLICATION DES LOIS
portant suppression des droits féodaux.

Aux termes des avis du conseil d'état dûment approuvés par Sa Majesté les 28 messidor an XIII (1),
2 et 13 février 1809 (2), et du décret impérial du
23 avril 1807 (3), toute redevance, quelle qu'elle
soit, seigneuriale ou non, est supprimée sans indemnité quand elle est mélangée de féodalité, et
quelle que soit d'ailleurs la qualité de celui au
profit duquel elle a été constituée, et quand même
il ne serait pas seigneur de l'héritage grevé de cette
redevance ; de même toute redevance emphytéotique créée à perpétuité, quoiqu'indûment qualifiée
seigneuriale, est supprimée sans indemnité, toute

---

(1) Voyez cet avis au tome I.er, page 264 — 265.

(2) Voyez ces avis au journal général des lois et des arrêts par
Sirey. An 1809. — IXe cahier, page 387 etc.

(3) Voyez ce décret au tome I.er, page 265 — 267.

aussi bien que la redevance vraiment seigneuriale de sa nature. Cette suppression frappe également sur toute redevance, quelle qu'elle soit, fût-elle même foncière, quand elle se trouve mélangée avec des droits entachées de féodalité (1).

ADDITIONS A LA PREMIÈRE SECTION.
Des actions judiciaires concernant l'État (page 190 et suivantes).

Il résulte des lois des 5 novembre et 19 décembre 1790, 27 mars, 12 septembre et 9 octobre 1791, et 19 nivôse an IV, que toutes les actions concernant les propriétés publiques ne pouvaient être intentées que par l'administration centrale, poursuite et diligence du commissaire près d'elle. Les préfets exerçant aujourd'hui (*voyez* page 327) les fonctions précédemment exercées par les commissaires centraux, c'est aussi en leur nom que l'on doit procéder maintenant, et la dénomination de *propriété publique*, embrassant les propriétés *mobilières* comme les *immobilières*, il ne peut y avoir de doute que ce ne soit au préfet, après s'y être fait autoriser par le conseil de préfecture, à intenter action, et à défendre dans l'une comme dans l'autre espèce (2).

Par le nouveau code de procédure, l'on n'a entendu porter aucune atteinte aux formes de pro-

---

(1) Voyez les arrêts de la cour de cassation des 4 et 5 juillet 1809, rapportés par *Sircy loco citato*.

(2) Voyez aussi l'instruction générale de M.r le conseiller d'état,

céder, soit dans les affaires de la régie de l'enregistrement et des domaines, soit en toute autre matière pour laquelle il a été fait, par une loi spéciale, exception aux lois générales. Delà l'avis du conseil d'état du 12 mai, et approuvé par Sa Majesté le 1.er juin 1807 (1), ainsi conçu:

Avis du conseil d'état sur la forme de procédure dans les affaires concernant la régie de l'enregistrement et des domaines. (Séance du 12 mai 1807.)

Le *conseil d'état*, après avoir entendu la section de législation sur un rapport fait à Sa Majesté par le grand-juge, ministre de la justice, ayant pour objet la question de savoir: si l'article 1041 du code de procédure civile, portant abrogation de toutes lois, usages et règlemens antérieurs, relatifs à la procédure, doit faire cesser la forme de procéder qui a été précédemment réglée concernant la régie de l'enregistrement et des domaines;

Vu ledit article 1041 du code de procédure civile,

Est d'avis que l'abrogation prononcée par cet article ne s'applique point aux lois et règlemens concernant la forme de procéder relativement à la régie des domaines et de l'enregistrement;

Le nouveau code de procédure sera désormais la loi commune. Ainsi les lois et règlemens généraux qui étaient en vigueur dans les diverses contrées dont l'empire français se compose, ont été et ont dû être abrogés : mais, dans les affaires qui intéressent le gouvernement, il a toujours été re-

___

directeur général de la régie de l'enregistrement et des domaines du 24 septembre 1807.

(1) B. 147, n.º 2452.

gardé comme nécessaire de s'écarter de la loi commune par des lois spéciales, soit en simplifiant la procédure, soit en prescrivant des formes différentes. Or, on ne trouve dans le nouveau code aucune disposition qui puisse suppléer ou remplacer ces règlemens spéciaux; il y aurait cependant même nécessité de les rétablir, et de leur rendre la force de loi, si on pouvait supposer qu'ils l'eussent perdue. Mais il ne peut y avoir de doute sur ce que l'abrogation prononcée par l'article 1041 n'a eu pour objet que de déclarer qu'il n'y aurait désormais qu'une seule loi commune pour la procédure, et que l'on n'a entendu porter aucune atteinte aux formes de procéder, soit dans les affaires de la régie de l'enregistrement et des domaines, soit en toute autre matière pour laquelle il aurait été fait, par une loi spéciale, exception aux lois générales.

Pour extrait conforme : *le secrétaire général du conseil d'état*, signé J. G. Locré. Approuvé, en notre camp impérial de Dantzick, le 1.ᵉʳ juin 1807. Signé NAPOLÉON. Par l'Empereur : *le secrétaire d'état*, signé Hugues B. Maret.

ADDITIONS
au §. 68, pages 64 et 65, et au §. 117, pages 144 et suivantes.

Par le décret impérial du 7 avril 1811 (1), relatif à la classification des auditeurs près le conseil d'état, le nombre des auditeurs en service ordinaire se trouve fixé à 350, lesquels ont été divisés en trois classes, savoir : 80 de première, 90 de seconde et 180 de troisième. La première classe se compose confor-

---

(1) B. 362, n.° 6650.

mément à l'état joint au décret, n.º I, 1.º de 60 auditeurs attachés aux ministres et au conseil d'état, 2.º de 20 auditeurs remplissant les fonctions de sous-préfets d'arrondissemens de chefs-lieux de préfecture. La seconde classe se compose, conformément à l'état joint au décret, n.º II, 1º de 60 auditeurs placés près des administrations, et 2.º de 30 auditeurs remplissant les fonctions de sous-préfets d'arrondissemens de chefs-lieux de préfecture. La troisième classe se compose, conformément à l'état joint au décret, n.º III, 1.º de 68 auditeurs près des administrations, 2.º de 78 auditeurs remplissant les fonctions de sous-préfets d'arrondissemens de chefs-lieux de préfecture, et 3.º de 34 auditeurs placés près des préfets de chacun des départemens désignés.

Nous allons insérer ici les articles de ce décret dont il importe aux conseils de préfecture d'avoir connaissance :

Art. 9. Les auditeurs de première classe sous-préfets auront séance aux conseils de préfecture, et voix délibérative dans les affaires étrangères à la sous-préfecture du chef-lieu. Ils concourront avec les conseillers de préfecture, pour le remplacement des préfets, en cas d'absence; ils prendront rang immédiatement après le secrétaire général.

Art. 15. Les dispositions de l'article IX, relatives aux auditeurs sous-préfets de première classe, sont communes aux auditeurs sous-préfets de seconde classe.

Art. XXII. Les arrêtés des auditeurs de troisième classe

sous-préfets ne seront exécutoires, pendant leur première année d'exercice, qu'après avoir reçu le *visa* du préfet.

Après cette première année d'exercice, ils auront voix et séance au conseil de préfecture, et concourront avec les conseillers de préfecture au remplacement des préfets, en cas d'absence.

ART. XXIII. Les auditeurs de troisième classe sous-préfets prendront rang après les conseillers de préfecture.

ART. XXV. Les auditeurs près des préfets exerceront les fonctions déterminées par les articles XVI et XVII de notre décret du 26 décembre 1809.

Ils prendront rang après les conseillers de préfecture.

ART. XXX. Les auditeurs des trois classes, sous-préfets du chef-lieu d'arrondissement, exerceront leurs fonctions sous les ordres et la direction des préfets, lesquels pourront se réserver l'instruction et l'expédition de telles affaires ou parties spéciales d'administration qu'ils jugeront convenable.

ART. XXXI. Les maires de toutes nos bonnes villes correspondront directement, pour toutes les affaires municipales, avec le préfet, sans l'intermédiaire du sous-préfet, excepté dans le cas d'une délégation expresse du préfet, laquelle sera limitée à l'objet et à l'époque pour laquelle elle sera donnée.

ADDITIONS
au §. 133, page 175.

Extrait de l'instruction générale sur la conscription, du mois de février 1811, de Mr Dumas, comte de l'empire, conseiller d'état, directeur général de la conscription et des revues, à Paris, de l'imprimerie impériale, in-folio.d

TITRE Ier — CHAPITRE IV. — SECTION Ire

ART. XXIX. Les opérations relatives à la vérification des listes, au tirage et au premier examen des conscrits, seront faites par les sous-préfets, sauf le recours au préfet et au conseil de recrutement, suivant les cas : les décisions des sous-préfets seront de suite et provisoirement exécutées (1).

Le préfet chargera de ce travail, pour l'arrondissement du chef-lieu du département, l'auditeur au conseil d'état faisant près de lui les fonctions de sous-préfet, et, à défaut, un membre du conseil de préfecture (2).

Si, pour raison de santé, un sous-préfet ne peut présider lui-même à ces opérations, le préfet le fera remplacer par un conseiller de préfecture (3).

En aucun cas un sous-préfet ne pourra être suppléé par un secrétaire, ou un chef de bureau, ou toute autre personne sans caractère public (4).

CHAPITRE V. — SECTION II.

Composition du conseil de recrutement.

ART. LXXXI. Les conseils de recrutement sont composés, dans chaque département, 1.º du préfet, président ; 2.º de l'officier général ou supérieur commandant le département ; 3.º d'un major désigné par le ministre de la guerre.

LXXXII. Les trois membres du conseil de recrutement de chaque département doivent assister à toutes ses séances, à moins de maladie, ou d'absence permise par l'autorité supérieure.

---

(1) Décret du 8 fructidor an XIII, art. 8.
(2) *Ibid.*, art. 5.
(3) Conséquence du §. précédent.
(4) Cette disposition prohibitive est nécessaire. Un agent sans caractère public n'offre pas de garantie pour des opérations aussi importantes que celles de la fixation du rang et de l'examen des conscrits. Ce n'est pas assez que cet agent ait la confiance du sous-préfet, ou même du préfet ; il doit avoir celle du gouvernement.

LXXXIII. Les membres du conseil qui ne pourront assister à ses séances, seront remplacés, savoir :

Le préfet par un conseiller de préfecture désigné par lui et, à défaut de conseiller de préfecture, par le secrétaire général : le remplaçant du préfet préside le conseil.

LXXXIV. Les sous-préfets ou les fonctionnaires par lesquels ils auront été suppléés, conformément à l'art. XXIX ci-dessus, devront nécessairement, et chacun pour son arrondissement, assister aux séances que le conseil de recrutement tiendra dans l'étendue de cet arrondissement. Les sous-préfets font les fonctions de rapporteur lorsqu'il y a matière à discussion (1).

ADDITIONS
au §. 24, pages 33 et 34.

Par le sénatus-consulte du 19 mars 1811, deux nouvelles places de grand – officiers de l'empire ont été créées, l'une sous le titre d'*inspecteur général des côtes de la mer de Ligurie*, et l'autre sous le titre d'*inspecteur général des côtes de la mer du Nord*. En conséquence, le nombre des grands-officiers de l'empire, inspecteurs et colonels généraux, fixé à huit par l'article XLVIII de l'acte des constitutions du 18 mai 1804 (28 floréal an XII), est porté à dix.

---

(1) Décret du 8 fructidor an XIII, article 25, modifié par l'article 27 de l'instruction du 11 février 1808.

Aux pages 318 et 319 ci-dessus nous avons inséré le nombre des députés au corps législatif des dix départemens formés de la Hollande, des villes anséatiques, du Lauembourg, tel qu'il est fixé par le sénatus-consulte organique du 13 décembre 1810. Le nombre des députés du département de l'Issel-Supérieur, qui avait été fixé à trois par ce sénatus-consulte, est porté à quatre par le sénatus-consulte organique du 19 février 1811.

ADDITIONS et CORRECTIONS au TOME II.

A la page 7, dans les huitième et neuvième lignes, lisez 172,500,000 et 52,500,000, au lieu de 173,500 et de 52,000.

§. 19, page 20 et suiv. La loi du 15 septembre 1807 porte, art. XXXVII, que les propriétaires compris dans les rôles cadastraux ne seront plus dans le cas de se pourvoir en surtaxe. Cette disposition établit le principe de la fixité. Le revenu imposable de chaque propriété, tel qu'il est constaté par le cadastre, devient un allivrement immuable, et règle chaque année les taxes des contribuables. De ce principe de fixité, il résulte qu'un champ cultivé en vigne, au moment du cadastre, et compris dans la matrice à raison du produit imposable de cette vigne, conservera toujours le même allivrement, quand même le propriétaire, le convertissant en terre labourable, en pré ou en jardin d'agrément, en augmenterait ou en diminuerait le produit. Le cadastre n'existerait plus, s'il fallait sans cesse avoir égard aux changemens de culture qu'un intérêt quelconque de propriété peut déterminer. Il est une nature de propriété qui se refusait à cette fixité d'allivrement; ce sont les maisons, usines et autres propriétés bâties. Mais, outre les maisons et bâtimens, il est une autre espèce de propriété qui ne se prête pas au principe de la fixité d'allivrement; ce sont les bois de haute-futaie. La plus-value, qu'acquiert un bois qu'on laisse croître en futaie, n'est que temporaire. Une futaie, après sa coupe, perd cette plus-value, et on ne peut prévoir s'il redeviendra encore futaie. Il est donc de toute justice d'évaluer les bois qui se trouvent en futaie, au moment du cadastre, sur le même pied que ceux qui se trouvent en taillis, et selon la classe où le placent la nature du sol et des arbres ; c'est une conséquence nécessaire de la fixité d'allivrement établie par la loi du 15 septembre 1807. Ainsi, l'expert ne doit faire de classification que pour les taillis, et régler l'évaluation de chacune des classes en faisant ensuite le classement. Lorsqu'il trouve une futaie, il examine à quelle classe des taillis elle correspond par la nature du sol, le nombre et la qualité des arbres, et lui donne l'évaluation de cette classe.

(Lettre de Son Excellence le ministre des finances aux préfets du 22 janvier 1811.)

A la page 54, au lieu de « la loi du 2 ventôse an XIII etc., jusqu'à l'alinéa commençant avec les mots « dans toute l'étendue », lisez : « La loi du 13 floréal an X, art. XXIV, sur les contributions directes de l'an XI, a fixé le nombre de centimes additionnels au droit principal des patentes à cinq centimes par franc. Ces cinq centimes additionnels et les dix centimes provenant du prélèvement autorisé par l'art. XLI de la loi du 1.er brumaire, sur le produit net des droits de patentes, sont destinés, savoir : deux centimes aux frais de confection des rôles, et les treize centimes restans, d'abord aux décharges et réductions, et l'excédant aux dépenses municipales (1). »

A la page 135 nous avons inséré la forme du bulletin et la lettre que le directeur des contributions adresse au propriétaire. Nous remarquons que S. Excell. le ministre des finances a décidé que désormais l'application du tarif au classement ne se ferait plus qu'après la tenue de l'assemblée cantonnale, lorsque les évaluations seraient invariablement fixées, et que l'on ne communiquerait plus aux propriétaires ni les évaluations ni les cotisations.

(Lettre du commissaire impérial du cadastre aux directeurs des contributions, du   février 1811.)

A la page 141 nous avons inséré la forme d'une matrice de rôle. Voici les changemens qui y ont été faits, savoir : page 142, à supprimer dans les colonnes de *l'indication* le n.º 5, et à diviser celle 6 en 2, dont les intitulés sont : *du canton, triage ou lieu-dit,* et *de la nature*

---

(1) Loi du 2 ventôse an XIII, portant fixation des contributions de l'an XIV, art. 40.

de la propriété. A substituer aux dixième et onzième colonnes, relatives au revenu, celles-ci:

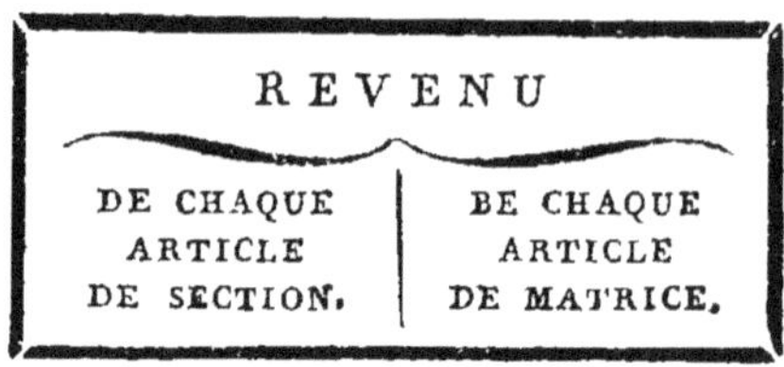

Enfin à mettre aux lieu et place de la douzième, réservée pour les mutations, une intitulée et divisée de la manière suivante:

Les rôles ne doivent s'expédier qu'après l'assemblée cantonnale, et lorsque les expertises auront subi toutes leurs épreuves.

FIN DU TOME SECOND.